勝率8割5分を目指す

株価チャート練習帳

The Drill Book of Stock Charts

秋津 学
akitsu manabu

東洋経済新報社

はじめに

最近、デイトレード（略してデイトレ）が盛況です。

一部のデイトレーダーが好成績を上げ、元手を着実に増やしていることが喧伝されています。彼らの中にはブログで日々の株取引を報告している方もいます。それを見て、自分もやってみたいと思うのは自然な感情ですし、入門書を読んで見よう見まねでやってみて、簡単に儲かるのではと思う人もいるでしょう。

しかし、少しでも真剣にやったことがある人ならわかりますが、デイトレは、精根が尽きる、かなり過酷な労働の一種といえます。利益を得るためには、あえて乱高下する銘柄を扱わねばならず、そうすると緊張を強いられたままモニターを通して、激しく動くチャートや売買状況を常に把握することが必要になります。

デイトレは目が疲れます。神経もすり減らします。時間がとられます。

その上に、肝心のトレードで失敗が重なればどっと疲れが出ます。失敗すると、挽回するためにまた神経をすり減らし、それがうまくいかず、マイナスで終わったら、孤独で、全く割に合わない過酷な労働であることをさらに認識するようになります。

成功組に見えるごく一部のトレーダーは、常勝の水準を維持するために、人並み以上の集中力と売買感覚の冴えを磨き続け、懸命な努力をしていることは疑いがありません。さらに、ほとんどの成功組が少なくとも一度や二度は手痛い経験をし、どん底から這い上がる過程で方法論と戦術を身につけています。彼らが手にしている成果はそのおかげなのです。

デイトレは思っている以上にタフな労働です。初心者が一朝一夕で身につけることができるものではありません。

では、初心者・初級者の人たちはどうすれば、株で成功組になれるのでしょうか。

考えてみれば、多くの読者にとっての株式売買とは一種の不労所得的なものをめざすもので、たとえば老後の対策やちょっとした小遣いを稼ぐためにやっているのが現実でしょう。むろん企業が提供する優待目当てに株を買う人はいるにしても、本音のところでは、**本業以外で、ちょっとうれしい臨時収入を得たいと思っているに違いありません**。

しかしながら、臨時収入が得たいものの、多くの読者は株研究に多くの時間がとれませんので、難しい株知識を身につけるにも限界があります。できるだけ楽に株で稼げるようになりたいと願っているのです。株と日々、真剣に取り組んでいる人にとっては腹立たしい態度に思えるでしょうが、これは本業があって、そうそう株に時間をとれない会社勤めの方などには、切実な問題なのです。

大きな売買益をコンスタントに上げる一部のデイトレーダーをプロのレーサーにたとえるなら、初心者・初級者はまずマイカー族レベルになればよいと考えています。エンジンや車にくわしくなくても、猛スピードの車のハンドルをさばけなくても、ゆっくりとマイペースで車を運転するだけでも、ドライブは楽しいものです。株取引は明らかに生き残りゲームですが、それでもドライブと同様に**マイペースで楽しく取引する方法はあるはずです**。

チャート分析という「技術」をマスターしていただくことで、この問題を解決してはどうかと考えた結果が本書です。「知識」よりも「技術」が大事であるという確信を元に、本書を書き上げました。

おもに、私が主宰するチャート研究会での研鑽成果を、原則と技という形でまとめてみました。本書で紹介している原則と技は、鮫がうようよ泳いでいる株式市場という海での成功と失敗を踏まえて書かれていますから、誰にでもマスターできるという「汎用性の高い」技術となっています（いったん原則や技を身につければ、生涯の宝刀になるでしょう）。初心者・初級者にできるだけわかりやすいように説明しましたし、直接の指導はできませんので株チャートの読み方について、練習問題でたえず原則と技を確認しながら、独習できるように工夫してあります。

本書を読み終わり、わかば期間を経た後は、デイトレであくせくすることなく、10回取引したら８回以上は利益を上げること、**実践で月10%の利益を上げることを、「とりあえず」めざしてみましょう**。実際、私自身、そのレベルを享受しています。

月10%というとちょっと漠然としているかもしれません。個人投資家の多くは300万円未満で投資しています。2005年11月24日付けの『日経金融新聞』によると、個人投資家の１カ月の売買金額は「100万円未満」が26%、「100万円～300万円未満」が27%、だそうです。**仮に投資額100万円なら月10万円、200万円なら月20万円ということになります**。**株式市場が開いているのは月に20日とすれば、100万円ならば１日平均5000円、200万円ならば１日平均１万円ということになります**。

「それが１年続いたらかなりの額になる……。やってみようか」という気になるかもしれません。「１億稼ぐ、２億稼ぐ」は非現実的と考えている方も、「これなら私もできそうだ、ぜひ！」と思うかもしれません。

はやる気持ちは抑えてください。まず、本書で解説している投資の原則と技を覚え、練習問題を通じてそれらを実践に役立つものとして身につけてから、実際の投資にチャレンジしてください。そして、実践で多かれ少なかれ痛い目にあって、「月10%の利益」がやっと可能になるのです。**本書は個人投資家が必ず味わう痛い目を極力小さなものにするためのものです**。

株は心理――とまで断言できます。焦らず、自分の身の丈に合った投資額で、ゆったりとした株式売買の姿勢を求める多くの方が、ひっそりと心に描く希望を実現するために、本書が少しでも役立つことを願っています。

最後になりましたが、忙しい中、掲示板で意見を交換してくれた株チャート研究会「積乱雲」の前・現会員諸氏に深く謝意を表します。

2006年１月

秋津　学

第2章 移動平均線を理解する

第3章 出来高を理解する

第4章 株式投資の基礎技

第5章 ローソク足の技

第6章 移動平均線の技

第7章 出来高の技

第8章　三位一体で使う技

第9章　オシレーターの技

第10章 リスク回避の技

第11章 卒業テスト

本書は投資の参考となる情報・技術を提供するために編集されました。
投資の最終決定は自分自身の責任において行なってください。

装丁　山田英春
本文デザイン／図版　株式会社マッドハウス

チャート提供　マネックス・ビーンズ証券株式会社
松井証券株式会社
楽天証券株式会社
株式会社QUICK

第1章

ローソク足を理解する

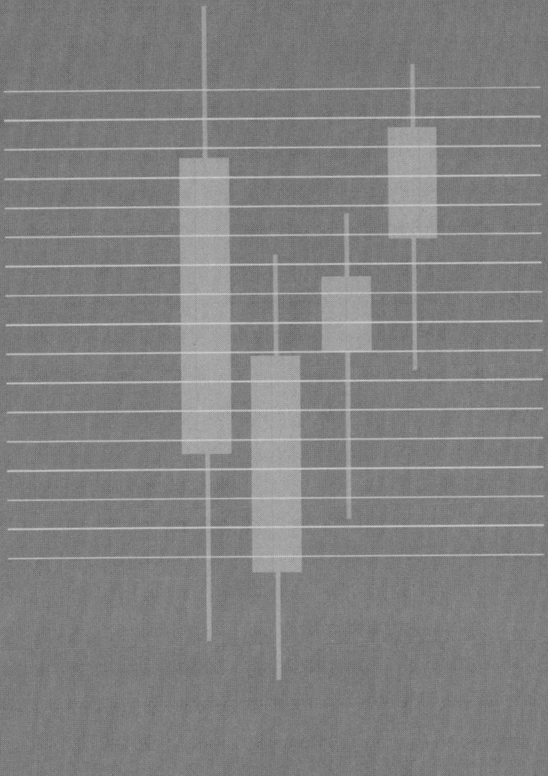

原則 01

失敗しないための5つの心構え

初級者の心得

チャート分析を知識として理解しても、実際の売買の段になると、どのようにそれを使い、活かしたらよいのか、わからなくなり、途方にくれてしまうものです。一言でいえば、変動する相場に自分が対応できないということです。

初級者の心構えは、５つあると思います。

●心構え①　あまり知識を増やさない

たくさん知識を吸収すれば、売買効率が上がるというものではありません。料理の本を100冊読んだからといって、料理がうまくできないのと同じです。初心者・初級者には、負担のかからない最小限の知識を得ることで十分です。

●心構え②　知識を血肉化する

知識を実践に役立てるためには、初級者だけでなく、誰もがドリル（練習・訓練）をしなければなりません。本書のように、吸収する知識にそって、そのたびに練習問題を行なうことで、初級者が得る知識は血や肉となって、実際の売買に役立つようになります。

●心構え③　総合的に学び、テクニック習得を優先する

売買には、技術が必要です。技術はたくさんあり、総合的に頭に入っている状態が望ましいでしょう。トータルに身につけた技術があるのと、無手勝流であれやこれや断片的な知識や技術があるのとでは、投資効率はかなり違ってきます。

●心構え④　できれば、ひとつは得意技を完成する

いろいろ術があってかまわないのですが、自信をもって実践できるやり方をひとつマスターするのが、成功の近道です。例えば、本書で推奨しているチャ

ート分析の三本柱である「ローソク足」「移動平均線」「出来高」のうち、「移動平均線」を徹底的に学べば、初級者でも常勝組に入れます。

自信がついた、慣れた売買術を続けるほうが失敗も少なく、安定した勝率とパフォーマンスを残せるからです。

●心構え⑤　少なくとも3カ月は、わかば期間をもつ

本を読んだ後、勇んで高額の投資資金をもって株式市場へ乗り込んでも、ビギナーズラックを除いて、その投資家は売買を続けるにつれて、必ず負けていきます。私の研究会の最悪のケースでは、こちらがアドバイスするひまもなく、入会時に高らかに月20%の利益を宣言し、3日ほどで研究会を去った会員がいました。

初級者に勧められる方法は、3カ月などに設定した見習い期間をつくり、少額の資金で株取引を始めることです。その間、どれくらいの資金を残してもちこたえられるか、実際にやってみることです。

仮に、30万円の資金で始めて3カ月後に10万円しか残らない場合と、3000万円の資金で始めて3カ月後に1000万円しか残らない場合では、得られた経験や知識はほぼ同じなのに、後者のほうは2000万円もの大金を無駄にしたことになります。

見習い期間は車の運転にたとえるなら、免許も技術も知識ももっているが初心者であることを示すわかばマークをつける期間にあたります。必ずこの見習い期間をもち、大金を無駄にすることのないようにしましょう。

ここがポイント

知識を得たからといって、勝てるわけではない。売買技術を覚えたと思って大きな資金を投入しないで、見習い期間を設けてゆっくりやろう。

原則 02

3つの分析で投資効率を上げる

何を見るか、何を読むか

大きく分けて投資スタイルは2つあります。まず「テクニカル分析」。これは株価の過去の推移から判断して、将来の株価を予想する方法です。

最も一般的な方法は、株価チャートの分析です。この分析には、覚えることがたくさんあり、また奥深い世界ですが、初級者はあまりたくさんのことを覚えると逆に混乱するばかりですから、まず3つだけ、つまりローソク足、移動平均線、出来高をマスターすれば十分でしょう。

あとひとつの手法は、「ファンダメンタルズ分析」。これは、経済情勢や業績を調べ、銘柄の本質的価値を見出し、将来の株価判断に活かそうというものです。初級者にとって安心できる、この分析に役立つのは、『会社四季報』でしょうか。このデータブックを使って、将来性のある伸びる会社であるかどうかを診断します。

忘れてはならないのは、売買をするときの状況の把握です。昨夜のニューヨーク市場の影響はどうか、主要株価指数である日経平均225や日経先物は堅調かどうか、売買の対象としている銘柄に資金とどれくらい割けるのか、どんなリスクがあるのか……など状況を理解して売買にのぞむことになります。

ある銘柄を売買する場合、この3つの分析を行ないます。基本的にファンダメンタルズ分析、状況分析、チャート分析の順で進めます。これらの分析に慣れることで、売買がスムーズにいき、勝率が高まり、安定性を増していくことになります。

●図表1-1　3つの分析

ステップ1
ファンダメンタルズ分析

上場企業の財務情報や経営の質などを基に、株価が割安・割高と考えて投資判断をするもの。『会社四季報』などでデータを得る。

ステップ2
状況分析

もっとも一般的なものは、日経平均225、日経先物、為替、原油価格、ダウ平均など。自分の状況としては、資金配分や自分の体調まで含めてよい。

ステップ3
チャート分析

ローソク足・移動平均線・出来高の分析が基本。他の指標分析へ向かう前に、この三本柱の手法をマスターすることが必須。

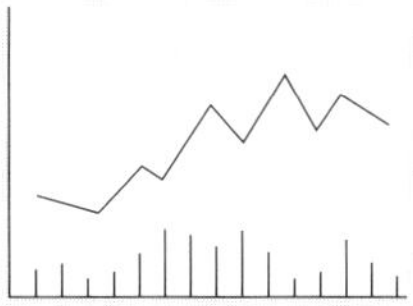

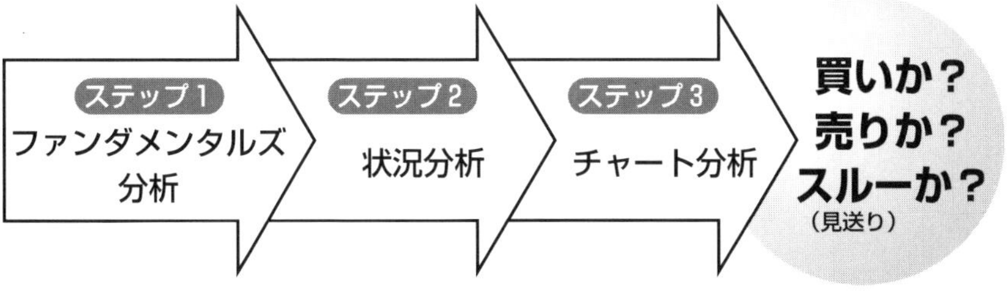

原則 03

チャート分析の三本柱をマスター

チャート分析とは何か

株価の動きを分析するのが株価チャートです。株価の動きを理解するためにさまざまなテクニカル指標がありますが、まずは株価チャートを理解すれば投資に大いに役に立ちます。指標にくわしいことが必ずしも立派な投資成績に結びつくものではなく、チャート分析の基本の基本である以下の３つを十分理解すれば、実践で困ることはほとんどありません。

①　ローソク足

特別な取り決めにしたがって株価の変動を表しており、ローソク足の連なりから相場の勢いや方向性を読み取る。

②　移動平均線

株価の平均をグラフにしたもので、大まかな相場の流れやトレンドを把握できるすぐれもの。

③　出来高

売買の成立した株数を棒グラフにしたもので、相場のエネルギーがわかる。

これらひとつひとつを分析したり、３つの分析を総合的に判断して、株をいくらで買ったらよいのか、売ったらよいのかを決断します。

最近は、証券会社はインターネットを通じて、さまざまなチャートを無料もしくは有料で提供しています。ヤフーやインフォシークなどのポータルサイトも無料でチャートを提供しています。いずれも、基本的な３つの分析のほか、もっと複雑な指標をチャートにしたものも利用できるようにしています。

ただ、私たちはまず、基本の基本であるローソク足、移動平均線、出来高の３つをしっかり学び、投資に役立てたいものです。

●図表1-2　正確な売買ポイントをつかむ

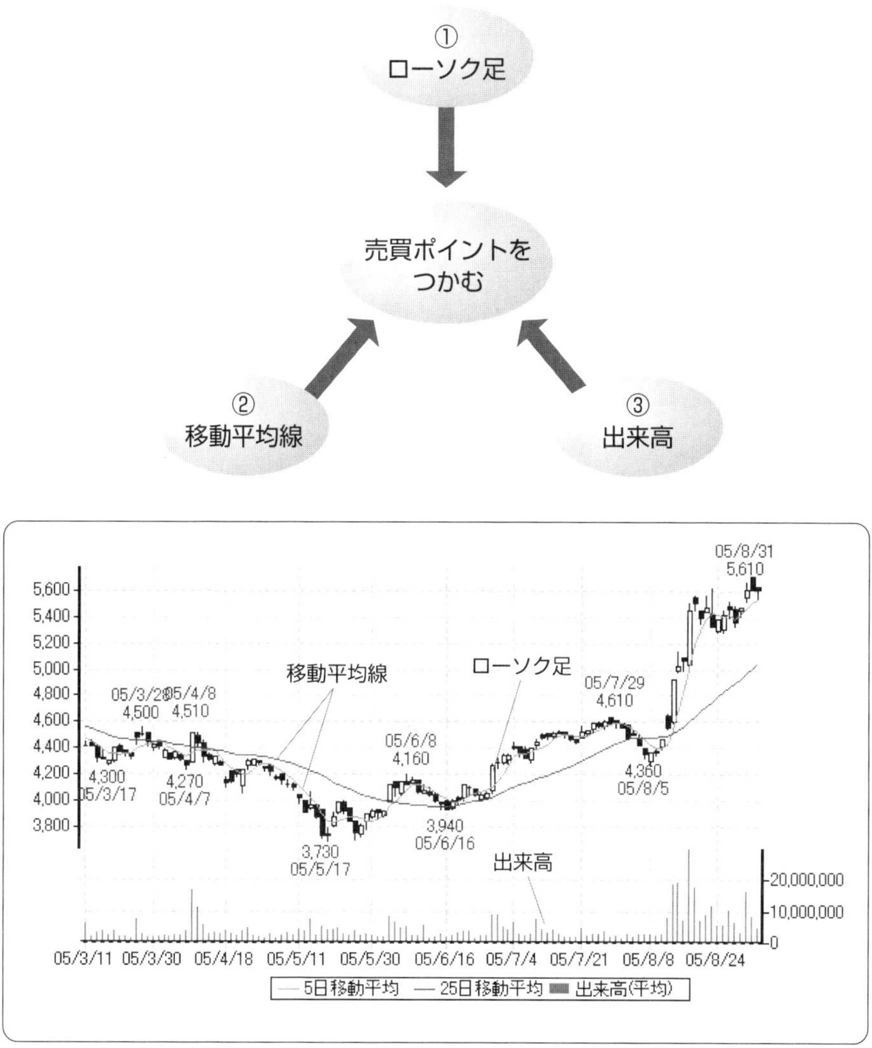

ここがポイント

正確な売買のポイントを見つけるには、ローソク足、移動平均線、出来高の三位一体の分析が必要である。

原則 04

ローソク足で株価の動きを読む

ローソク足の読み方①

●ローソク足とは何か

株式市場では、1日の取引が始まってから終了するまでに値段は上げ下げします。取引所のルールで、値段の上限・下限はありますが、その範囲内で値段がついていきます。

この値段の動きを視覚的にとらえやすく表記し、その表記の連なりで、将来の株価や銘柄の方向性を予測するために工夫されたのが、「ローソク足」です。始値《はじめね》、高値、安値、終値《おわりね》という4つの値段が、1本のローソク足をつくります。

例えば、1日の値動きを表すローソク足は「日足」と呼ばれますが、次のような意味をもちます。

始値：最初の株価

高値：一番高い株価

安値：一番安い株価

終値：最後の株価

●図表1-3　ローソク足とは

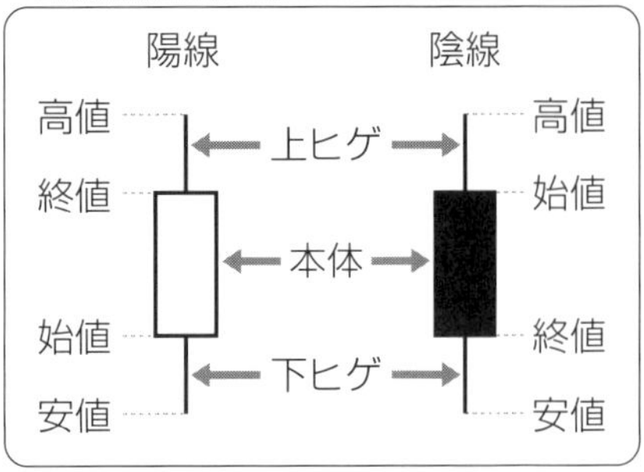

始値より終値が高いローソク足は「陽線」と呼ばれ、上昇相場を表します。反対に、始値より終値が安いローソク足は「陰線」と呼ばれ、下降相場を表します。

始値と終値が同じで、ザラ場（取引時間）で値段が上下した場合は、「十字線」を形づくります。これは「迷い線」とも呼ばれる「転換暗示」のシグナルです。ローソク足の白や黒で表示される「本体」部分の上か下に短い線が出ているように描かれる陽線や陰線がありますが、この線を「ヒゲ」といい、上の部分を「上ヒゲ」、下の部分を「下ヒゲ」と呼びます。

こうしたローソク足ができあがるには、株価の動きが必要です。上下にヒゲをつけた陽線・陰線は、形自体は、それぞれ一種類しかないのですが、右図で示すように、実際には、株価はおよそ2通りの動きをします。

●図表1-4 ローソク足から株価の動きを推測

日足の陽線で何がわかるか

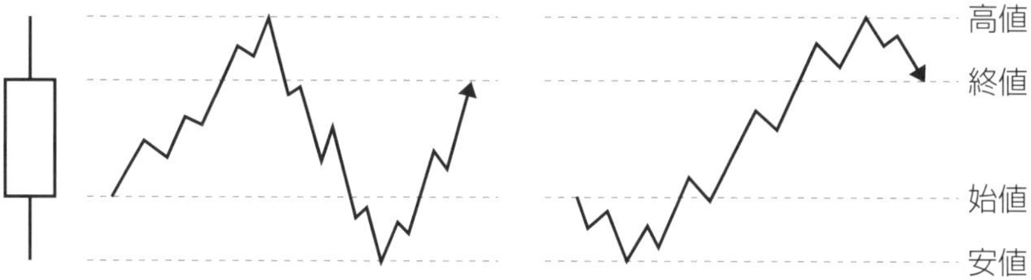

寄付き（1日の相場の始まり）から株価は勢いよく上げたものの次第に減速し、再び力を盛り返して、かなり高い位置で終値となった。

寄付きから下げて安値をつけたが、勢いをつけて高値の位置までもっていった。しかし上げ過ぎたので終わりに下げた。

日足の陰線で何がわかるか

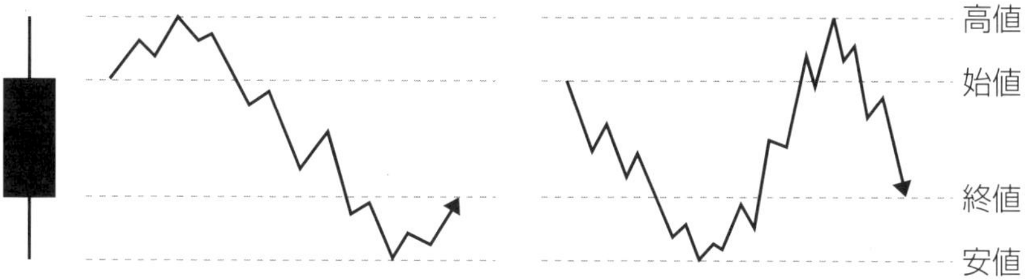

寄付きから少し上げたが、売り圧力で下げていき、少し戻して終値をつけた。

寄り付いてすぐ下げ始め、安値をつけた後、急激に株価は戻した。しかし売り圧力で下げ始め、この日の安値のちょっと手前で終わった。

ここがポイント

同じ陽線、陰線に見えても、株価はローソクの実体部分とヒゲで上げたり下げたりしているので、その過程を細かく見ると株価の勢いがわかる。

●分足、日足、週足、月足の特徴と役割

日足は、１日の足なので、さらに細かい動き、例えば、ザラ場の動き、それも５分単位とか10分単位での動きを見たければ、「分足」が必要になってきます。分足は、１分・３分・５分・10分足などがあり、何を知りたいかによって使うローソク足が異なります。前場（午前の取引時間）120分、後場（午後の取引時間）150分の取引時間がありますから、１分足は270本、３分足は90本、５分足は54本、10分足は27本になります。

分足、日足のほかに、１週間ごとにひとつのローソク足を描く「週足」、ひと月に１本のローソク足を描く「月足」、１年で１本のローソク足を描く「年足」などがあります。証券会社のネットを通じた取引口座では、デイトレーダーのために分足チャートを用意し、細かい動きを把握できる便宜を図っています。

それぞれのローソク足は期間が異なりますから、投資家の展望に大きな影響を与えます。目先の短期売買を行なう投資家は分、日、週足を使い、中期スタンスの投資家は日、週足を使い、長期は週、月足を使うというふうに分けられます。

①　分足

デイトレーディングでは必読のローソク足。分単位での変化を見てスピーディな判断をしなければならないからだ。ただ、短期・中期のスタンスの人も、トレンドが変化するのを見る場合、細かいチャートの変化を知るために分足を見ることもある（イラストは5分足チャート）。

●図表1-5　分足

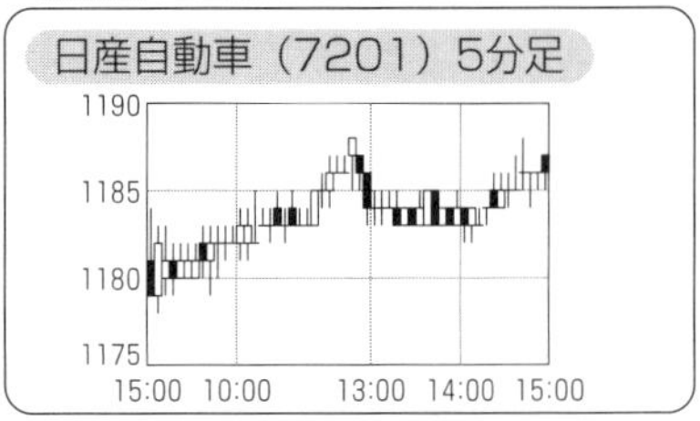

②　日足

日々の株価の動きを見る場合に欠かせないのが日足。１本の日足が翌日の株価の動きを示唆することもある。ただし、１本大きな陽線ができたから、翌日は上げる……というような単純なものではない。同じ大きな陽線でも、たくさんの出

●図表1-6　日足

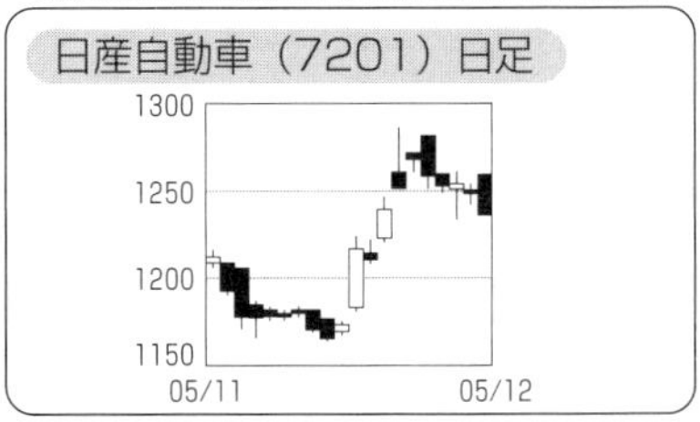

来高をともなって陽線がつくられたのと、薄商いの中、その陽線の形ができたのでは違う。「移動平均線」や「出来高」と一緒に、三位一体で総合的に判断しなければならない。

③　週足

週足は株価のトレンドを把握するときや、それを利用して、値幅取りをするときに使う。週足をトレンド把握のために使うことは、その投資家が中期展望にいることを意味している。買いポイントが前後２～３％ぐらいぶれても目をつむり、トレンドに乗って値幅を取るほうが有利だといえよう。そのときに使うのが、週足であり、日足だ。

●図表1-7　週足

日産自動車（7201）週足

④　月足

月足は年に12本。銘柄の大局的な動きを見るにとどまる。１年にわたって、ほぼ12本の陽線を立てることもある、逆に12本の陰線を立てて、その１年買い向かった人は散々であった、という相場もある。こうした超長期のローソク足は、歴史的な高安の株価のときに利用され、株価の大きな周期を把握するためや、時代の流れを読むために使われる。

●図表1-8　月足

日産自動車（7201）月足

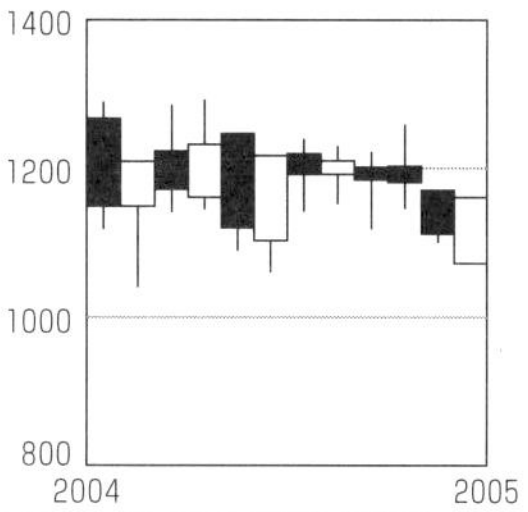

ここがポイント

一般的にいえば、分足・日足は短期、日足・週足は中期、週足・月足は長期的投資を行なうときに使われる。

原則05 足の実体とヒゲに注目する

ローソク足の読み方②

陽線、陰線のタイプもその意味もいろいろあります。ここでの「意味」とは、１本のローソク足は目先の株価がどんな動きをするかを暗示する意味をもつということです。

ローソク足の読み方の基本の基本を学んでおきましょう。図表１－９に20種類のローソク足の形と意味が述べられていますが、まず実体の部分で「強弱」を見ます。実体が陰のローソク足ならば「弱」く、陽のローソク足ならば、「強」い相場ということになります。

ローソク足は本体だけではなく、「ヒゲ」の意味も理解しなければなりません。例えば「ヒゲのない大陽線（本体の長い陽線）」は「陽の丸坊主」といいますが、続いて株価が上昇すると予測できるほど強い勢いを示します。

これに対して「陽のコマ」（ヒゲが上下に長く伸び本体が短い陽線）は、たとえ上昇局面にあっても、いつ転換するかわからない「迷い」を示します。

上ヒゲが長いコマだと、いったん上に押し上げたものの、大量の売り物に押されて、勢いを落としたことを表します。逆に、下ヒゲが長いコマだと、いったん売りに押されたものの、大量の買いが出てかなりのところまで戻したということで、下値は買いである……というシグナルだと判断されます。

むろんこうしたシグナルは出来高とともに判断すべきであって、下ヒゲの長い陰線もしくは陽線が出ても、出来高をともなっているものとそうでないものとでは、相場の強さの判定が違います。

また、ローソク足の形が天井（高値圏）近辺で出るか、底（安値圏）近辺で出るかによっても、株価の先行きを読む意味が異なってきます。「下ヒゲ陰線・陽線」が天井で出ると上げ相場の終焉を予想、底で出ると反対に上げ相場の開始を表す場合が多くなってきます。

練習問題 01

ヒゲの長さにより相場の流れの強弱がわかります。次の①から④まで4本のヒゲの長い陽・陰線の形状を見て、相場の強い順から並べてみましょう。

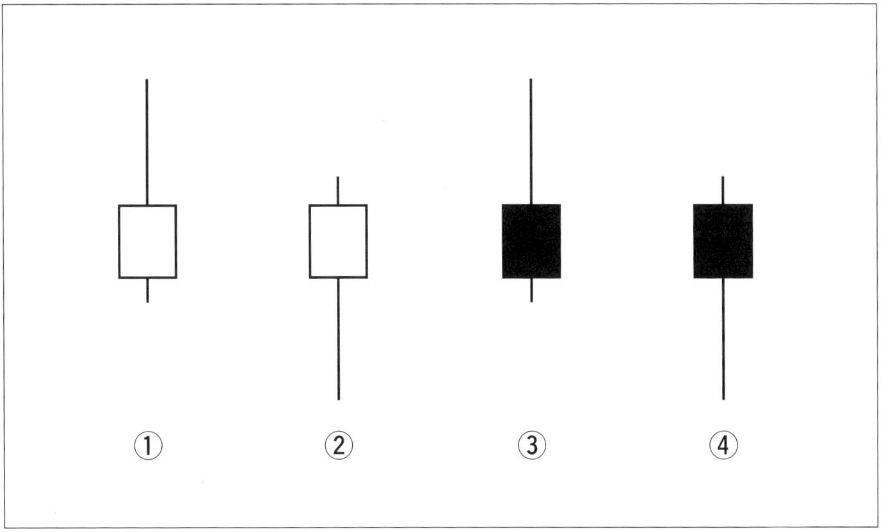

練習問題 02

相場は上げるでしょうか、下げるでしょうか。その理由もあげてみましょう。

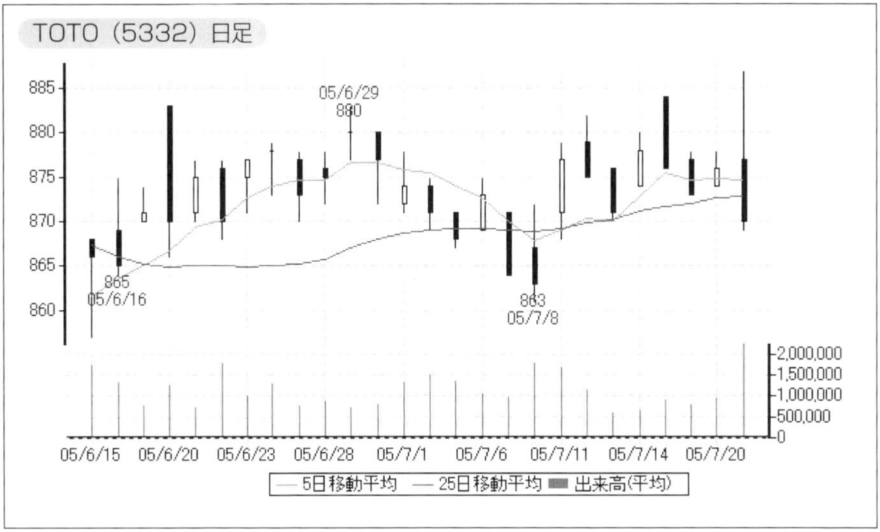

解答01

②、④、①、③の順で強いことになります。②は、「寄付きから勢いよく上昇したにもかかわらず下げ、終値で始値を越えて陽線をつくった。始値を越えたことで、買い勢力が巻き返している」と判断します。④は、「寄付きから少し上げたものの、売り圧力強く大きく下げたが、買いが勢いを取り戻し、始値には届かなかったものの、買い勢力が強くなっている」と判断します。①は、「寄付きからやや下げたが、買い勢いがついて上げたところ、売りに押し戻されて、ようやく本体として小さな陽線ができた。売り勢力が強くなっている」と判断します。③は、「寄付きから上げ始めたが、売り圧力が強いので大きく下げ、少し戻したが、始値を越えるまでに至らず、陰線ができた。売り勢力が巻き返している」と判断します。あくまでこれは基本的な読み方であって、たとえここで一番強いローソク足が出現したとしても、翌日、大きく下げる場合もあります。今は基本的な読み方をトレーニングしていることを忘れないでください。

解答02

買わないほうが無難でしょう。問題2のチャートのローソク足の本数を数えますと、26本あります。このうち、陽線は8本、陰線は16本、十字線は2本あり、明らかに相場としては弱いことがわかります。

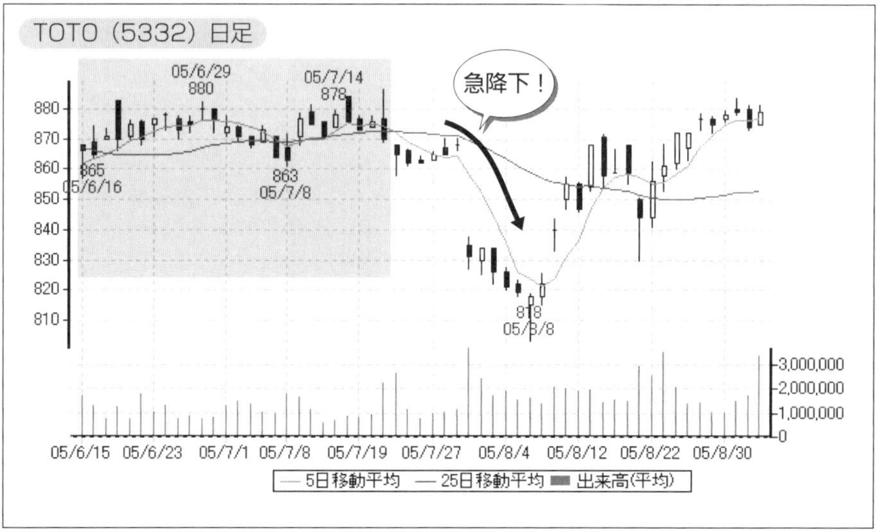

●図表1-9　20種類のローソク足とその意味

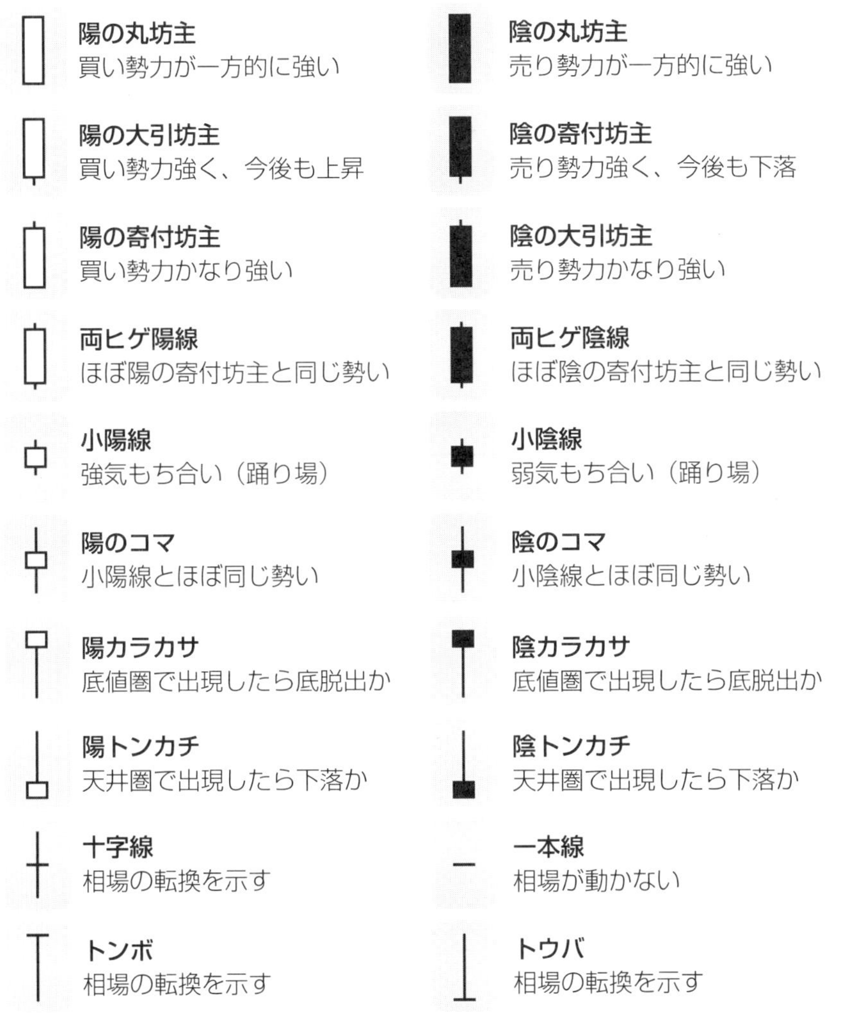

ここがポイント

陰のローソク足は勢いが弱く、陽のローソク足は強く、ローソクの本体が大きいほど勢いが強い。ヒゲが長い場合は底値圏にあるか、天井圏にあるかに注目する。十字線の出現は相場のためらいのシグナルで、トレンドの転換を示唆。

原則06 高値圏か、安値圏かを意識する

ローソク足の読み方③

ローソク足1本より、2本、3本の組み合わせの意味をつかむほうが、その相場の実勢を分析するのに役に立ちます。ローソク2本の組み合わせ6種類の意味の基本は右ページで簡単に説明しています。

重要な点は、株価の高値圏・安値圏の位置によって、①組み合わせの意味が異なること、②株価の動きが基本通りには動かない場合がしばしば起きること、③ローソク足の長期の連なりを示して、高値圏・安値圏に出現するローソク足の組み合わせで、買いや売りのシグナルを読む場合、すでにその説明のチャートは「完成したもの」となっていることです。③の認識は特に大切です。実際に売買している最中は、果たして今が大底であるかどうかなどは誰にもわかりません。天井か底かは株価が過ぎてしまって、はじめて「事実」として確認できるものです。

確認した後だと、取れる値幅も小さくなるので、投資家は、できるだけ早く、反転のシグナルを先読みしようとします。シグナルが出たと判断したら、即注文し、その後の株価の動きに注意し、トレンドが安定するまで気を抜くべきではありません。

●図表1-10　判断のポイント

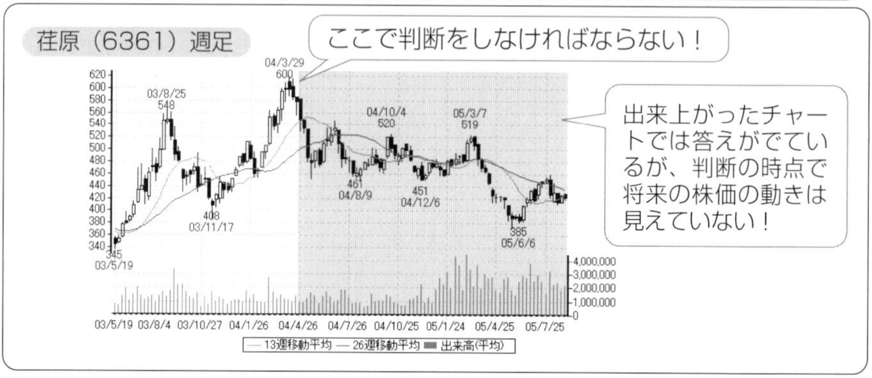

●図表1-11　ローソク足2本の組み合わせ

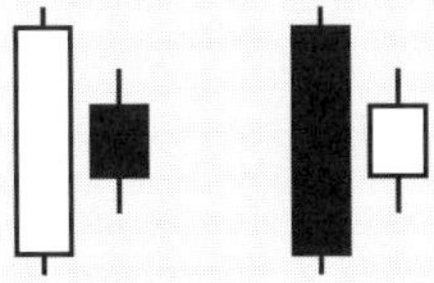

はらみ線
高値圏に出れば「売り」
安値圏に出れば「買い」

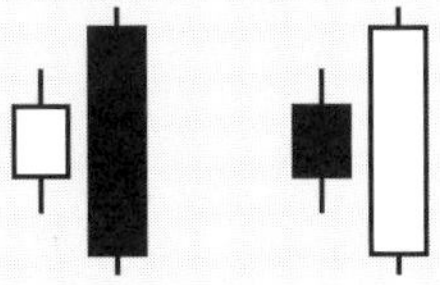

つつみ線（抱き線）
高値圏に出れば「売り」
安値圏に出れば「買い」

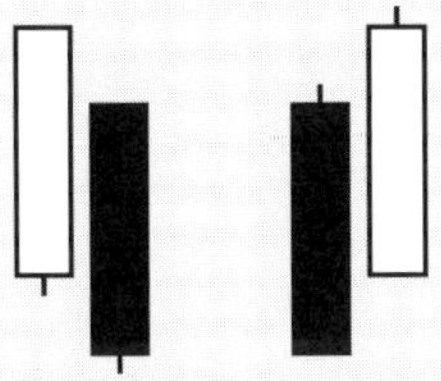

たすき線
高値圏で「陽・陰」と出れば「売り」
安値圏で「陰・陽」と出れば「買い」

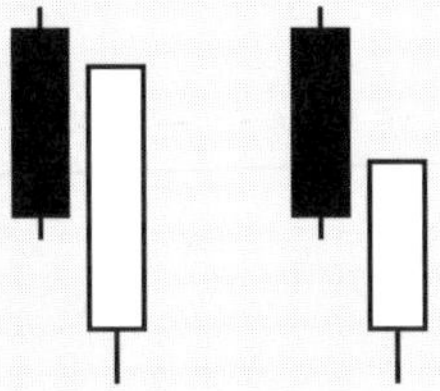

切り込み線（左）、差込線（右）
安値圏に出れば「買い」

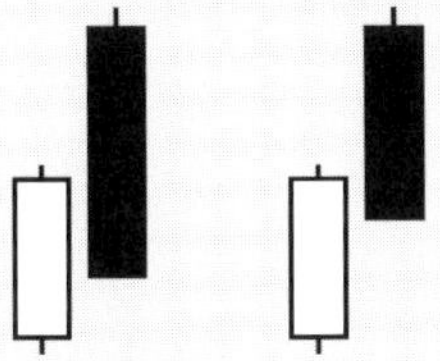

かぶせ線
高値圏に出れば「売り」

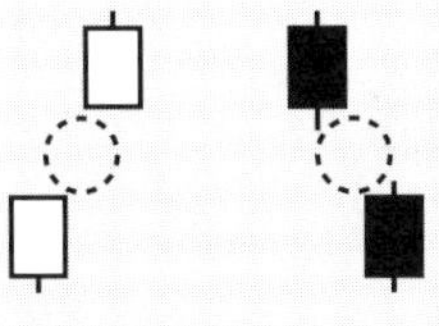

空（窓、ギャップ）
高値圏の下げの局面に出れば「売り」
安値圏の上げの局面に出れば「買い」

ここがポイント

「は・か・っ・た」は高値圏では売りシグナル、「は・つ・た・切り」は安値圏では買いシグナルである。

練習問題 03

03年4月21日以降、上昇トレンドに乗り、株価は盛り返しています。ここから買いに出るか、売りに出るか、あるいはスルー（不参加）でいくべきでしょうか。

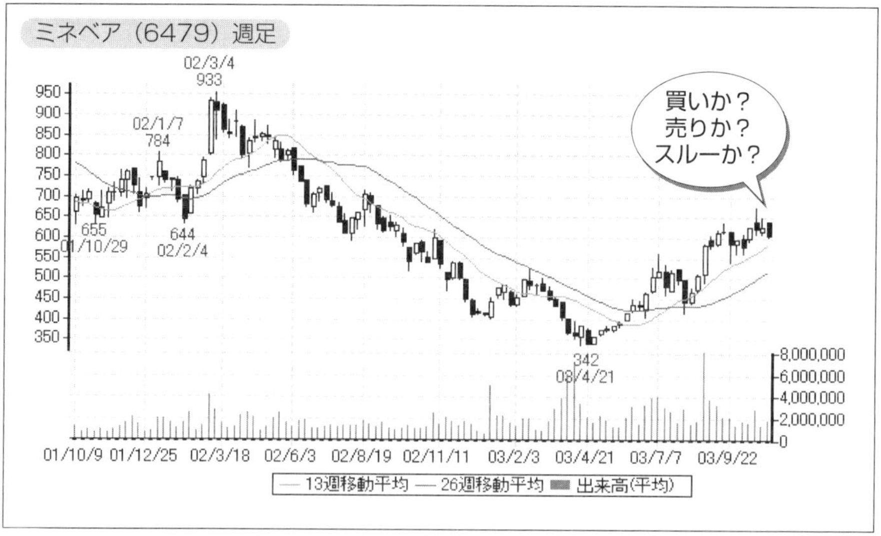

練習問題 04

03年7月14日に、陰・陽の「はらみ線」が出現し、底を脱出。その後、上げトレンドに乗り、株価はほぼ倍化。04年３月下旬に大陽線と陰のコマが出現。ここはどう判断しますか。

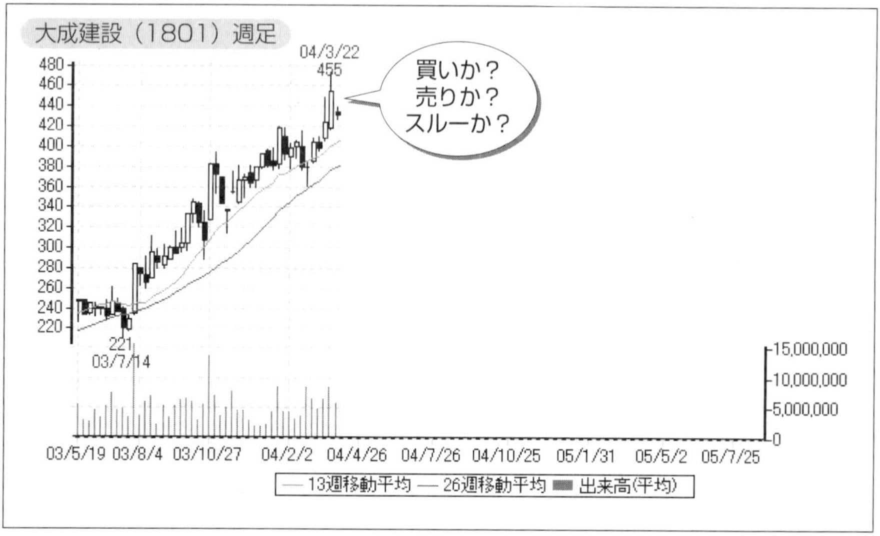

練習問題 05

株価は下降を続けています。漠然とそろそろ反発かなとも思えます。２本のローソク足の組み合わせだけで、ここはどう判断しますか。

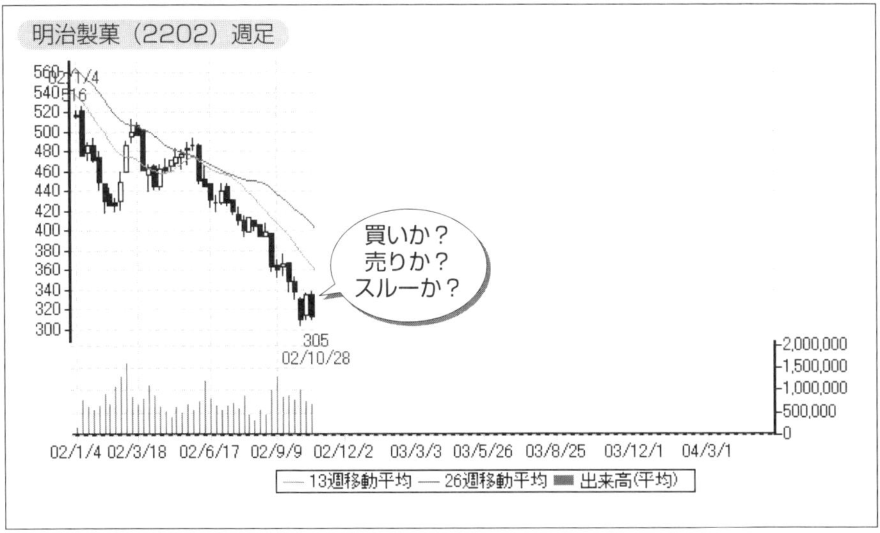

●図表1-12　毛抜き天井・毛抜き底

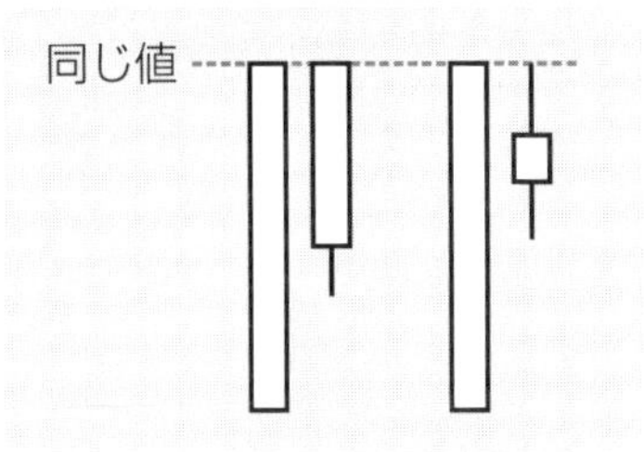

「毛抜き天井」とは、高値圏で、大陽線と陽線の２本の高値がほぼ同じ値段で並んでいる形で、２本目がこの値段に肩を並べるのが精一杯と理解され、反落するケースが多いのです。２本線の並びが、「毛抜き」という道具に似ているからこの名があります。

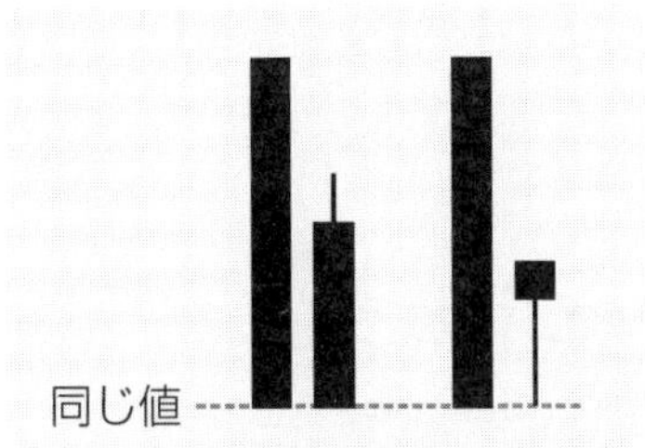

逆に「毛抜き底」は、安値圏で、大陰線と陰線の２本の安値がほぼ同じ値段で並んでいる形で、２本目がこの安値以下に落ちないということで、底入れ感が広がって、次第に反発していくというふうに理解され、買いシグナルとなります。

解答 03

「売り」が正解。間近の２本の週足の組み合わせを見ると、上ヒゲの長い陽線の後、大陰線が出て、陽・陰の「つつみ線」が出現。底値圏から見て倍の株価になっている高値圏と見れば、「売りシグナル」です。

ミネベア（6479）週足

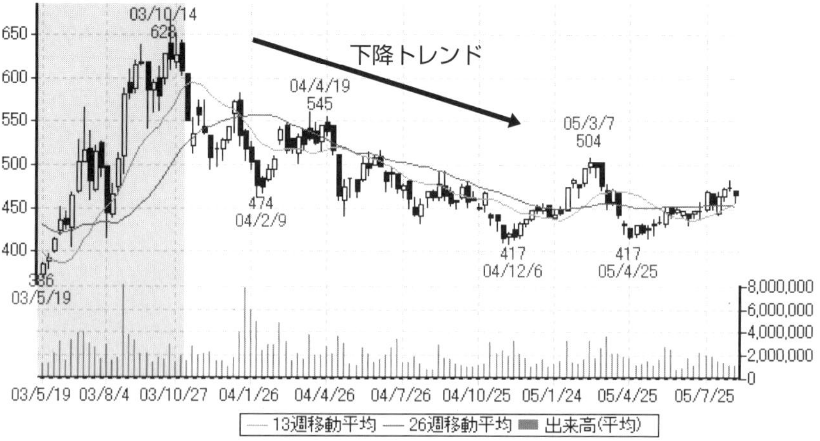

解答 04

「売り」が正解。典型的な「はらみ線」が出現した以上、「売り」シグナル。実際翌週は陰・陰のつつみ線をつくり、さらに下落のシグナルを出しています。

大成建設（1801）週足

解答05

「買い」か「スルー」が正解。すでに株価的には安値圏にあり、「買い」シグナルを示す「たすき線」が出現。まだ、売りの勢いが強いとみれば、あと2～3週様子を見ます。

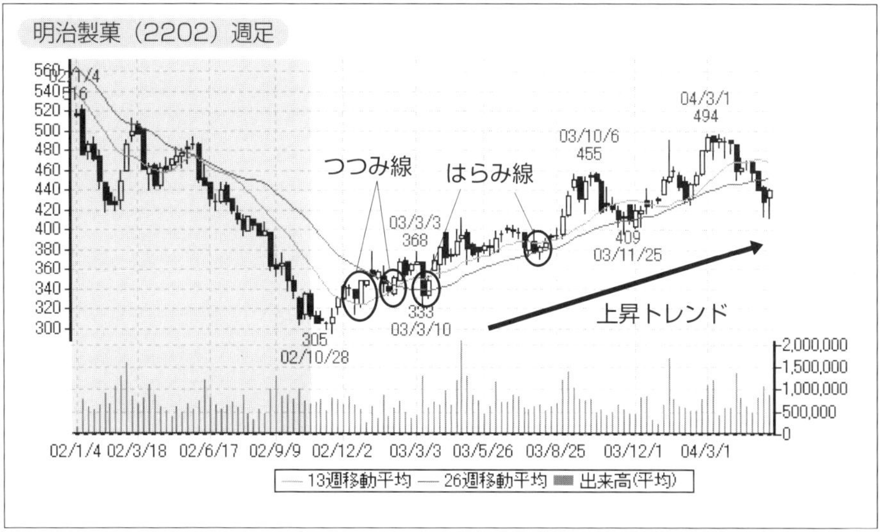

まとめ

高値・安値圏で出現する2本のローソク足の組み合わせを見るだけで、次の一手の判断がかなり正確にできます。上の明治製菓の週チャートを見ますと、再び上昇に転じる場合には、ほとんどが「買い」のシグナルである組み合わせを示しています。3つの小さな陽線が出た後、陰・陽の「つつみ線」、陰・陽の「つつみ線」、陰・陽の「はらみ線」、陰・陽の「はらみ線」という具合に、組み合わせが出現しています。また、株価が押し戻されるときには、売りシグナルを示す、長いヒゲの陰線や陽線が出現しています。株価が安値圏や高値圏に来た、と感じたら、シグナルとなる組み合わせであるかどうかを意識して、チャートを見る習慣をつけてみてください。シグナルが出たら、後述する移動平均線や出来高の判断をとりいれて、投資行動に向かうことになります。

原則 07

明星、三兵、三法は有力シグナル

ローソク足の読み方④

足が３本の組み合わせになりますと、さらに相場の読みが正確になってきます。

①　明星（高値圏、安値圏に出現したら注目）

・宵《よい》の明星《みょうじょう》

大陽線が立ち、空《くう》（ギャップ、窓）をつくり星のように小さな陽線か陰線ができ、今度は下げて空をつくり、大陰線（本体の長い陰線）が立つ形が天井で出ますと「売りのシグナル」。空をつくって、星のような陽・陰線の代わりに、「上ヒゲの長いトウバ」や、「上ヒゲの長い陰線」が出現したら「宵の明星」に準じ、「売りのシグナル」と目先判断します。

・明《あ》けの明星

これは「宵の明星」の逆の形。まず大陰線を描き、下に空ができ、星のような小さな陽線か陰線が生まれ、今度は上げて空をつくり、大陽線が立つ場合、この形が底（安値圏）で出ると、目先の「買いシグナル」。空をつくって、星のような陽・陰線の代わりに、「下ヒゲの長いトンボ」や「下ヒゲの長いトンカチ」が出現した場合も「明けの明星」に準じて、目先の「買いのシグナル」と判断。このように「空」は相場判定に非常に重要なシグナルで、「空」は「窓」とも呼ばれるように、開かれた方向に相場が動き出す、つまり株価の勢いがつき始めたシグナルだからです。

②　三連続の陽線・陰線（ローソク３本が並ぶ場合）

・赤三兵《あかさんぺい》

長い下降トレンドの末に、底で３本の小陽線が並ぶ形。上げトレンドへ変化したシグナルとして理解されます。自著『株で毎日を優雅に暮らす法』で、真正赤三兵と偽赤三兵の見わけ方をくわしく述べましたが、識別法は、

Ⓐ　長く下降トレンドが続いた後に出現していること、

Ⓑ　出来高をともなって、小陽線が３つつくられること、

Ⓒ　3本目が立つ直前に上値を圧迫するような売りがないこと——です。

・黒三兵《くろさんぺい》

別名「三羽カラス」。「赤三兵」とは逆に、天井と思われる株価の高い位置から、大きな陰線が3つ続けて出現する形です。これが現れると、下降トレンドに入ったシグナルと考え、「売り」姿勢をとるのが基本です。

③　三法《さんぽう》（上昇・下降トレンド過程に出現）

・上げ三法

上昇トレンドの途中で、大きな陽線が立ち、そのあと3日ほど足踏みをして、その直後一気に陰線で下げた分を抜く大きな陽線が立つ。これが「上げ三法」で、3本の陰線の時期に再上昇のエネルギーをたくわえてきた、と読みます。

・下げ三法

上げ三法の逆。下降トレンドの途中に、3日ほど陽線が立って戻したように見えますが、すぐまた大きな陰線ができてしまう形です。依然下降トレンドですから、ちょっと戻したあたりが、売り増しのポイントになります。

●図表1-13　三本ローソク足のライフ・サイクル

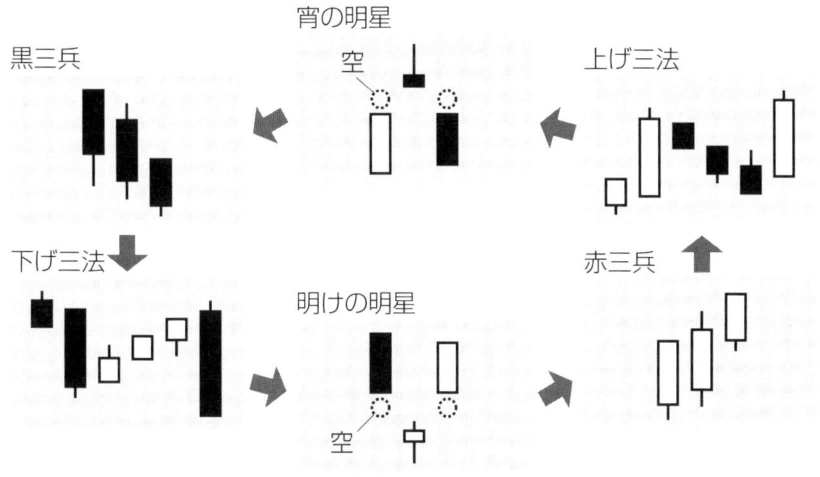

ここがポイント

底値圏から、「明けの明星」→「赤三兵」→「上げ三法」→「宵の明星」→「黒三兵」→「下げ三法」という具合にめぐって、再び底値圏に戻るというコースをたどる。

練習問題 06

チャートを見て、「宵の明星」「明けの明星」の組み合わせを見つけてください。

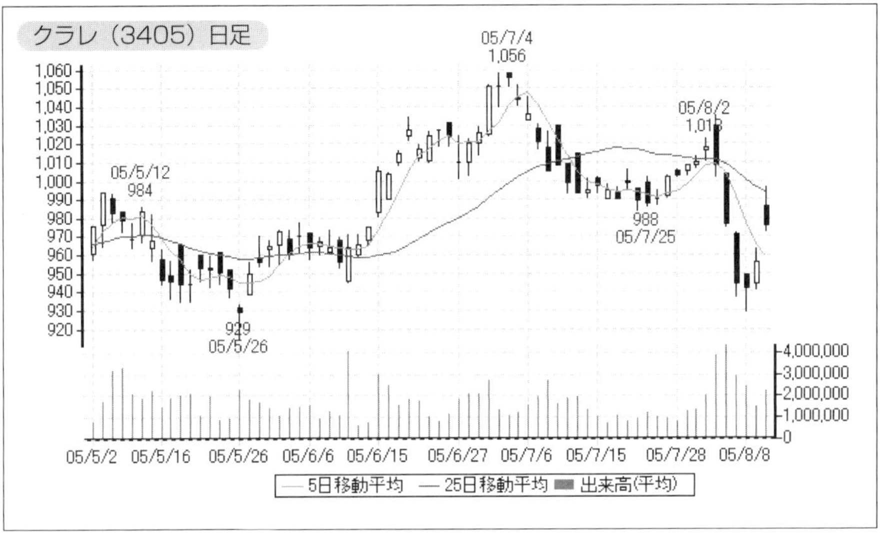

練習問題 07

05年7月中旬、株価は下落する状態で、3本の陰線に空を伴ったローソク足の組み合わせを示しました。この位置で、買いか、売りか、スルーかを判断してみてください。

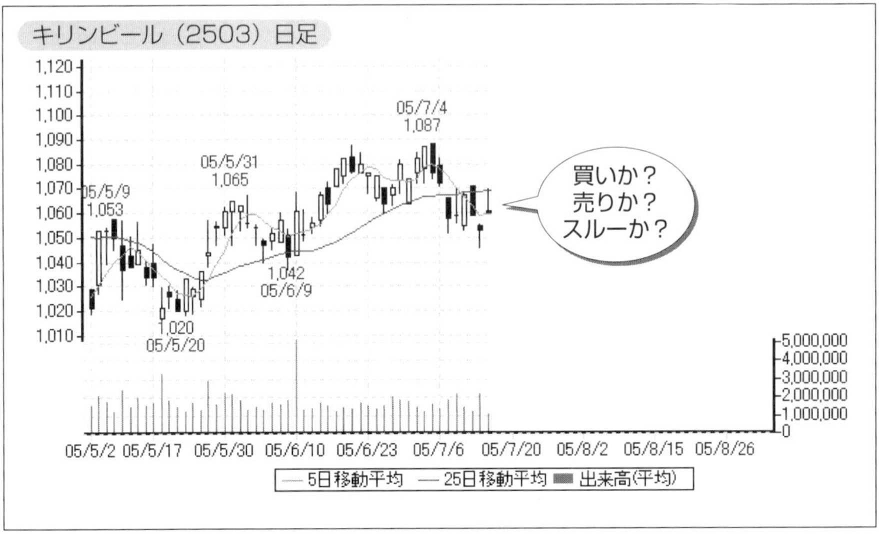

練習問題 08

チャートを見て、「赤三兵」「黒三兵」「上げ三法」「下げ三法」の組み合わせがあれば、指摘してみてください。

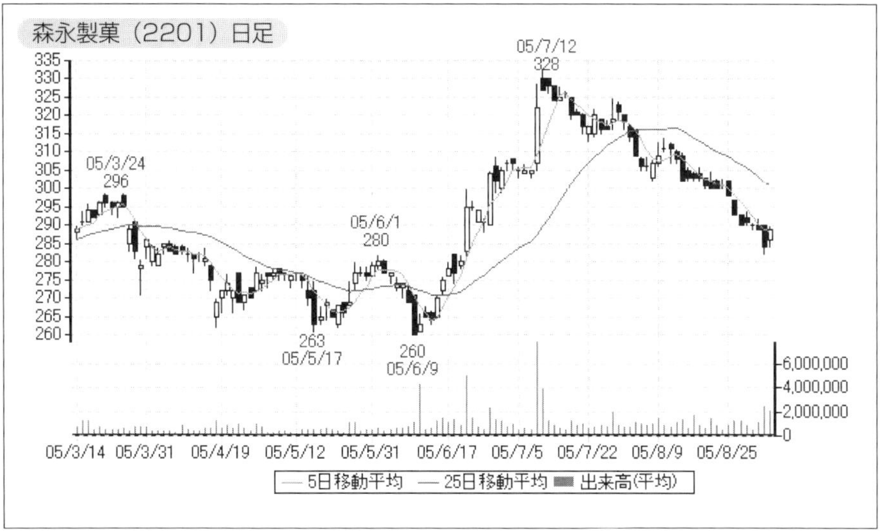

解答 06

丸円Aが「明けの明星」、丸円Bが「宵の明星」。ミシン円Cは、陽線が続き、まだ相場が若い。ミシン円Dは、形だけでは「明けの明星」に見えなくはないが、安値圏での出現ではない。

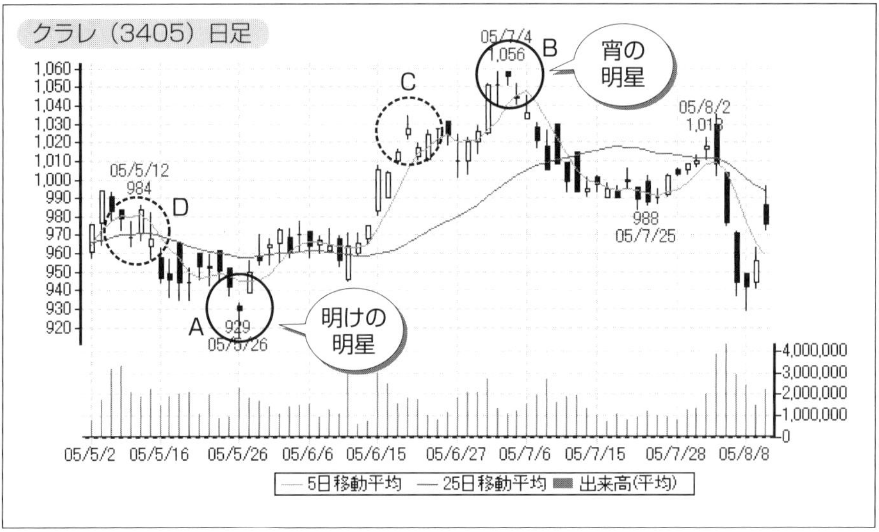

解答 07

「売り」か、スルー。1本目の長い陰線、空をつくった後の長い下ヒゲのトンカチのような陰線、そこから空をつけて、急上昇したものの、長い上ヒゲの陰線。陰線の弱さが残ります。

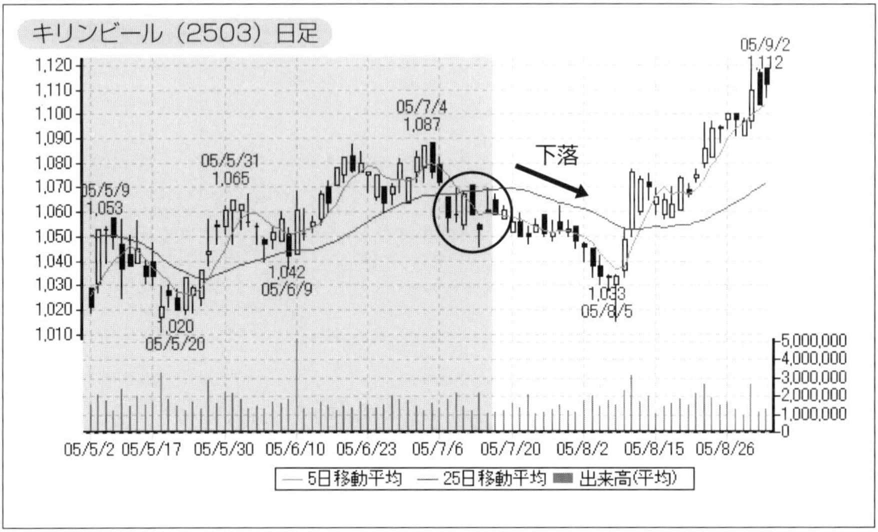

解答 08

「赤三兵」「黒三兵」「上げ三法」「下げ三法」の組み合わせは、実践では、丸で囲ったように、やや変形して出現しますので、注意してください。

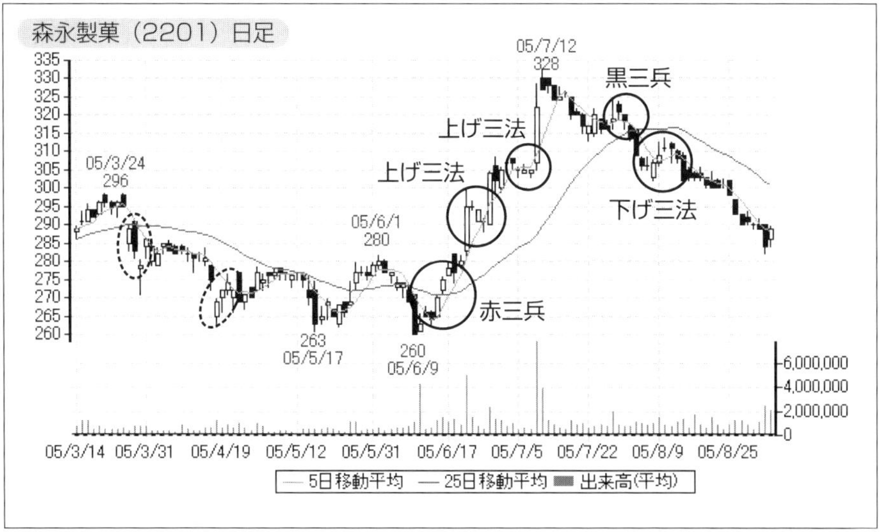

まとめ

原則07で説明された３本ローソク足の組み合わせで、最も大事なことは、その組み合わせが、どこに出現したか、です。安値圏か高値圏か中位圏かによって、シグナルの意味が有効だったり有効でなかったりします。

森永製菓の日足チャートの右半分と左半分を比べますと、右半分では、３本の組み合わせが見事にシグナルとして意味を果たし、シグナルで示したような動きをしています。

しかし、左半分のチャートを見ますと、260円と296円の小さなレンジの株価のチャートですから、３本線がモデルどおりの形状をしていても、シグナルとは反対の動きをしているものがあります。例えば、05年3月下旬に「明けの明星」のような形状を見せている３線がありますが、これは上がるシグナルなのに、下げてしまっています。05年4月中旬にできた「赤三兵」を思わせる陽線３本も反発が弱く、低迷することになっています。

原則 08

株価が動くと パターンができる

パターンを理解する

チャートを見ることに慣れてきたころ、必ず気づくことは、チャートはさまざまな形をしているのに、同じようなパターンがしきりと現れるということです。たくさんのパターンを覚えるのは混乱するばかりで、実践に活かせませんから、以下に、最も重要な4パターンを紹介しておきます。

パターン① 上げ下げ

右の4種の上げ・下げパターンは、いずれも上げ始めの地点から天井をつけ、もとの株価に戻る過程を表現しています。ところが、いずれも、底から天井に至る期間と、天井から底に至る期間が違います。

図Ⓐは底から天井に至る期間が天井から落ちて底に至る期間より長い。逆に図Ⓑは底から天井に至る期間が天井から落ちて底に至る期間より短い。

図Ⓒは、底から急激に上げ、また急激に下げ、図Ⓓは、ゆっくりと上げ、ゆっくりと下げています。

しかし、実践では、偏りが起きます。経験的には以下のようにいえます。

・短い期間に急に上げた銘柄は、長い期間を経て株価が元に戻りがち。
・長い期間にゆっくり上げた銘柄は、急激に下げ株価が元に戻りがちです。

では、このパターンの知識を実践にどう活かせばよいのでしょうか。ひとつは、ゆっくり上げて崩れ始めた銘柄は、急速に崩れていきますので、変に値頃感で買い急ぐと、失敗するということです。下落の速度が、初級者には対処できないほど速いということも珍しくありません。

また、急に上げた銘柄が崩れ始めたら、初級者でもじっくりと観察すると、「空売り」（実際に株を持っていないにもかかわらず、一定の委託保証金を入れて株を借りて売ったあと、買い戻すというやり方）のポイントが理解できるでしょう。

●図表1-14 株価上げ下げのパターン4

Ⓐ 昭和電工（4004）日足

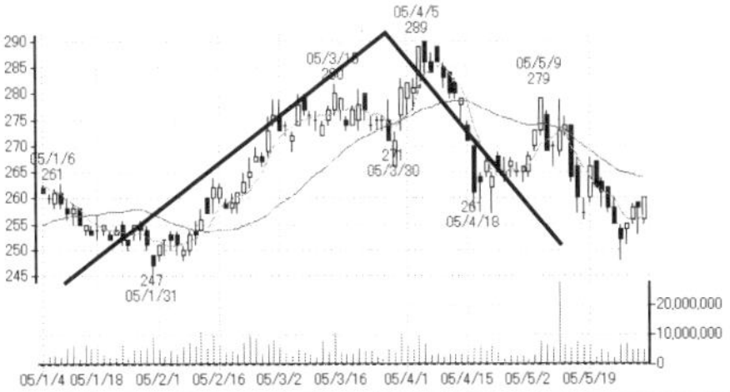

Ⓑ 塩野義製薬（4507）日足

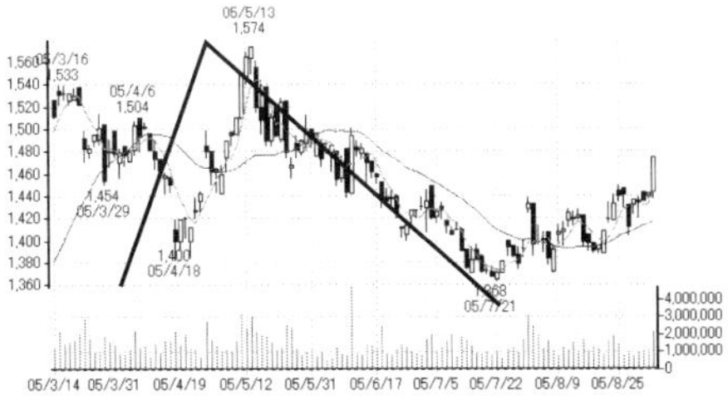

Ⓒ 東亜建設工業（1885）週足

Ⓓ 同和鉱業（5714）日足

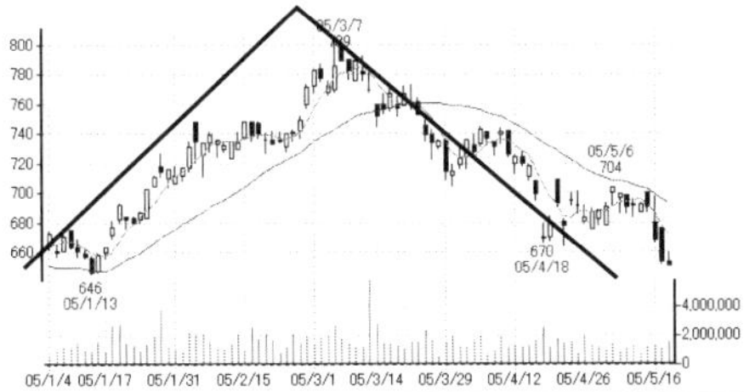

ここがポイント

急に上げた銘柄はゆっくり下げていき、ゆっくり上げた銘柄は、いったん崩れると急に下げていく傾向がある。

パターン② ボックス圏

トレンドが上に行くにしろ、下に落ちるにしろ、休養的なもみ合いを起こす（踊り場をつくる）時期があります。このもみ合いをボックス（箱）に見立てて、その中で上限の上げで売り、下限の下げで買うという戦術が可能です。

このようなボックス圏での細かい値幅取りも可能ですが、初級者には勧めません。だまし、つまり下限で買いを誘っていきなり売り浴びせたり、逆に上限で売りを誘って買い上げたりする投資家がいて、やけどをすることがしばしばあるからです。むしろ初級者もこのボックス圏の動きが崩れたときのタイミングを見つけて、売買に参加するほうが投資効率がよいでしょう。

ボックス圏の上限には上値抵抗線があり、これを突破すると「買い」に走り、逆に下限には下値支持線があり、これを突破されたら「売り」に走ることになります。この抵抗・支持線がいったん突破されると、もとの株価に戻らず、株価が強い方向性をもって動いていくのは、突破された抵抗線が新しい相場では支持線の役目を果たし、逆に、突破された支持線が新しい相場では抵抗線の役割を果たすことになるからです。

●図表1-15　ボックス圏

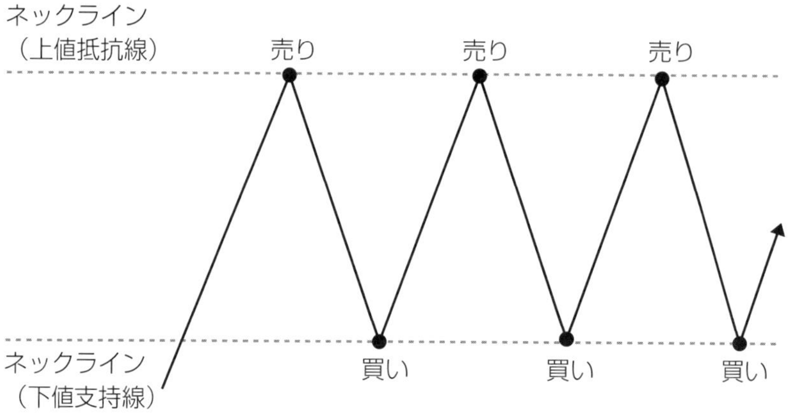

ここがポイント

初級者はボックス圏のもみ合いで値幅取りをしないほうがよい。狙うなら、ボックス圏を株価が放れたときである。

パターン③ もみ合い放れ

もみ合いの後、上か下かに行くことを「もみ合い放れ」といいます。もみ合い放れの代表的なパターンは、フラッグ型とペナント型です（技15参照）。いずれも株価はN字型、あるいは、逆N字型の形をつくり、抵抗線・支持線を突破していきます。

ペナント型は、二等辺三角形をなし、上げ下げの幅がだんだんと収束していき、やがて、上か下に株価が放れていくものです。ペナント型の上げ下げをもう少しシャープな角度にしたのが、ウェッジ型です。フラッグ型は、もみ合い圏で、高値と安値を結ぶ線が平行なものを指し、その線を突破したときが、この型の上放れ、下放れとなります。しかし、上にしろ、下にしろ、放れた後はどうなるのでしょうか。基本的にいえることは株価はN字型・逆N字型の軌跡を残し、新しい相場がつくられていくということです。必ずしも、パターンがあるわけではありませんが、だいたい、目安としては、放れる前の相場の上げ下げ程度のことは、新しい相場でも形づくられるということです。

●図表1-16　もみ合い放れ（フラッグ型）

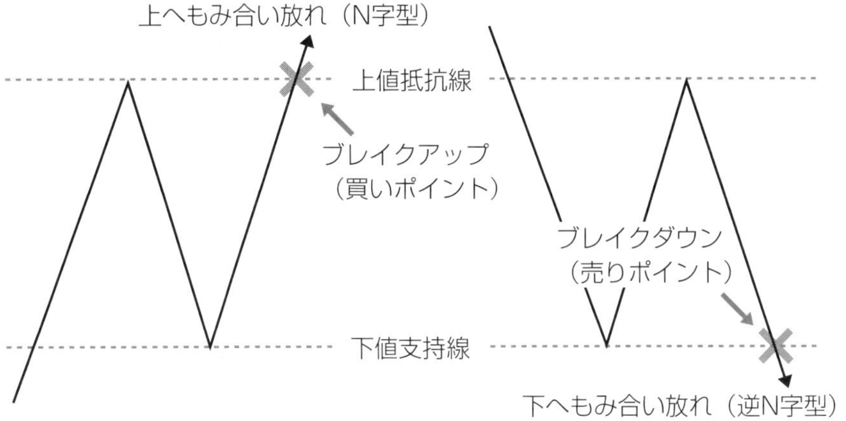

ここがポイント

ペナント型にしろフラッグ型にしろ、もみ合い放れは、実際にチャートにその型をなぞり、抵抗線と支持線を描くと見つけやすい。

パターン④ 天井と底

天井と底で表れる典型的なパターンは、やはり、売買ポイントを探すために、ぜひ記憶しておいたほうがよいでしょう。その理由のひとつは、他の投資家もそれを見て、投資行動をとるからです。多くの人が売り行動をとっているのに、初級者買い向かっても負けてしまうのは明らかですから、基本的な売買ポイントはきちんと判断できるようになりたいものです。

ただ注意したいのは、図示されたチャートのパターンは、結局過去の軌跡にすぎず、売買のポイントを判断するときは、パターンが完全にできあがる前にしなければならないということです。にもかかわらず、典型的なパターンをおぼえることは必要です。

株価が進むにつれて、少しずつ、はっきりとパターンが出現してくるのをちょっと先取りして、自分のイメージの中で、将来の完成パターンを脳裏に描かないと、人よりも早く売買ポイントを把握できないからです。

天井と底の基本的パターンは、４種類あります。

・三尊《さんぞん》と逆三尊

仏像が３体並んでいるように見えるので、「三尊」といいます。三尊および逆三尊の支持線・抵抗線を割ったり、突破した後の上げや下げの目標値は、少なくとも最高値や最安値と支持線・抵抗線と値幅と同じくらいは見込めます。

・二重天井と二重底

一度目の天井通過後に折り返した株価が、心理的な下支えになっていることから、この株価を割ったときが、一般的には、売りのポイントとなります。二重底はその逆。

・だんご天井となべ底

だんご状態にもみ合って、その後下落を始めるという天井の形もあります。このだんご状態から下放れたら、そこが売りポイントとみなせます。

・とんがり天井とつらら底

急激な上げ下げに対応するのは、至難の業。初級者は避けたほうがいいでしょう。上げ下げの角度が急すぎる場合は、天井や底の確認よりも、過熱感を図る、RSIなどのオシレーター（技33参照）が、売りや買いのシグナルを出したときに、売り・買いを入れるべきでしょう。でも失敗も多いようです。

●図表1-17　天井と底

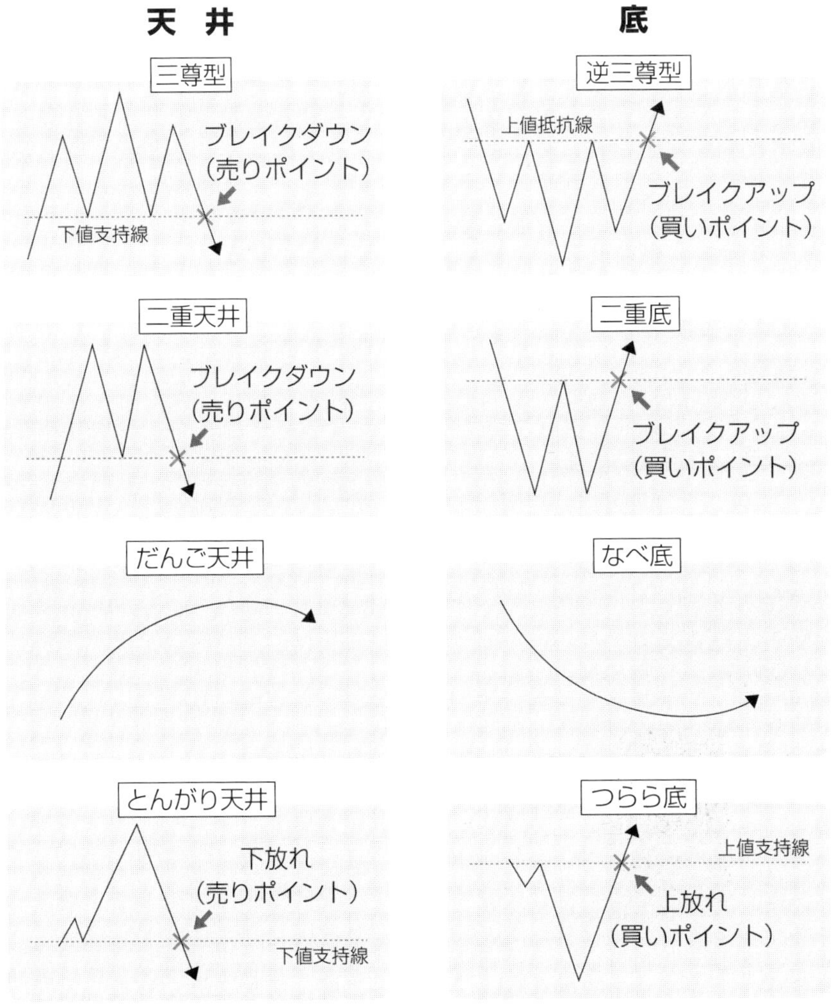

ここがポイント

天井をつけて急落した株を値頃感で買い向かうな。逆に底を打って急に戻り始めた株を値頃感で売り向かうな。天井と底は、他の投資家との心理戦となり、すばやい判断を要求され、初級者には難しすぎる。

練習問題 09

どのあたりがボックス圏といえるでしょうか。またボックス圏をブレイクアップしたときが買いポイントなら、図でどの位置になりますか。指し示してみてください。

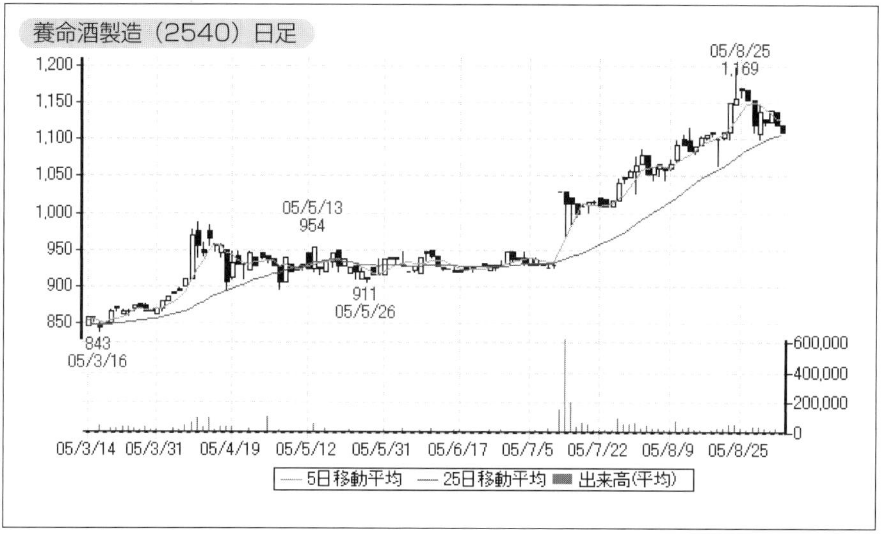

練習問題 10

ブレイクをしたN字型、逆N字型のパターンがいくつか、次のチャートに含まれています。どこにそれがあるのか、指摘してみてください。

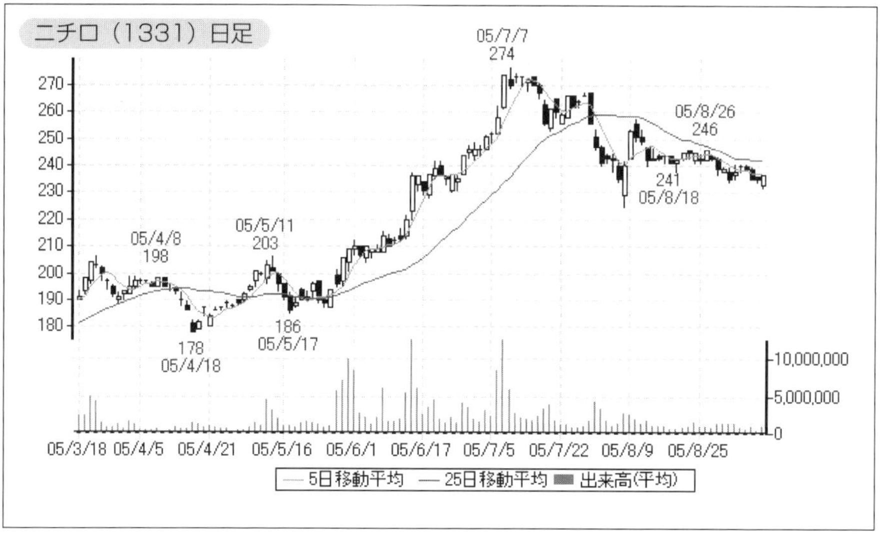

練習問題 11

高圧ガス工業のチャートです。チャートをにらんでいると、さまざまな別のシグナルが見えてきます。下の質問に答えながら、実際にチャートを鉛筆でなぞってみてください。

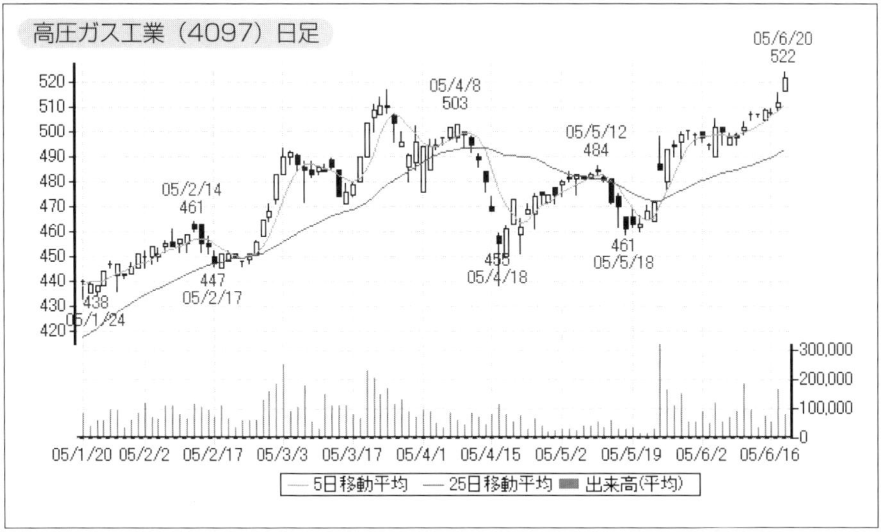

① N字型、逆N字型のブレイク形がいくつかありますが、どこでしょうか。
② 天井を示す「三尊型」がありますが、指摘してください。
③ 底を示す「二重底」がありますが、どこか指摘してください。
④ 見たところ、ブレイクアップ（買い）のポイントが3カ所ありますが、どこでしょうか。
⑤ 逆にブレイクダウン（売り）のポイントが1カ所ありますが、どこでしょうか。

解答 09

延々とボックスの動きが続き、この調整を終え、出来高をともなって、大きな窓を開けて上放れした所が買い。ボックス圏で値ざや（売り値と買い値の差）をとることが、いかに難しいことがわかります。

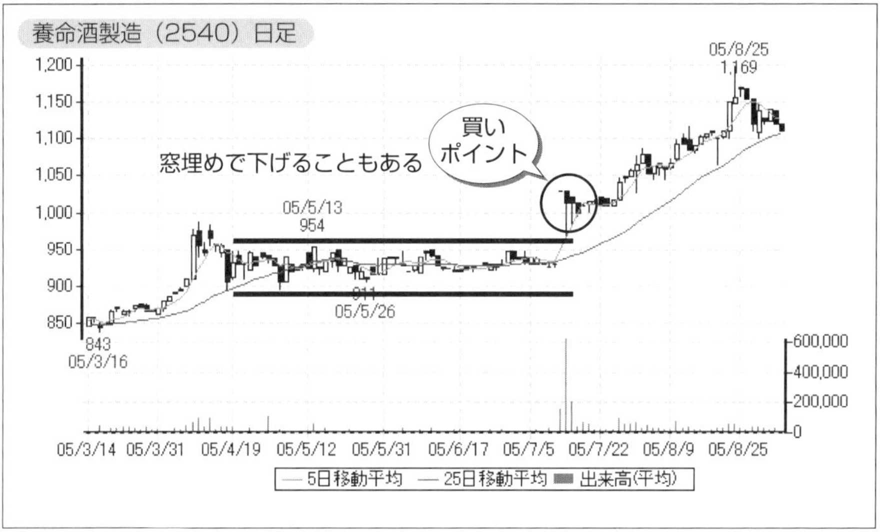

解答 10

ブレイクアップのN字型と、ブレイクダウンの逆N字型がそれぞれひとつあります。上値抵抗線突破が買いポイント、下値支持線突破が売りポイントになります。

解答 11

N字型、逆N字型は合わせて4カ所あります。N字型は上値抵抗線や下値支持線を突破したところが売買ポイントになります。三尊型はやや右肩上がりです。二重底はN字型が重なっています。

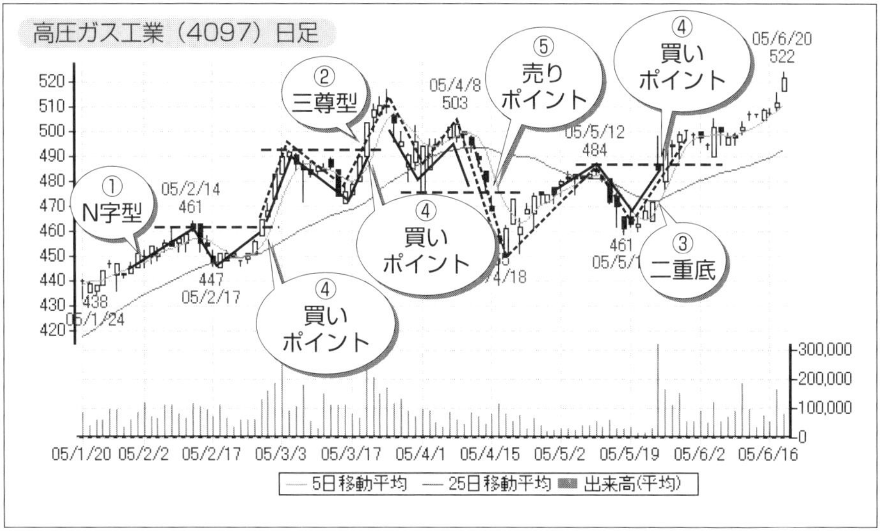

まとめ

ここではN字型、逆N字型の見方をドリルしてみたのですが、N字型は実際のチャートではやや崩れた形で現れますので、しっかり見抜く練習が必要です。見つけた後は、上値抵抗線と下値支持線の引き方を間違わなければ、たやすく「買いポイント」もしくは「売りポイント」を把握できます。

天井や底の形の見つけ方も同様で、モデルのようなきれいな形では、実際のチャートに現れにくく、たいてい変形になります。しかしN字型で説明しましたように、抵抗線と支持線は引けるわけですから、できるだけたくさんのチャートでご自分で検証してみてください。実際には、チャートを印刷してみて、鉛筆でなぞることで、モデルさがしをしてみるのが理解の早道でしょう。

COLUMN

デイトレのための原則　①

デイトレでは、株価ができるだけ乱高下する銘柄を扱い、その動きの中にこそ、売買ポイントが出現し、それを押さえていくだけで、勝ちを積み重ねられます。しかし、初級者にそれをやれというのは、酷です。ここでは、初級者向けのローソク足の原則に限って書いておきましょう。

原則１▶分のローソク足の読み方も、日足、週足の読み方とほぼ同じとみてよい。

原則２▶その１日の間に上げ下げする分足の値幅は、とりあえず価格の±５％ぐらいまでとみておいたほうがよい。

原則３▶上昇トレンドに入ったのを確認した上で、前日陰線のローソク日足をつくった株で、寄付きの値が前日の終値より下げて始まり、その終値を分足が抜いたときを買いポイントに取れば、しばらく上げていく可能性が高い。さらに、前日の寄付きの値を越えて上げ始めたとき、しばらくさらに上げていく可能性が高い。

原則４▶急落し始めた株は、すぐ戻りを見せない場合、第二、第三の下げがある場合が多い。値頃感で買い向かうと、餌食になる。

原則５▶５分足で陰線が続く場合、ローソク足の形や組み合わせで、「売り」「買い」のシグナルを判断せず、他の要素、例えば、移動平均線、出来高、板状況、オシレーターなどを使って判断しないと、やけどをするから、参加をさけよ。

第2章

移動平均線を理解する

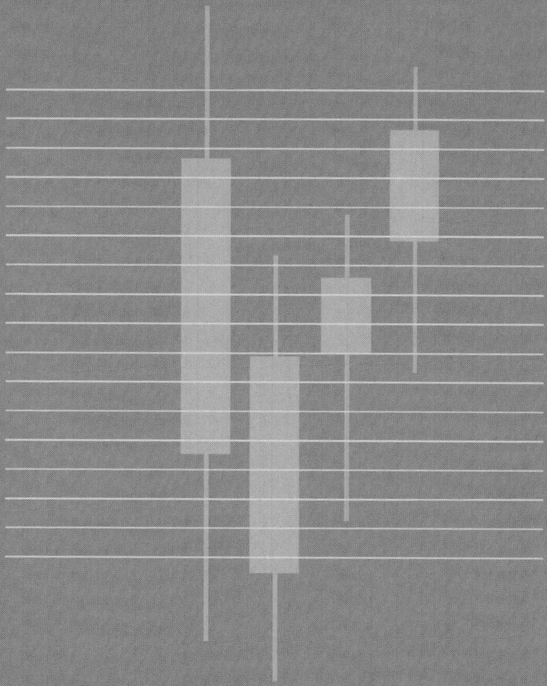

原則 09

移動平均線はトレンド把握の神様

移動平均線の理解①

●全体の流れをつかむ

株価チャートを見ますと、ローソク足の連なりにからみつくように、なだらかな曲線が描かれていることに気づきます。

ローソク足の連なりだけですと細かい株価の動きは見えますが、全体の流れをつかむことはできにくいという欠点があります。それを補う意味で、株価の変動に高い・安いといったブレをなくし、滑らかに線を描いて、株価動向を分析しやすくする必要性が生まれました。これが「移動平均線」で、アメリカの有名なチャーチスト、J. E. グランビルが発案しました。

移動平均とは、直前の数日（あるいは数週間）など、ある期間の株価（終値）の平均値を計算したものです。移動平均には、日を単位にしますと、5日、25日、75日、週を単位にしますと、13週、26週、52週などがあります。この平均値を何日、何週にするかは非常に大切な問題です。

中期的な投資姿勢の人は、日または週の移動平均を使い、長期的な投資姿勢の人は、週または月の移動平均を使います。デイトレードのような超短期の人は、分や時の移動平均を使います。2本の移動平均線を使う場合、一般に日足では5日・25日を使い、週足では13週・26週を使います。しかし、もっと早めの動きを知りたい人は、日足では、5日・10日とか5日・15日で設定することも可能です。

移動平均線を理解した上で、自分で設定し、日々の実践で、それがどの程度有効であるかどうかを検証していくことになります。

●図表2-1　移動平均線の種類

日産自動車（7201）日足

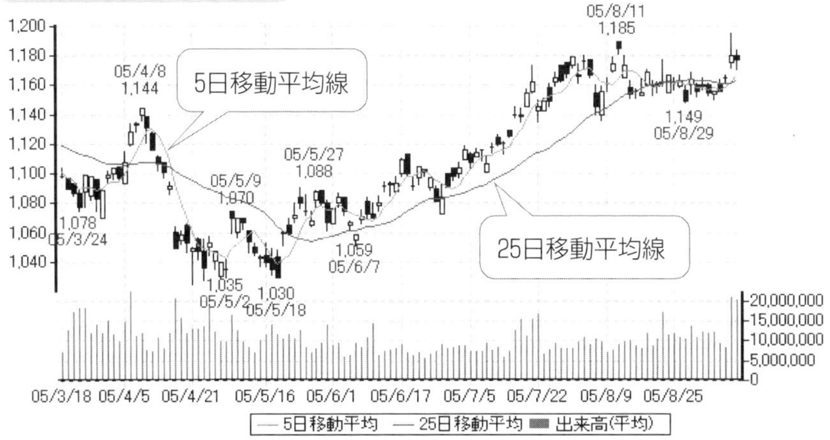

日産自動車（7201）週足

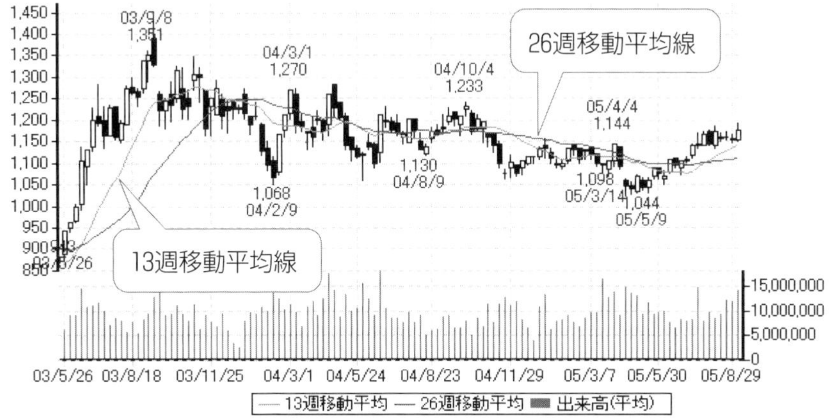

ここがポイント

短期展望の人は日足の5日線・25日線、中期展望の人は、週足の13週線・26週線を利用するが、自分で検証しながら移動平均線を設定することも可能だ。

●上昇か、下降か、足踏みかを見極める

この質問は、移動平均線で何を読むのか——と置き変えてもよいでしょう。移動平均の動きを読む目的は「株価のトレンド」をつかむためです。つまり、株価が上昇トレンドにあるのか、下降トレンドにあるのか、あるいは、足踏みトレンドにあるのか、などを読んでいくのです。

短期的には株価は上昇しているにもかかわらず、トレンドは下降を示していることがわかると、やがて株価は下げてくることが予想できます。逆に短期的には株価は下降しているのに、トレンドが上昇を示しているときには、買いに向かうという作戦をとることができます。移動平均を見ずにローソク足だけを見ていると、そういうトレンドを把握できないのです。

さらに右図でこまかく見ていきましょう。右の図Ⓐは日足で５日と25日の移動平均線が描かれています。５日線はローソク足の上げ下げに応じて、かなり上下にぶれて曲線が描かれています。ある時期は上昇、ある時期は下降の曲線を描きます。ところが、25日線は、なだらかな下降を示しているだけです。

25日線だけが描かれている右の図Ⓑを見ると、もっとはっきり理解できます。25日線が下降トレンドを示すということは、株価が山を描いても、次の山はさらに下の位置で描かれ、次の山はさらに下で描かれるというように、下降の形を示しています。

ですから、もし勢いにつられて、５月10日にできた山の頂点で買い出動してしまうと、その株価には当分戻らない……つまり買った株は塩漬けになるわけです。もし的確に、この銘柄は下降トレンドにあると把握していれば、買いよりもむしろ売りの作戦を立てることができたのです。

●図表2-2 株価のトレンドをつかむ

Ⓐ リソー教育（4714）日足

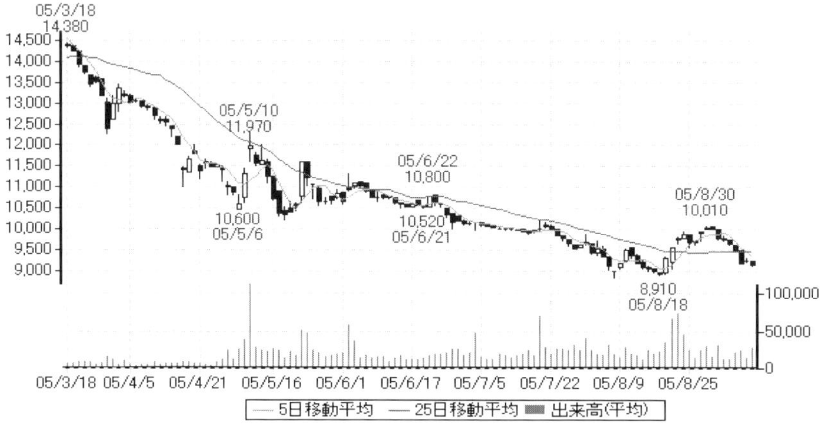

Ⓑ リソー教育（4714）日足

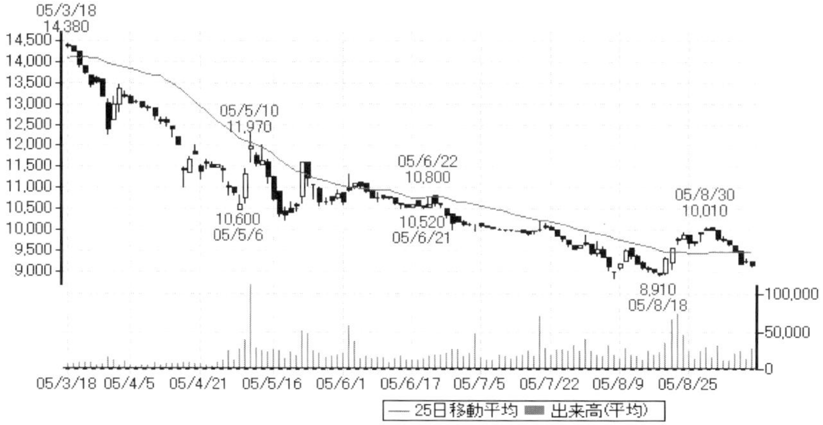

ここがポイント

日足チャートでは、25日移動平均線を目で追って、トレンドを把握する（週足チャートでは26週線を追う）。

●移動平均で転換点をとらえる

移動平均によって、上昇トレンドや下降トレンドを把握できる、と述べました。上昇トレンドと下降トレンドを把握できる以上、その転換点をも把握できることになります。

下降トレンドを描く日足は、いつかは上昇トレンドへ転換するわけで、その転換点を見逃さなければ、上昇トレンドの起点から値幅をとる作戦がとれます。実際には、この転換するときの移動平均線の動きはいろいろあるのですが、売りと買いのしのぎあいが生じるゆえに、迷走的なトレンドが一時的にしろ、生まれます。しかし、上昇に転じた場合の移動平均の形はあるパターンを示していますから、これをとらえるのは、初級者でもさほど難しくはありません。

上昇に転じる移動平均線の形は、右上の図Ⓐの通りです。５日線がずっと25日線に頭押さえされていたものが、上昇に転じると今度は５日線が25日線に支えられて上げていくことがわかります。下げに転じる場合は、その逆の形になります。

さらに正確にトレンドの変化を日足の移動平均線で見てみましょう。私が使うのは、３本。早く変化をつかみたいので、５日、10日、20日に設定してみます。5日、25日の２本の移動平均線のチャートと比較すると、３本線のチャートでは、トレンドが変わるときには３本ともに同じトレンド入りをしていることがわかります（右下の図Ⓑ）。

このように、移動平均線の動きを追うと、トレンドの方向性をはっきりとつかめるのです。トレンドが下げているのに、それに向かって買うという愚をとることがなくなります。移動平均線の分析がうまくなるだけで、常勝組に入れるともいえます。

●図表2-3　転換を把握する

Ⓐ　ソフトバンク（9984）日足

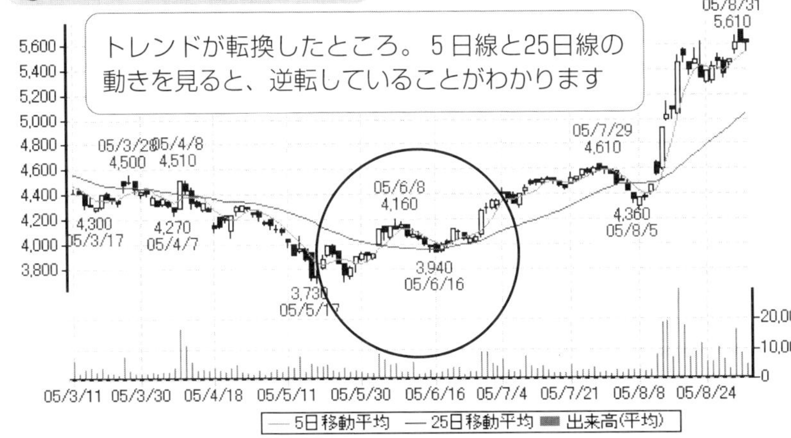

Ⓑ　太陽誘電（6976）日足

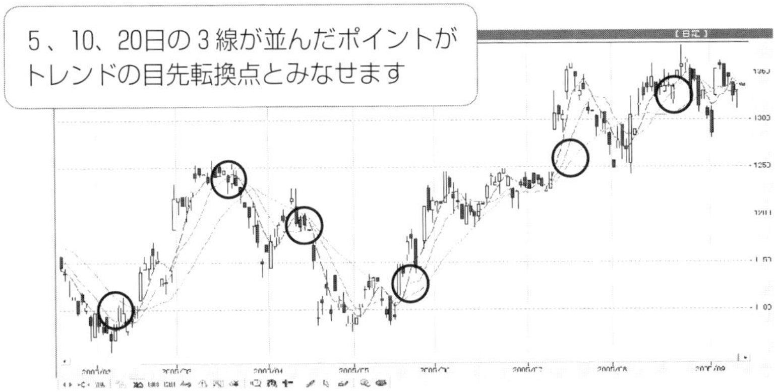

ここがポイント

トレンドが転換するときには、移動平均線に、わかりやすいパターンが現れる。日足の移動平均線を使って、早くトレンドの転換を知りたいときは、5、10、20日線を使う。

原則 10

グランビルの法則で売買ポイントを把握する

移動平均線の理解②

移動平均線を利用して、トレンドを理解した上で、投資売買手法として利用できるのが、「グランビルの法則」です。

これは右図で示すように、「買い」で４つ、「売り」で４つの売買ポイントを把握する方法です。もちろん右図は法則のモデルであって、実践で私たちの前に現れるチャートは変形していることが多いのですが、基本はきちんと覚えておきたいものです。

「グランビルの法則」は分析法としては、すでに古典といわれますが、非常に有効な戦術です。少し極端なことをいいますと、「グランビルの法則」をマスターするだけで、株には負けない投資家となることができます。

しかし、初級者にとって問題は、どのあたりの買い・売りのタイミングのとり方がやさしいのか――でしょう。

買いからいいますと、買い２と買い３が一番やりやすく、買い１が次でしょう。買い４は、トレンドが崩れてのリバウンド狙いですから、難しいでしょう。リバウンドを期待して買いとなると、移動平均線だけでなく、他のオシレーター（技33参照）を利用して判断しなくてはならないからです。

売り（空売り）の場合、売り１と売り２が比較的やりやすく、売り３が次にやりやすいでしょう。

しかし、売り４は気をつけないと、移動平均線乖離《かいり》（移動平均線と株価のへだたり）率が異常に大きくてもなおトレンドを維持する銘柄が時々ありますから、空売りの際には買い戻しが遅れ、自滅するという危険があります。

ここがポイント

グランビルの法則をマスターするだけで売買勝率は高くなる。売買ポイントは８点あるが、それぞれ難易度があり、やさしいものから手がけるようにする。

●図表2-4　グランビルの 8 法則

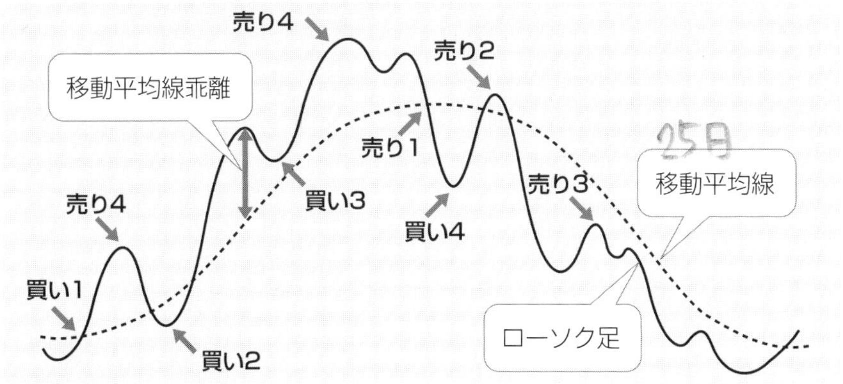

買いの法則 1（買 1）
移動平均線が長期的に下落するか、横ばい状態ののちに、上昇に転じ、株価が平均線を抜いたとき。

買いの法則 2（買 2）
移動平均線が上昇を示しているときに、株価が移動平均線を少し割り込むくらいに落ちてきたとき。なお上昇トレンドにあると見て、追加で買う。

買いの法則 3（買 3）
株価が足踏みしながらも、上昇中の移動平均線とクロスしないで、ふたたび上げ始めたとき。

買いの法則 4（買 4）
移動平均線が下降しているときに、株価が移動平均線を大きく割り込んで、移動平均線との乖離が大きくなって、リバウンドを狙うとき。

売りの法則 1（売 1）
移動平均線が長期的に上昇するか、横ばい状態ののちに、下降に転じ、株価が移動平均線を割ったとき。

売りの法則 2（売 2）
移動平均線が下降を示しているときに、株価が移動平均線を少し越えても、それ以上上げず、ふたたび下げ始めたとき。

売りの法則 3（売 3）
株価が足踏みしながらも、下降中の移動平均線とクロスするか、しないかのところで、ふたたび下げ始めたとき。

売りの法則（売 4 、2 カ所ある）
移動平均が上昇しているときでも、株価が移動平均線を大きく上回り、移動平均線との乖離が大きくなって、株価に過熱感がでてきたと判断したとき。

●買いの法則１

移動平均線が長期的に下落するか、横ばい状態ののちに、上昇に転じ、株価が移動平均線を抜いたとき。これが最も強い買いのシグナル把握法といえる買いの法則１です。利用する移動平均線は、日足を基準にすると25日線、週足を基準にすると26週線です。補助的に５日線と13週線を使いますが、この２本の移動平均線は25日線や26週線よりも、力強く上昇トレンドを示しているはずです。買いの法則１で出動後、うまく上昇トレンドに乗れる確率はかなり高く、しかし、市場環境によっては、もう一度下降トレンドに戻ってしまうことがあります。その場合には、状況を見ての判断となります。

◉売買前の確認事項

□株価が25日（26週）線の上に乗っているかどうか。
□25日（26週）線がややアタマをもち上げたあとかどうか。
□日ベースだと、5日線が25日線を下から差そうとしているかどうか。
□週ベースだと、13週線が26週線を下から差そうとしているかどうか。

●買いの法則２

移動平均線が上昇を示しているときに、株価が移動平均線（25日線・26週線）を少し割り込むくらいに落ちてきたとき。

この場合、なお上昇トレンドにあると見て、押し目買い（追加での買い）をします。初級者にもわかりやすい、買いのポイントです。株価は移動平均線を抜けて上げていき、なおかつ移動平均線は上昇トレンドを示しますが、あるレベルに達すると、売り物が出てきて、下げます。

株価がやがて移動平均線を割るのですが、上昇トレンドは不変ですから、やがて戻ることを期待して、移動平均線割れのところで、買うわけです。

ただし、移動平均線を割ったまま、ずるずると下げていく銘柄もあり、上昇に転じるシグナルであるローソク足で、反発を確認しなければなりません。

◉売買前の確認事項

□株価が移動平均線を割るもなお移動平均線は上昇トレンドのままであるかどうか。

□移動平均線を割った株価が反発するシグナルをローソク足が見せているかどうか。

●図表2-5　買いの法則１・２の例

図表２－５では7月20日に５日線が勢いよく25日線とクロスしています。このポイントが典型の買い１です。25日線が上昇トレンド化した後、上げの勢いが強すぎて、空をともなって下げ出し、8月8日に25日線と接触後力強く戻し大陽線をつくったが、ここが買い２のポイント。その後、少し下げてから、上げていっていることに注目しましょう。

●買いの法則3

株価が足踏みしながらも、上昇中の移動平均線（25日線・26週線）とクロスしないで、ふたたび上げ始めたとき。

上昇したものの、一時的に調整期に入り、しかも上昇トレンドのままの移動平均線と接触しないで、ふたたび上げ始めたときに、買いのタイミングが生じるということです。ここで買いエントリーすると、かなり高い確率で、株価は前以上の元気さで、上昇を始めることが多いようです。数週にわたり大きな陽線が立ったりして、移動平均線乖離率を大きくしていく場合があります。

> **◉売買前の確認事項**
>
> □株価が移動平均線を割らなかったかどうか（ヒゲが割っても本体は割っていないかどうか）。
>
> □２本の移動平均線が上昇トレンドを示しているかどうか。
>
> □３本の移動平均線（例えば５日線・10日線・20日線）ともに上昇トレンドを示しているかどうか（この場合、かなり反発の確率が高い）。

●買いの法則4

移動平均線が下降しているときに、株価が移動平均線を大きく割り込んで、移動平均線（25日線・26週線）との乖離が大きくなって、リバウンドを狙うとき。

移動平均線が下降基調となっても、移動平均線を大きく割り込んで、株価との乖離率が大きくなったときに、リバウンドを狙うための「買い」の法則です。

あまりに大きな乖離率なので、市場参加者は、「下げすぎ」と判断して、買い向かう人が多くなる、したがって、リバウンドしてくると期待するのです。

初級者にとっては、かなり難しい作戦です。どの位置からリバウンドが起きるのか、その測定・判断が難しく、またたとえうまくリバウンドの位置で買えたとしても、やはり下降トレンドの中での買いですから、今度は、「売り」時をさがすのが難しいのです。基本的には売り時は、移動平均線をにらみながら行なうでしょうが、株価が接触する前に「売る」と値幅が小さく、利益を取れませんし、大きく期待して、移動平均を越えたところで、もっともっとと期待していると、あっという間に崩れて、売り時を逃してしまうこともしばしばあります。初級者は、買いの法則 4 は、避けたほうが無難です。

> ◉売買前の確認事項
> □確信をもって、リバウンドの位置を把握できたかどうか。
> □しばらく株価の動きをウォッチできる環境にいるかどうか。

●図表2-6　買いの法則 3 ・ 4 の例

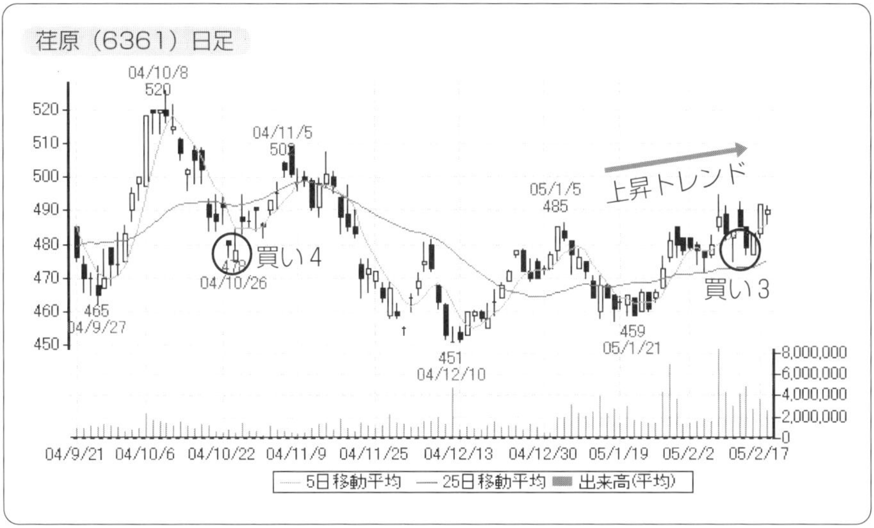

図表 2 － 6 では04年10月 8 日に520円の高値をつけた後、急落。25日線を割って、10月26日に478円をつけて反発したあたりが買い 4 のポイントです。しかし、すでに述べたように、反発狙いのここでの買いは、非常に難しい。

むしろ買い 3 が初級者にはやりやすいでしょう。すでに25日線は上昇トレンドを示しており、25日線と交差した 5 日線に沿って上がってきた株価が、やや売り物に押されて下げ、25日線に接触しそうになりながらそこから反発したときを、買い 3 はポイントにおいています。図表 2 － 6 では、実際に移動平均線にはねかえされたことでこれ以上下げないとの確信を得て、ギャップをつくりながら上げていく最中となっています。

練習問題 12

下の日足チャートを見て、グランビルの買い1から4までのポイントと思われる箇所を○で囲んでみてください。

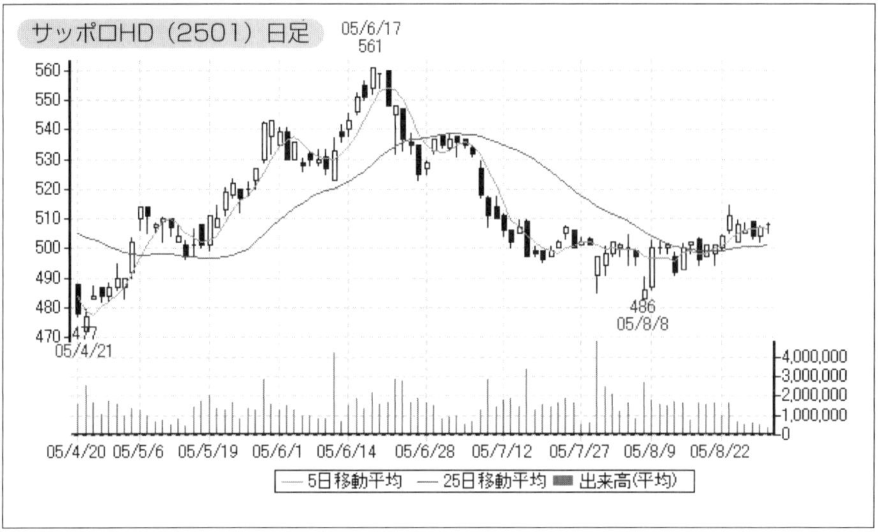

練習問題 13

4月18日に下ヒゲの長いカラカサのローソクが出現した後、戻しました。しかし、25日線に接触。5月11日陽線が立ったところでの「買い」は正解でしょうか。

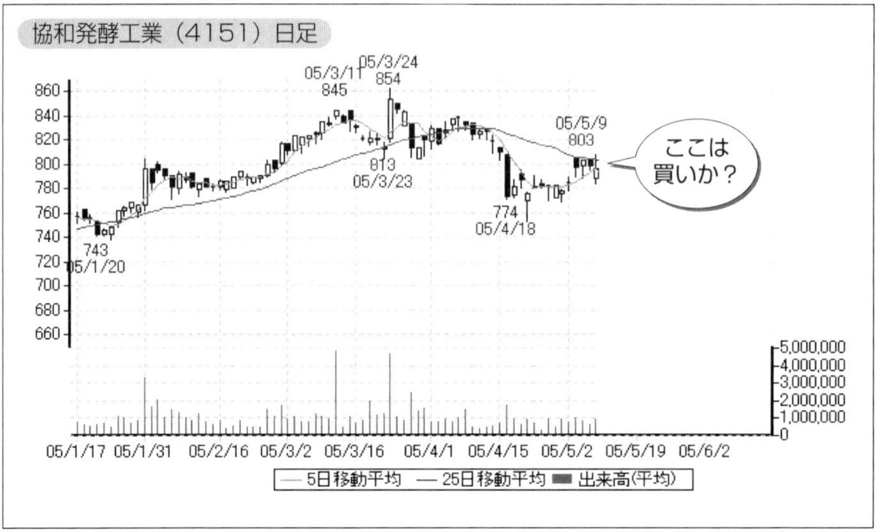

練習問題 14

4月8日の高値から少し下げ、ギャップを少しつくって、陰線ができ、ちょうど3月30日の陽線と顔合わせしたような具合になっています。大引け間際に買ってみるのは、正解でしょうか。

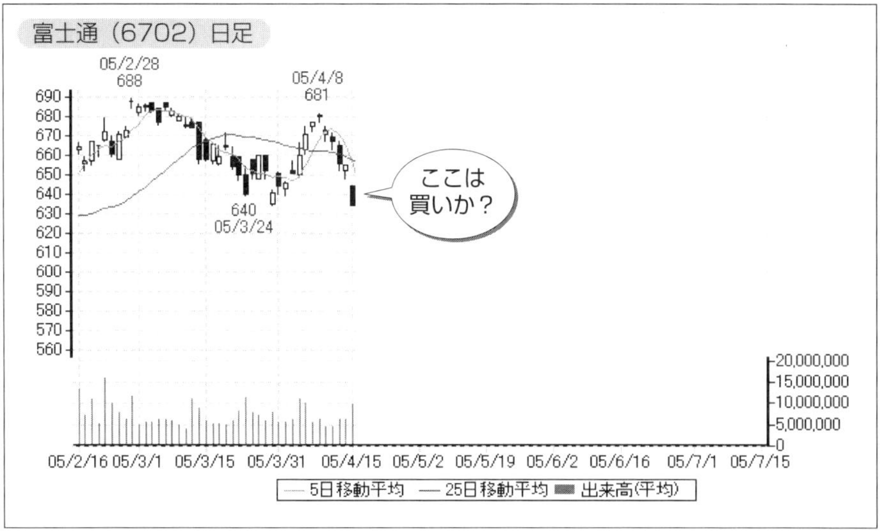

解答 12

左の買い1は、大陽線が立ち、25日線を抜けていますが、そのスピードについていけない人が多いでしょうから、押し目を待って25日線と株価が接触する買い2のポイントまで待つのがやりやすいでしょう。

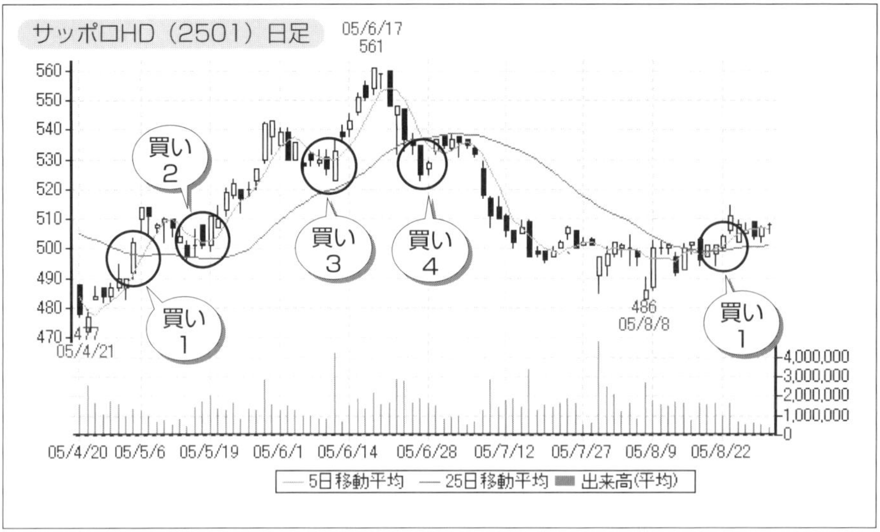

解答 13

買いは不正解。注目点は25日線が下降を示していることと、間近で上げているのに出来高が細っている点です。グランビルの法則では、売り2の絶好のポイント（68ページ参照）。「売り」が正解です。

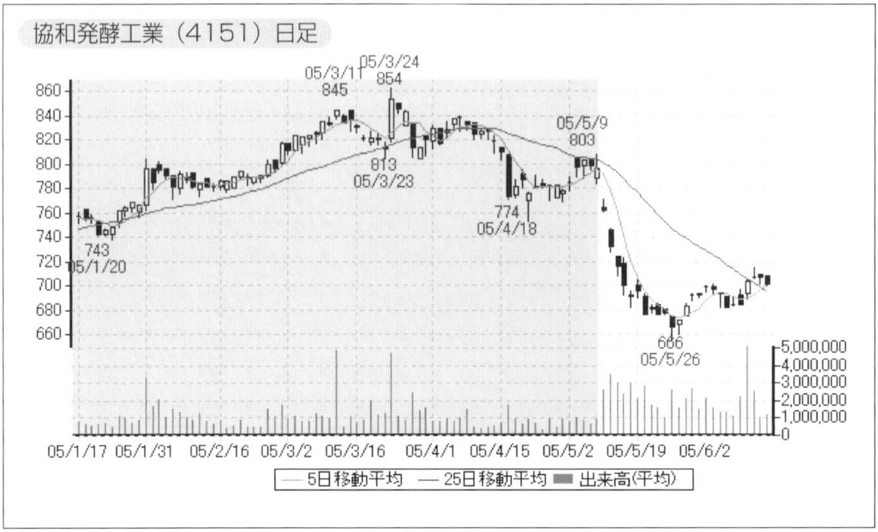

解答14

買いは不正解。25日線も5日線も下降トレンドを示し、下げが続くと予想できます。

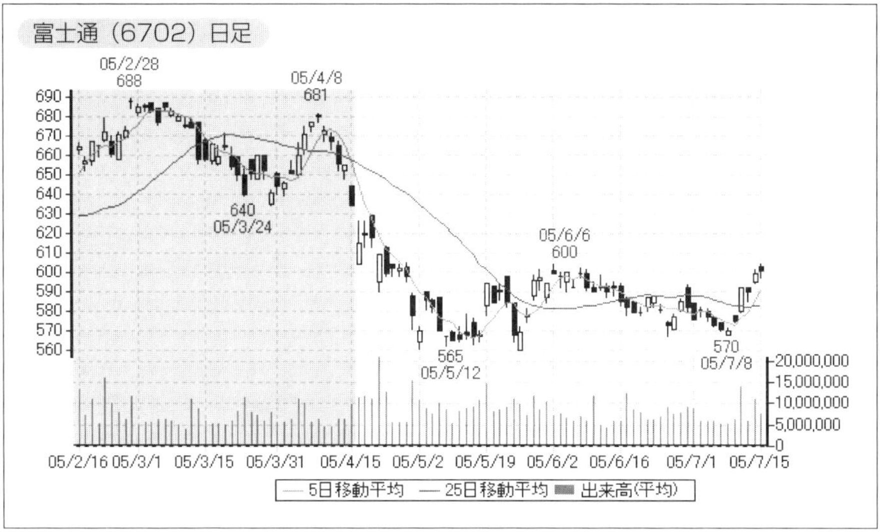

まとめ

買うときは、必ず移動平均線の形を確認してください。日足では、25日線、週足では26週線が基準線として利用できます。経験の少ない読者は、できるだけ、アップトレンドでの買いを狙うのが無難であり、成功率が高いです。経験を積むにつれて、ダウントレンドでのリバウンド（反発）狙いをしたくなりますが、原則の中で何度も忠告してるように、リスクが高くなります。下げ始めた株が、どのあたりで下げ止まるのかを的確に見抜くことは、プロでも難しいのです。楽に成功率を高くできる判断のポイントがあるのですから、あえて難しいことにいどむ必要はないでしょう。

●売りの法則1

移動平均線（25日線・26日線）が長期的に上昇するか、横ばい状態ののちに、下降に転じ、株価が移動平均線を割ったとき。

株価が天井に達したときに、売れるにこしたことはありません。しかしそんなことができる投資家はまず一握りです。たいていは、天井を過ぎてから天井であったと気づきます。

売りの法則1は、天井をつけた株が下降に転じ、移動平均線を割ったときに、売りタイミングをとるというやり方です。天井をつけても、ふたたび切り返すのではという期待が強いと、移動平均線を割っても、逆に買いに走る人がいます。しかし、ここはセオリーどおりに、売りをかけるべきでしょう。その大きな理由は「これがセオリーで、たいていの人は売りポイントだとみなしている」からです。ですから、損切りラインをこのポイントにおいて、ここから一斉に売り注文が出がちです。こうなると、下落速度が速く、急速に株価は突っ込んでいきます。

◉売買前の確認事項
□株価が移動平均線を割ったかどうか。

●売りの法則2

移動平均線が下降を示しているときに、株価が移動平均線（25日線・26週線）を少し越えても、これ以上に上げず、ふたたび下げ始めたとき。

売りの法則1を実行して売ったが、反発し、移動平均線を少し越えるまで戻したときを、次の売りのタイミングにとることをいいます。

いったん移動平均線を越えたもののすぐ下降し始めた株には、さらに上がると期待していた投資家の失望が大きく、あきらめて手放す人も多く、下落していくことになります。

この場合、まず試しに少し売ってみて、移動平均線より下に押し戻されたことを確認して、売り乗せてみることが大事です。

◉売買前の確認事項

□移動平均線を越えたものの、失速したかどうか。

●図表2-7　売りの法則１・２の例

図表２－７では04年10月20日に株価は25日線を割っています。売り１のポイントはこのあたり。３日ほど下落に耐える形で株価は踏ん張っていますが、３つとも陰線であり、戻りの力は弱いです。やはりさらに一段下げるのを待って反発ということになるでしょう。

売り２は、478円から戻した株価が、もう一度25日線を越えたものの、大きな陰線で売り勢力がいまだ強いことを見せつけられて、減速するあたりにとるのがよいでしょう。ここから25日線を割ると、これ以上の戻しがないと投資家たちは失望して、一気に下落していくことになります。

●売りの法則 3

株価が足踏みをしながらも、下降中の移動平均線（25日線・26週線）とクロスするか、しないかのところ、ふたたび下げ始めたとき。

株価の勢いとしては、かなり弱まっていると考えられます。移動平均線は依然下降を示していますし、出来高も少ない場合が多いです。

投資家の買い意欲が全く感じられませんから、ここから新規で買いをとってくる投資家はほとんどいません。いきなり新しい材料が出て、反発する可能性はあるかもしれませんが、その場合でも、たいていは、反発前数日内にかすかにしろ、シグナルが見えるものです。

売り乗せの局面として、初級者も「売り３」のタイミングを学びましょう。

◉売買前の確認事項

□下降基調の移動平均線と株価がクロスするか、しないかのところで、再度下げ始めたかどうか。

□反発のシグナルがでていないかどうか。

●売りの法則 4

移動平均が上昇しているときでも、株価が移動平均線（25日線・26週線）を大きく上回り、移動平均線との乖離が大きくなって、株価に過熱感が出てきたと判断したとき。

株価が移動平均線から大きく乖離しているときに、「売りシグナル」が出たと解釈する方法です。ではどれくらいの乖離率だと、売りとなるのでしょうか。これはそのときの相場の力や、参加者の期待の大きさによって異なってきます。

一応の目安として、20%の乖離になると、売りと判断できますが、仮に、その%で空売りしても、そこからさらに暴騰を続け、いわゆる空売りの買い戻しが遅れて追証（信用取引における委託保証金の追加）が発生するという大怪我をする可能性もあります。

結局、売り４は、天井をいかに把握するかということに尽きます。移動平均線乖離率からの判断だけでは十分ではありませんから、ローソク足の解釈を利用して、天井かどうかを判断しなければなりません。

◉売買前の確認事項

□移動平均乖離率が極端に大きくなっているかどうか。

□ローソク足、その組み合わせで、当面の天井であるシグナルが出ているかどうか。

●図表2-8　売りの法則3・4の例

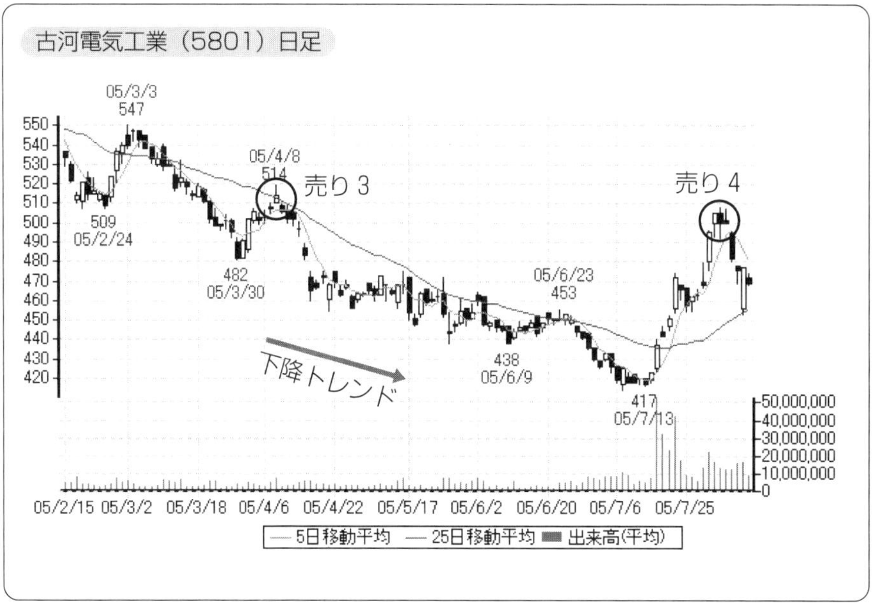

4月8日に、5日線が25日線と接触できず、失望が広がり、下落を再開。ここが売り3のポイント。トレンドは下降のままです。

7月20日に5日線が勢いよく25日線とクロスして上げて行き、500円を越えたところで、減速。ローソク足は陽・陰の毛抜き天井と陰・陰のはらみ線の複合したものが出現していると考えて天井と判断します。ここが売り4のポイントになります。

練習問題 15

ほぼ一貫した上げの後、26週移動平均線をヒゲ部分で割りました。しかしその後、陽線を立てたところでの出来高減をそろそろ息切れと見て、空売りをかけたいのですが、正解でしょうか。

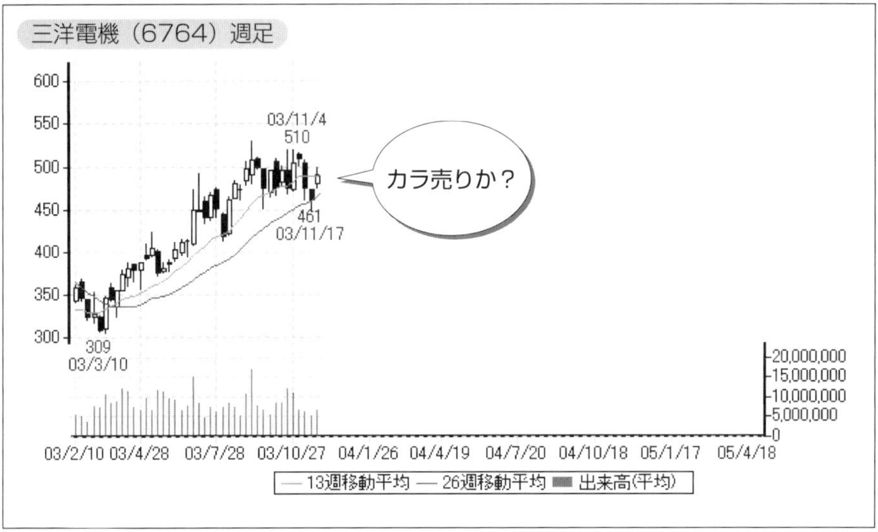

練習問題 16

グランビルの法則なら、すでに100円あたりで息切れのはずなのに、48円からなんと5倍近い上げを達成。さすがに陰線が3本立ちました。ここは「売り」で入るべきでしょうか。

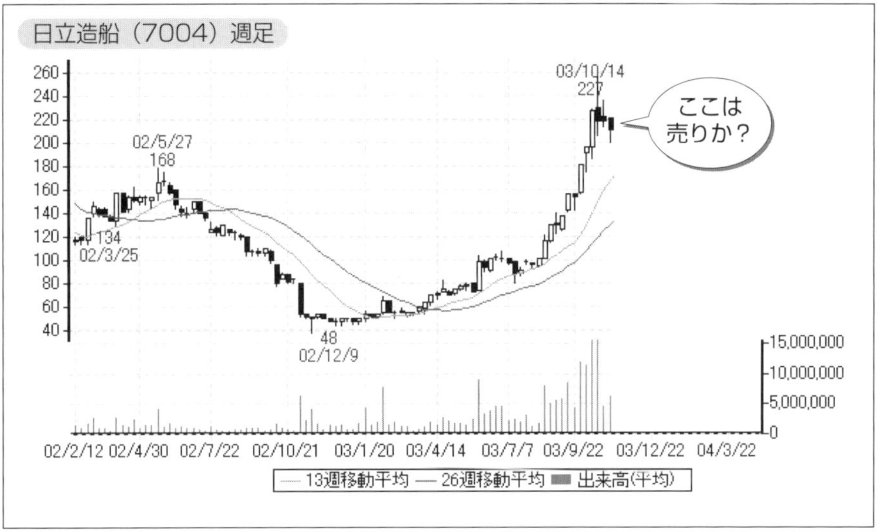

練習問題 17

次のチャートに鉛筆で、グランビルの法則の「売り1～4」さらに「買い1～4」のポイントを印してみてください。

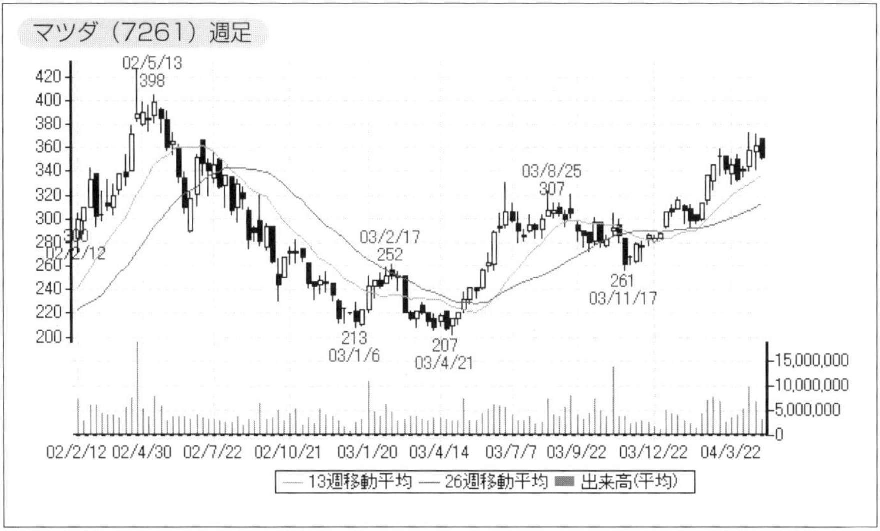

解答 15

買いが正解、あるいは、少なくとも「見」。出来高減少もなお高値を維持。まだ余力ありと見ます。さらにヒゲの部分だけ25日線を割った後、戻していますから、買い勢力が強いでしょう。

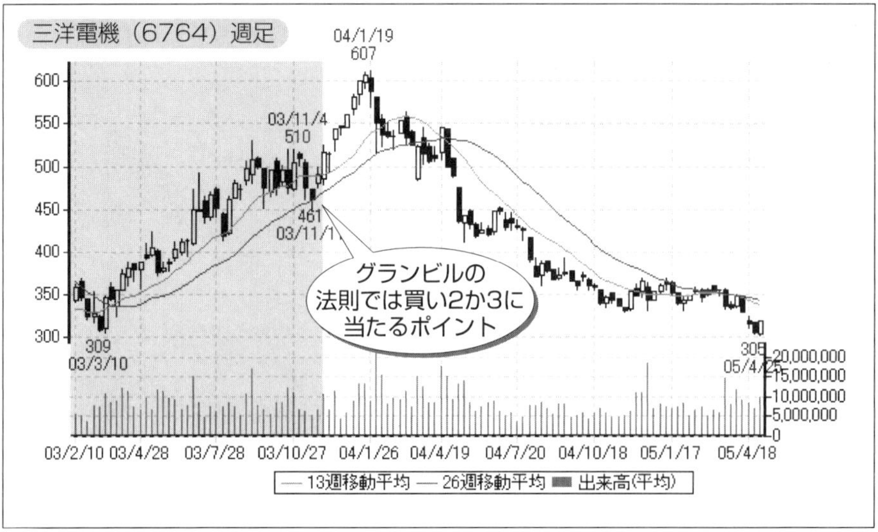

解答 16

やはり正解は「売り」。しかし、放っておいても、下落を続けてくれるかというとそうではなく、株価の動きから目を離せません。26週移動平均線がアップトレンドのままだからです。

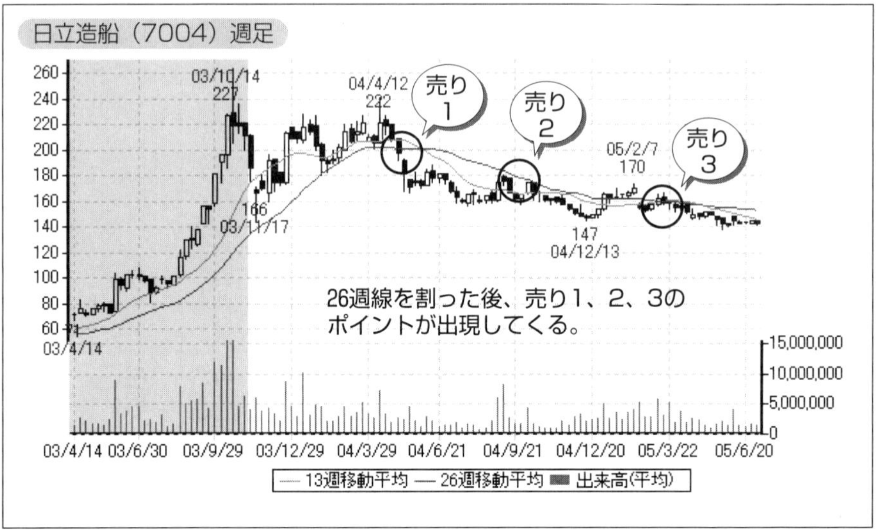

解答 17

チャートの通りですが、26週移動平均線を割った位置でとらえる「売り1」では、反発が早く、十分な値幅をとれず。しかし、26週線と株価の位置を見ることで、他の売買ポイントを的確に把握できます。

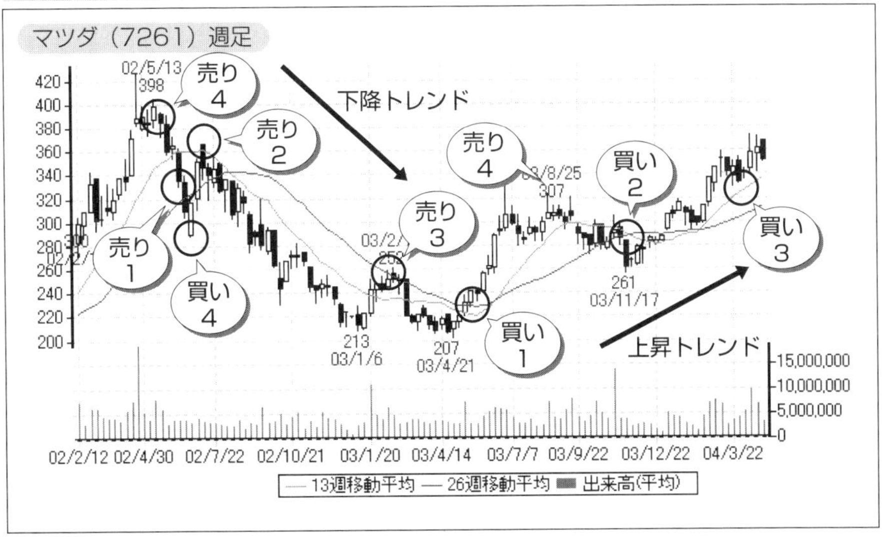

まとめ

グランビルの法則は、言葉を換えると、「トレンドにしたがえ」「トレンドに逆らうな」ということです。トレンドが下げているとき、それに反抗して、むやみに買い向かっても、よい成果が得られるものではありません。逆にトレンドが上げているときに、空売りで利益を得ようとしても、失敗します。

グランビルの法則は、トレンドと反対に動こうとする動きをとがめることで成功する法則です。例えば、マツダのチャートで、売り2で売れば、いかに買いで向かっていっても、26週線どころか13週線も一度も越えることなく、一本調子に下げ続けることになるのです。「トレンドにしたがえ」「トレンドに逆らうな」という言葉は、黄金の原則といえるでしょう。これだけをマスターしただけでも株に勝てるといっても、過言ではありません。

原則11 乖離率±10%以上は要注意

移動平均線の理解③

株価と移動平均線がどれだけ離れているかを数値化したのが、移動平均線乖離率。買われ過ぎ、売られ過ぎの目安になります。

株価が行き過ぎた場合、それを是正する動きが起きて、いずれ株価は移動平均線の方向に向かうという習性に注目して、行き過ぎたポイントを測って、売買ポイントを把握しようとする作戦がとられます。

問題は、乖離率がどれくらいになれば、株価が反転するか、です。しかしこれは銘柄の動きのクセや、行き過ぎをつくった株価の材料などにより違ってくるので、ひとつの答えなどありません。ただし、注意すべき点はあります。

① 短期投資では、5日線、中期では25日、13週線、長期では26週線からの乖離率で過熱感を見るが、そのときの全体相場や業種の過熱感によるので、何%が正解ということはない（右上の図Ⓐのように IT銘柄だと、5日線で30%、25日線で100%近くの数値になることもあった）。

② 短期投資の場合、5日線から±10%を越えたら、そろそろ注目し始める。ネット証券では条件設定で銘柄抽出ができるので、乖離率を入れて個々に試してみる。±10%を越えると、抽出銘柄がぐんと減るので、ひとつの目安にはなる。

③ 乖離率が拡大すると、必ず方向転換するわけではなく、株価が足踏みをしたり、勢力を鈍化するだけで、乖離率を下げつつも、投資効率が悪い場合がある点に気をつける（右下の図Ⓑのように、03年7月中旬からは、13週線・26週線の乖離率が下げているのに、株価は逆に上げていることもある）。売買に乖離率だけを利用するのは愚であり、他の指標も当然併用すべきである。

④ 上昇相場で極端に下げて乖離したり、下降相場で極端に上げて乖離した銘柄は、自律反発を利用しやすいものの、極端がさらに極端な状況になることがある点は、忘れずにいたい。

●図表2-9　乖離率の読み方

Ⓐ　インプレス（9479）日足

6月9日、5日線との乖離率29%でもまだ買う人がいた。しかし翌週から暴落が始まる。乖離率は株価の行き過ぎはわかるが、確実なシグナル把握とはならず、他の指標やローソク足の形で判断するしかない。

Ⓑ　ソフトバンク（9984）週足

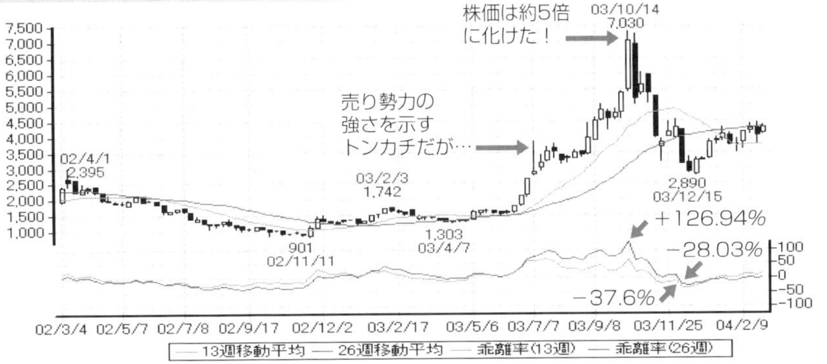

ソフトバンクは信用で空売りができる銘柄。03年7月7日の週に長い上ヒゲをつくった陽線ができている。このとき終値2880円で、13週との乖離率は61%。大変な過熱感だと思って、空売りをかけたら、10月14日の週に7370円まで大きく上げられたことになる。恐ろしい。

ここがポイント

乖離率±10%から注目すべきであるとはいえ、移動平均線の種類や相場状況にもより確定判断はしづらく、乖離率だけでの売買判断は無謀である。

COLUMN

グランビルの法則で初級者が注意すべきこと

ここまで述べた「グランビルの法則」は、あくまでモデルですから、実際に出合うケースでは異なることがしばしばあります。例えば、買い3で、仕込んだ後、ちょっと上げただけで、そのまま急速に下落を始め、あっという間に、買い2のポイントより下げて、気づいたときは塩漬けということもあります。

ネット証券のデバイスでは、逆指値（技42参照）で、機械的に損切りを設定できますので、それを利用して、いくら以下になったら、損切りをするということをあらかじめ設定しておくことが必要になるでしょう。

最近は大量に売買できる投資家が、基本をくずし、他の個人投資家を狼狽させてチャンスを得ようとするケースが見られます。チャートの基本に忠実にやっているのに、どうもポイントをはずしてしまうという人は、大きな投資家の餌食になっていることが多いのです。理論的なチャートの読み方は間違っていないが、実践に結びつかないケースです。

しかし、そうはいっても、やはりチャートの基本を学んでおく必要があります。基本がしっかりしているからこそ、そのような「だまし」にまどわされないように売買できるからです。

株価が予想外に動き出したら、自分の判断に狂いが生じたとみなして、期待を引きずらないで、勇気を出して撤退することも重要な戦術となります。

第3章

出来高を理解する

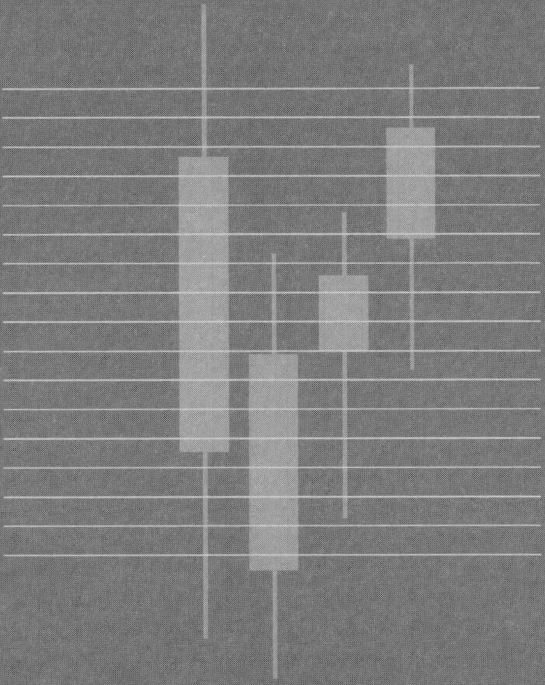

原則 12

出来高で測るのはエネルギーや人気

軽視されがちな出来高をどう読むか

出来高とは市場で売買された株の枚数のことです。その銘柄の市場でのエネルギーやどれだけ投資家の人気が集まっているかの目安になります。

出来高が増加する理由は、新製品の発売、リストラ完了、増資、格付けアップ、株式新聞や雑誌の推奨、買占め情報、新高値、ファンド採用、投資クラブの推奨、トレンドやチャートの形態などいろいろあります。

逆に出来高が減少する理由は、材料出尽くし、業績悪化、買い意欲減退の地合、相場終了・休息期、安値更新などいろいろあります。しかし業績悪化や安値更新などで買い支えていたラインを割った場合、一時的に大きく出来高が増えるときがあります。知りたいのはどのような出来高の増減が、株価の先行きの読みに利用できるかです。原則的にいえることは次のことです。

パターン1　最初に一番大きな出来高の波が来て、株価をもち上げたあと、第2弾のやや少ない出来高の波が来ても、株価はさらに上げる。さらに少ない出来高の波で相場は上げて終了する。

パターン2　出来高を増やしつつ株高の波をひとつ、2つとつくり、出来高が猛烈に膨らんで、大きく上げて、相場を終了させてしまう。

パターン3　株価が急に下げていった後、底辺りで出来高が急増し、やがて株価は反発するものの、しばらく調整する。調整を終えた株価は出来高をともなって上げていく。

パターン4　株価が下げていく過程で、出来高が増えて戻るが、また下落を始め、底値で出来高が増えて反発を開始する。反発の力も限度があり、ここで調整し、やがて出来高が急増することで、底を確認し、以後上げていく。

パターン5　出来高を増やしつつ上げていった株価は、さらに出来高が増えるにもかかわらず、株価は上げず、やがて「だんご天井」状態で相場を終える。

パターン6　逆三尊型の底で、一番底より二番底のほうが出来高が増え、さらに三番底で出来高が増え、株価は抵抗線を越えて、さらに増えて株価を上げていく。

パターン7　相場が閑散としながらも、均衡を保っていた株価が、悪材料で暴落し、大きな出来高ができる。いったんは戻り歩調となるが、出来高は次第に減り、さらに上げる力がなく、さらに安値を探る動きのまま出来高は細っていく。

パターン8　非常に恐い形であるが、株価は下げトレンドで、節目節目に出来高が増えるが下落基調は変わらず、買い方が総くずれしていく泥沼下降トレンド。

●図表3-1　出来高と株価の関連

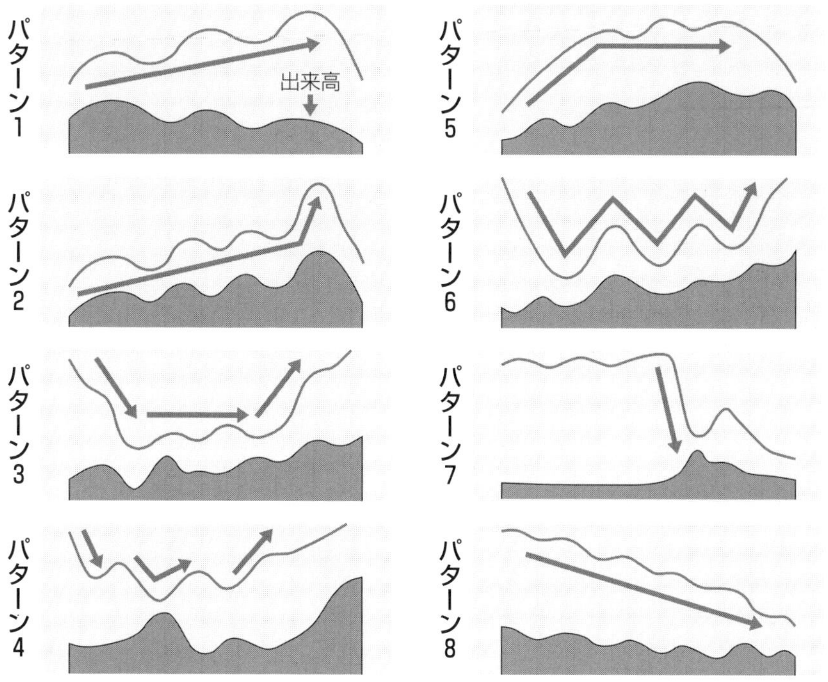

ここがポイント

上げるにしろ、下げるにしろ、出来高が増えてくると要注意。出来高が増えてこそ、大きな相場に育つのであり、出来高減少の状態では大きな上げは期待できない。

原則 13 出来高とローソク足は関連する

出来高増減での買いと売りのシグナル

出来高が増え出して、株価が上がる場合は「買い」です。これがうまくいく場合は、たいてい「上昇トレンド」に乗っていることを意味します。

一方、出来高が増えても株価が下がる場合は、これ以上に上がらないと思い、利益を確定したい人が増えたと考えられ、新規の買いを避けるか、売りに回ることが正解となります。

株価の位置にもよりますが、底や天井ではなく、上昇トレンドの途中にあって、出来高が急に増えた後下げ出し、出来高減で下げ止まった場合、買いのシグナルとみなすことができる場合が多いです（原則07の「上げ三法」）。

出来高とローソク足の形を交互に見比べることは重要な観察になります。高値圏で、たくさんの出来高をともなって「はらみ線」が出現したら売りと思ってください。大幅な出来高増で大陽線が出現し、その翌週に前週のローソク本体の幅内で陰線が立つのが「はらみ線」ですから、市場が弱気になったとみなし、いったんは売っておくことが賢明です（右上の図Ⓐ参照）。

また高値圏で大きな出来高をともなって急に上げたものの、急に下げ出し、上ヒゲの長いローソク足（例えば「トンカチ」）が出現したら、「売り」のシグナルとみなしてよいでしょう。この上ヒゲのヒゲの部分を越えるように、翌日から動くこともありますが、突出した出来高がヒゲをつくったのなら、とりあえず、「売りシグナル」とみるのが正解です。ギャップをつくって陰のカラカサが出現しても「売り」シグナルです（右下の図Ⓑ）。

一般に安値圏で「陰・陽カラカサ」ができて、しかも大きな出来高をともなっていたら、とりあえずは、底を脱出するだろうと読むことは正解です。むろんこの期待がはずれることは時々ありますが、底を脱出する可能性が高いという判断をし、万一思惑がはずれたら、損切りをすればよいのです。

●図表3-2　出来高とローソク足の関係

Ⓐ　サニックス（4651）週足

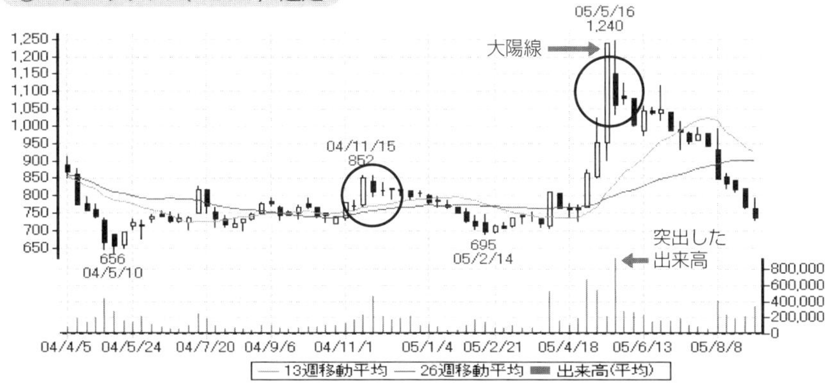

はらみ線が出た後、株価が減速していることがわかる。小さいはらみ線のときは、高値圏とはいえない位置でできているが、それでも買いの力は落ちている。

Ⓑ　ドリームテクノロジーズ（4840）日足

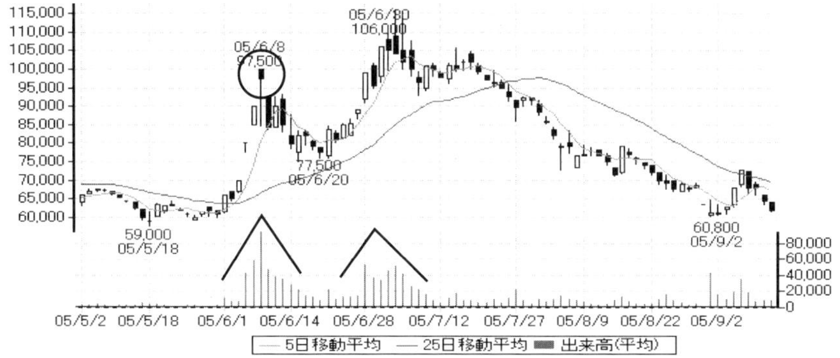

6月8日にギャップをつけて陰のカラカサが出現。もっとも大きな出来高となった。翌日からはやはり下落し、出来高が細ると下げるしかなかった。出来高が増えだすと次の山を形成していくのがよくわかるチャートである。

ここがポイント

高値圏で、出来高が急増時なのになお、上ヒゲの長いローソク足や「はらみ線」が出現したら「売り」。出来高減少でも株価が下げ止まったら、押し目買いのシグナルとみなせ。

練習問題 18

空を３つつくって、元気一杯の銘柄です。５月30日に1810円の高値をつけた陽線はやや上ヒゲが長いのですが、ここは買いか、売りか、それともスルーでしょうか。

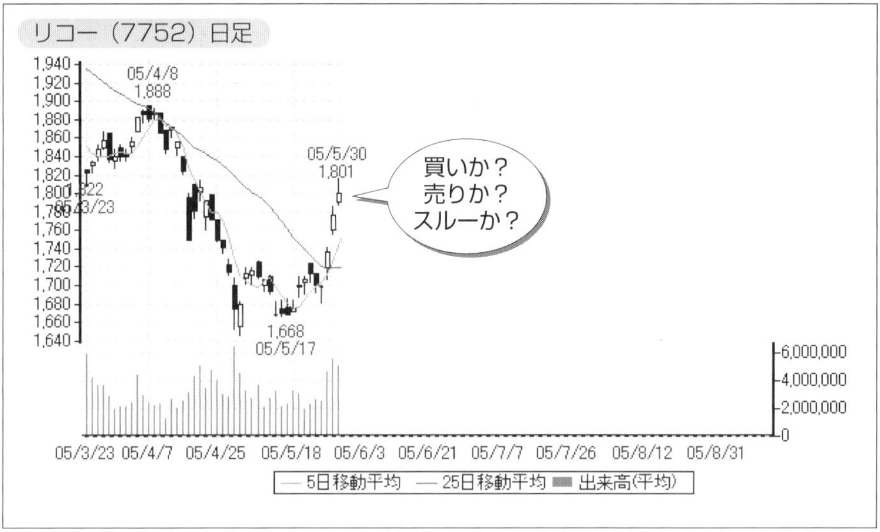

練習問題 19

６月10日、558万株の大商いがあって、寄付坊主の大陽線が出現。ここは買い、売り、それともスルーでしょうか？

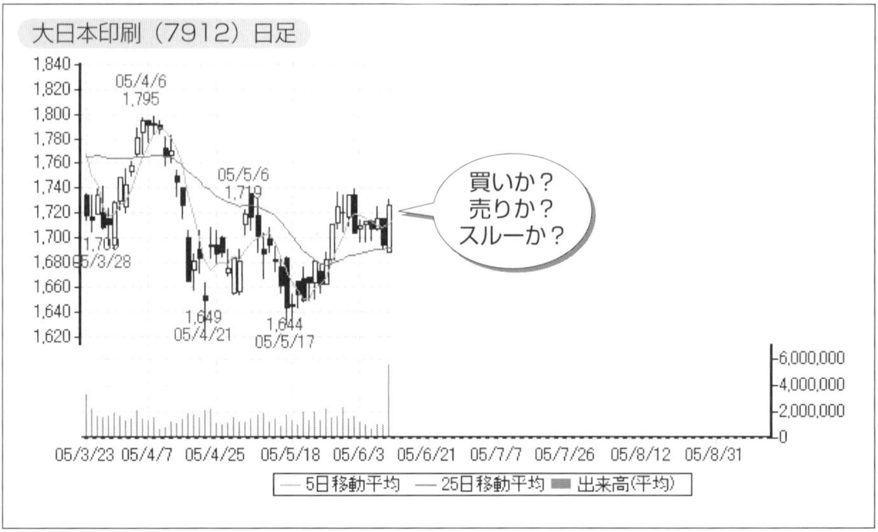

練習問題 20

8 月 9 日陽線が立ったところで、買い、売り、あるいはスルーでしょうか。

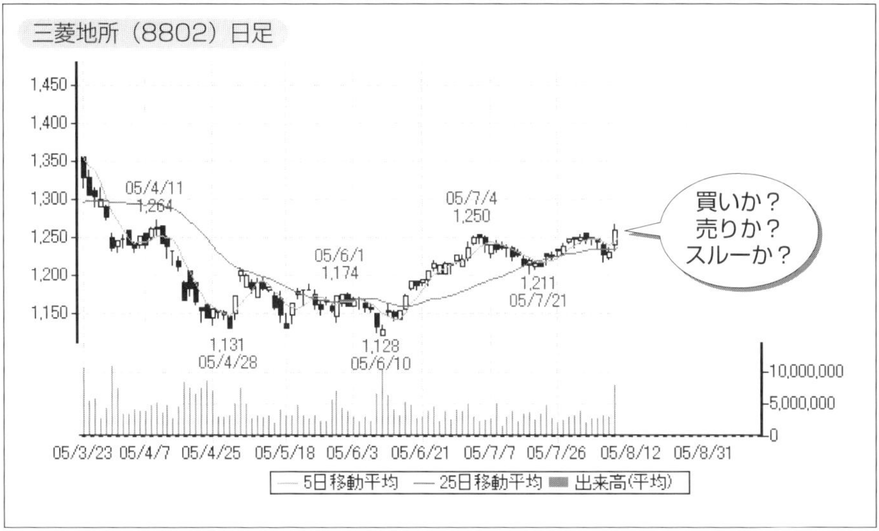

解答 18

基本的に「売り」が正解です。ギャップを 3 つつくって上げたときは「三空叩き込み」といい、「売りシグナル」という判断が一般的です。

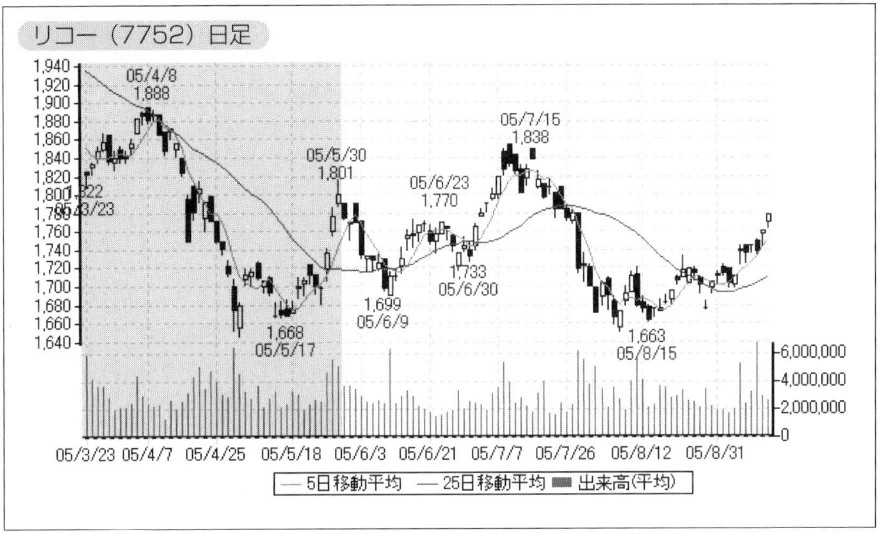

解答 19

「買い」が正解。大陽線はシンプルに「買い」シグナル。買い位置もさほど高くない。また25日線は 5 月23日から「赤三兵」ができアップトレンドに。実際にはグランビルの法則の売り 4 か 1 まで持続か。

解答 20

「買い」。注目する点は①805万株の大商いで大陽線が出た、②W底を脱出する機会を1回失敗した後の再挑戦、③上値抵抗線の1250円を越えて、ブレイク態勢十分、④25日移動平均線は上昇トレンド。

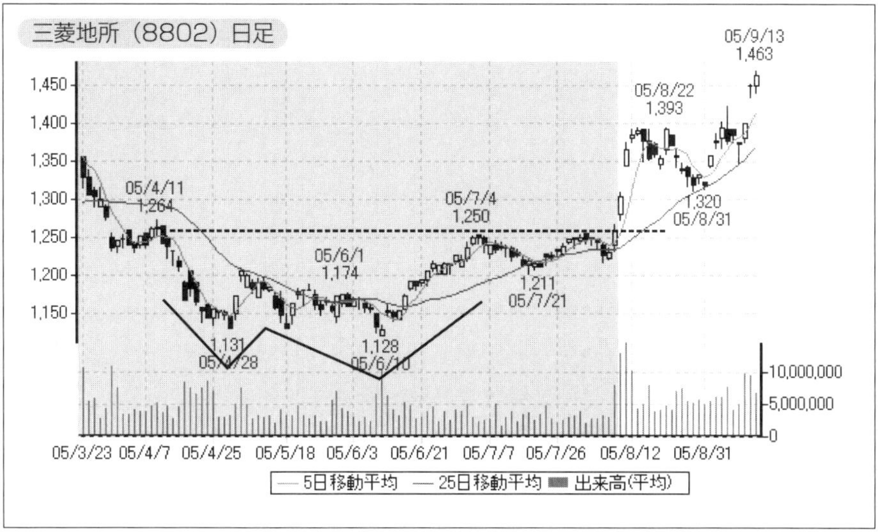

まとめ

チャートによる売買ポイントの基本的な読みは、①ローソク足、②移動平均線、③出来高の三本柱を使って総合的に行なうことである、と繰り返して述べておきます。トレーニングが少ない人は、それぞれを分析するだけで精一杯で、ぎこちない様子ですが、だんだんと実践で慣れてくると、「陽線は立ったけど、出来高が減少気味だし、トレンドがはっきりしないから、『スルー』だな」「猛烈に出来高ができたが、高値圏だし、『売りシグナル』の典型の『トンカチ』が出たので『売り』を新規で建ててみようか」といったように、判断できるようになります。

原則14 10%法で強い買いシグナルを知る

「発行済株式数×浮動株率×0.1」の出来高の意味

一般に投資家は、市場に出回っている株を売買します。その他に、貸し株があり、これはどこからか調達してきた株を売ったり買ったりするものですが、市場に出回った株を大量に買って、それをしばらく保有すれば、市場に出回る株が減るので、株価は上昇します。

どれくらいの量を一度に買われたら、株価は上がっていくのでしょうか。私の経験からいって、上昇に入ったと読める頃に、次の数式が成立する株数が1日でできたとき、将来大きな相場にその銘柄が育つと考えてよいでしょう。

発行済株式数×浮動株率×0.1＝10%法の出来高

この方法は10%法といいます。例えば、発行株総数が1億株で、浮動株（常時、市場で売買されている株式）率が20%の銘柄があります（『会社四季報』で浮動株比率の数字は手に入ります）と、その10%の200万株が1日にできますと、ひとつの買いシグナルと理解できるというわけです。

どの位置でもこの出来高が出現してもよいわけではなく、おおむね底から脱出したあたり、あるいは、底から脱出して上昇トレンドがようやくできあがったあたりで買いシグナルと見ると、成功率が高いようです。一度にそれくらい大きな出来高がありますと、売り物も増え、2、3日少し下げるので、そこが買いのポイントになります。出来高をともなった一種の「上げ三法」とみなすことができるかもしれません。

ここがポイント

1日に「発行済株式数×浮動株率×0.1」の出来高が出現したら、買いシグナルとして要注意。底値圏を脱出したあたりや一段上げが期待できるあたりに出現すると、買いシグナルとみなし、将来大きな相場への発展が予想できる。

●図表3-3　10%法でシグナルを知る

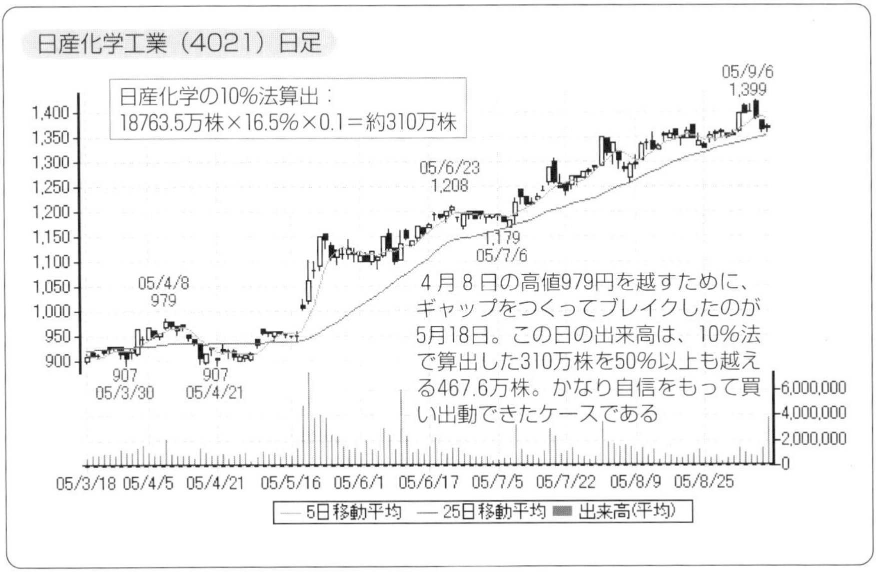

練習問題 21

太平洋セメントの総発行株数：9億5030万株、浮動株率：16.2%（『会社四季報』より）。6月24日の出来高は1659万株でした。翌日から新規で買いを出してもよいでしょうか。

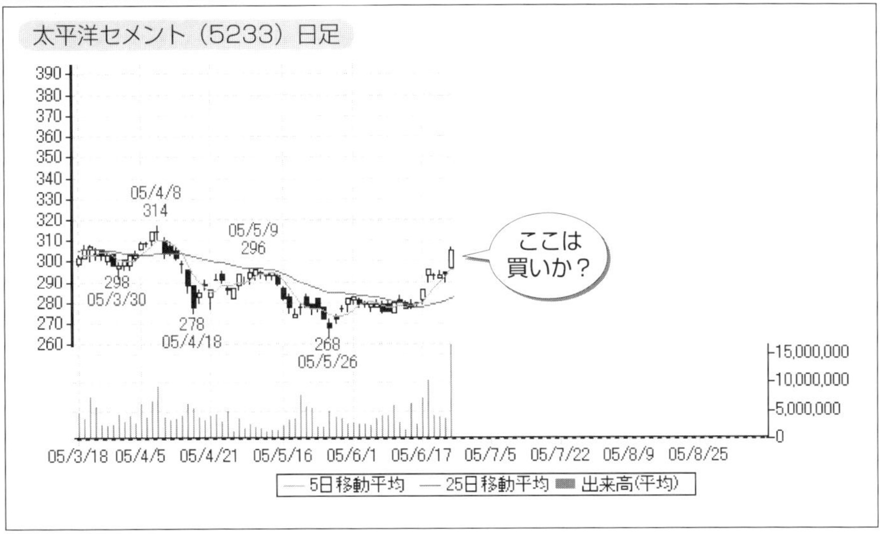

解答 21

買いが正解。25日線が上昇トレンドに乗ったころ、6月24日に、まさに10%法で算出した額に見合う出来高1659万株が生じています。この出来高が、株価に上昇の確信を与えたようです。

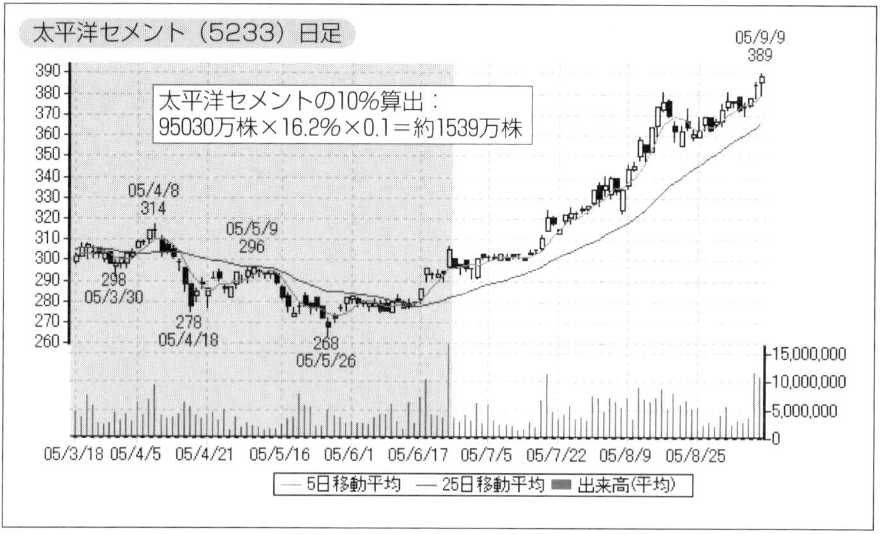

まとめ

10%法で算出した株数がどこに出現するかが、買いシグナルととる判断の要です。下降トレンドで出現する場合は、さらに下げが続いたりして、10%法が不発になる場合がしばしばありますので、どんなケースにも、この10%が威力を発揮するものではありません。

また高値圏で10%法算出の株数ができてしまう場合、相場が終了のシグナルとなることもあります。要は、やはりどの位置にこの出来高が出現するかです。

10%法が適用できるかどうかは、移動平均線のトレンドや、ローソク足の表れ方も参考にして、判断の確度をアップする必要があります。太平洋セメントのチャートでは、10%法の出来高があった後、軽快に上昇していきました。この形を理想的な動きだと見て、頭に叩き込んでおくことです。

COLUMN

デイトレのための原則 ②

デイトレで分チャートを見るのは必須です。デイトレで勝つには、①トレンドを見つけ、それに乗る。②勢いのついた銘柄に乗る、という2つの方法があります。ここでは①に関する原則を説明しておきます（②は94ページを参照）。トレンドを見つけるために必須なのが「移動平均線」です。

原則1▶いずれの足も三本線を使う。1分足では、5分、25分、75分線、5分足では、30分、1、2時間線、10分足では、1、2、4時間線が推奨値にされているようだが、5分足も10分足と同じ設定（あるいは近似値）にする。理由は、初心者にとっては、4時間線に注目すれば確実にトレンドをつかめるからだ。

原則2▶上昇トレンドが定まるときは、4時間線がアタマを上げ、上向きになったとき。逆に下降トレンドが定まるときは、4時間線がアタマを垂れ出し、下向きになったときだ。この状態になる前に売り買いに入ると、裏切られることが多い。

原則3▶4時間線と株価の乖離率が大きくなったあと、株価が修整し始め4時間線に近づき、それから再び逆のほうへ動き出したとき、4時間線がいまだ上昇・下降トレンドの方向にあれば、トレンドに乗っていることを意味する。

原則4▶初級者にとって、最も扱いやすいデイトレ銘柄は、長く下落してきてようやく、4時間線を越えて、3線が並ぶ形になった銘柄だ。空売り銘柄はこの逆となっている。3線が並ぶ形になれば、後の勢い次第ではあるが、通常は3日ぐらいは勢いを持続してくれるだろう。

原則15 「営業」が入った銘柄を識別する

断続的に出来高が立つことに注目

日頃、あまり出来高がない銘柄に、ある日突然通常の５倍とか７倍といった商いが生じることがしばしばあります。誰かがその銘柄に注目して買いを入れてきたわけで、買いを入れた理由は、業績アップを先取りした買い、投資顧問会社が推奨した買い、証券会社が格付け発表前に買い、信頼できるアナリストが買いのレポートを出した、投資雑誌に推奨記事が出た、などいろいろあります。

ほとんどの投資家は特定の場合を除き、「なぜ出来高が増えたか」についてはなかなかわかりません。投資家が知りたいことは、買いが入った銘柄が近い将来上げていくかどうか、です。

一過性の大口買いではなく、それから数日を経て、また大口買いが入るとします。買いの理由はわからないなりに、抽象的ですが、次のことがいえます。

①　何度か大口買いが続くと、買いを継続する材料があると判断できる。

②　買いが入った後、トレンドが上を向いているのならば、この上昇トレンドに乗っていてもよい。

③　買いが定期的に入れられリズムがあり、しかも25日線を崩れないので、いわゆる「上げ三法」を使える。

私は、こうした断続的な大口買いを「営業が入った」という表現で、買いシグナルのひとつとして原則のひとつに入れています。

●図表3-4 「営業が入った」というシグナル

井関農機（6310）日足

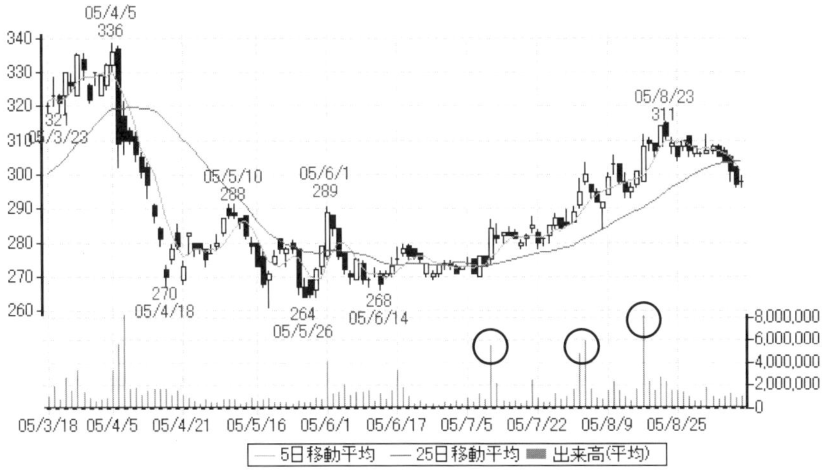

図表３－４は25日線はまだなだらかな下降線を描いている6月1日に約413万株の出来高があり、暴騰し、下げを和らげ始めます。ようやく7月11日約554万円の商いがあり、上昇トレンドに転換したようです。この554万という数字は、原則14の10%法で算定できる537万株（発行済株式数22505.4万株×浮動株率23.9%×0.1）に匹敵します。これ以降、８月23日に311円の高値をとるまで、株価は、だいたい7～10日ごとに、200万株以上のまとまった買いが入り、「営業が入っている」ことを示しています。また、2～3日下落するものの、間近の高値を抜く形でふたたび上げています。むろん、25日線を株価が割ることはなく、８月８日に25日線に長い下ヒゲを接触させたものの、「陽のカラカサ」の力強い戻りの形を残しています。

❗ここがポイント

「営業が入った」かどうかを見分けるポイントは、①断続的に大口の買いが入る、②上昇トレンドに入った、③25日線を割らず、「上げ三法」の原則にしたがっている、である。

COLUMN

思惑がはずれたときに何をすべきか？

株価チャート分析は、絶対でもないですし、万能でもありません。原則として述べられている方法を使っても、自分の思惑とは違った方向に動くこともあります。しかし、それでも基本や原則は大切で、これらが自分に身についてないと、分析術がふらふらとして、パフォーマンスにも影響を与えてきます。逆に分析術の基本がしっかりしていれば、少しぐらい負けても、トータル（例えば週、月単位での収支）では、プラスになっているものです。

とはいえ、自分の売買が思惑はずれになったときの対処を知っておくことは必要です。その前に私たちは「どんな売買も思惑どおりにはいかない場合があってそれに対処できることも技術のひとつである」という認識をもちたいものです。

①投資資金、投入資金の分け方でリスクを減らせ

投資資金は余裕資金を使い、銘柄ごとの資金投入は負担がない程度にする。市場自体にリスクがあることを理解し、今ホールドしている銘柄が暴落しても狼狽しない程度の額にしておく。信用取引で満額建てる（信用取引の枠をすべて使う）ようなやり方は絶対にだめである。

②確実な損切りをせよ

おそらく投資家にとって「損切り」こそ、売買ポイントを探す以上に難しいかもしれない。自信をもって買った株が思惑はずれで、下げた場合、投資家は楽観的なもうひとりの自分と会話を交わし、ついに、「下げて塩漬けになっている状況」を支持するような心境になってしまう。こういう状態は厳に戒めるべきで、思惑はずれの銘柄はもたないことにすべきだ。

③曲がったときにあわてふためくな

株は心の修業である、と誰かがいったように、株で儲けを得る前に、心理的な葛藤やダメージで、株に負けてしまうことがある。「曲がる」ということは、自分の思惑がはずれ、相場が反対のほうに曲がることだから、投資家はどうしても厳しい現状や事実を認めたくない。そのため、心理的動揺が激しく、これが損切りを含め、塩漬けの銘柄への対処を遅れさせることになる。「失敗は、技術で乗り切れる」という信念をもつことを勧める。

④チャートの「だまし」にあった

チャート分析の基本はやはり基本であり、その基本を裏切るようなチャートを大口の投資家が「つくり」、失望を誘って、利益を得ようとする場合がしばしば起きる。いかにチャートを学んでも、神様にはなれないのだから、「だまし」に出合うことは必ずある、と思い、自分の思惑にこだわらず、損切りをすることが必要である。

⑤暴落にあったときの逃げ方

暴落にもあい方がある。常時市場にアクセスできない人がほとんどだから、暴落が起きたときよりも、普通は遅くその事実を知り、場合によっては翌日まで対処のしようがないこともある。信用取引をしている人は、空売りでつないでみること。また保有している人は、チャート分析の基本にしたがって、判断することだ。暴落もあり、それに巻き込まれることも、想定範囲にする技術を磨くことである。

COLUMN

デイトレのための原則　③

デイトレで勝つには、勢いのついた銘柄にすばやく乗ることが大事な作戦のひとつです。空売りの場合は、勢いがひどくなくなった銘柄を見つける必要があります。またすでに発進してしまった銘柄に遅れて参加するときは、勢いが少し足踏みするところから参加しなければなりません。

初級者のために、いくつかの原則を書いておきます。

原則1▶場が始まったらしばらく、値上がり率、値下がり率の上位の銘柄を観察して、候補をピックアップ。それを分足で追う。買い意欲、売り意欲が高いとエントリー。陽線が続く、陰線が続く間は持続して、反転のシグナルが見えたら、すばやく売りか、買いを実行する。

原則2▶４時間線が上を向いている間はトレンドは上。下を向いている間はトレンドは下という基本を守りつつ、１時間線や２時間線がたれてきたり、もち上げてきたら、売りか、買いに入る準備をとる。

原則3▶動き出す銘柄や勢いがついた銘柄は、売買が成立するたびに株価の数字が点滅するので、その回数が増える。点滅銘柄のチャートをすぐに観察する。

原則4▶勢いは、前日の終値からギャップを生じる。ギャップができて、寄り付いた後、そのまま下げていくか、そのまま上げていくかは、神のみぞ知ること。初級者はしばらく値動きを観察して、ローソク足の下げ方や上げ方で納得できたポイントで売買に参加する。

原則5▶日足の形にもよるが、寄付きからギャップが生じ、うねりながら上げ続け、勢いを保った銘柄は、翌日もギャップをつくりトレンドは持続。反発力がなくそのまま下げ続けた銘柄は、翌日も同じ方向をとるケースが多い。

第4章

株式投資の基礎技

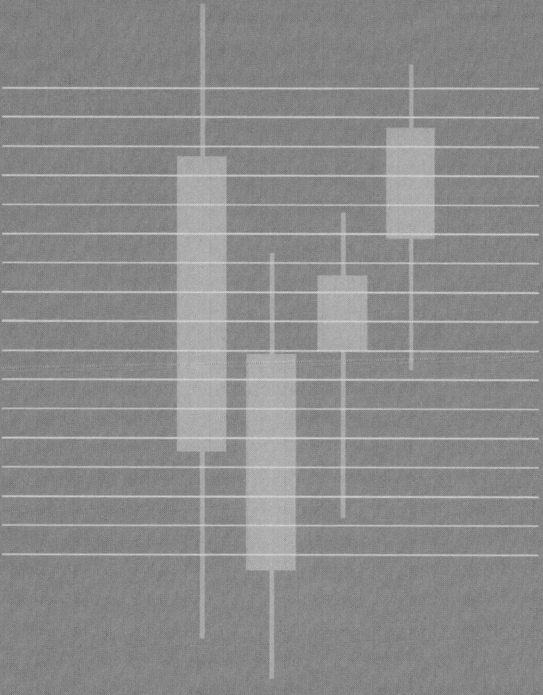

技 01 株式投資は技という認識をもつ

成功・不成功は技のレベルの問題である

株価チャート分析には3つの原則があるようです。

① 株価チャートには市場の動きはすべて織り込まれている

② 株価の動きがつくるトレンドを読める

③ パターンは繰り返される

これからの第4章〜第10章では、この3つの原則をもとに、さまざまな技を紹介します。

技の第1は、「株式投資は技であるという認識をもて」というものです。株式投資で成功する・成功しないのは、技のレベルの話であるという認識をもっていただきたいのです。偶発的な情報、たまたま手に入れたチャンスなどに頼るのではなく、長期投資活動を続けても、勝ち組となるための技術、それはときには心や感情の問題をも解決できる「技法」を身につける必要があるのです。

私が主宰するチャート研究会ではたくさんの会員がチャート分析を実践的に学んできましたが、多くの人が助言なしでも取引できる技術をマスターする一方で、多くの人が志なかばで去っていきました。技を習得する前に、実践で失敗してしまったのです。

たいていの株価チャートの読み方の本は、「こうすれば、こうなる」というふうなパターンの理解を勧めます。これは、経験則で明らかになったパターンにしたがって、投資行動を「すべきである」という規範的な指示でもあります。しかし「すべきである」と考えて行動するものの、実際にはうまくできないのが現実です。むろん本に書いてあることが間違っているといっているのではありません。

健康管理にたとえれば、タバコは体によくないので「吸うべきではない」という指示は正しい、しかしそうはいわれても実際にはやめられないことに似ています。健康に悪いとわかっていても、タバコを吸ったり、過食をしたり、お酒を飲みすぎてしまうのが人間なのです。

株価チャートを判断して投資家が行なう行動には、４種あります。①買う、②売る、③休む、④損切りする、です。極端にシンプルにまとめてしまうと、３種の原則と４種の行動だけなのです。しかし判断と行動の間には、実際にはかなりの距離があります。この距離を埋める方法は２つあります。

ひとつは、きちんと技を理解して、それが実践で使えるまで練習期間を置く、というものです。研究会でも敗れて去った人は、たいていこの「わかば期間」を経ないで、いきなり多額の投資と過度の期待をもって、玉砕しています。

２つ目の方法は、冷静に自分を観察して、規範的な投資家像と記述的な投資家像をあわせもつということです。私が強調したいのはこの方法です。

株価チャート分析はこんなふうに読むべきである、という原則・技術にしたがう投資家と、実際にはそんなにうまくいかず、自分はこんな間違いをやってしまうと、日々認識する投資家という２つのモデルを自分の中に合わせもつことが大事です。そうすると、「べき論」の投資家では見えなかったものが見えるようになります。

私たちは、実践ではヘマばかりやります。感情に左右され、せっかく意思決定したのに、土壇場で変更して、結局失敗します。しかし、そうした従来はなかなかコントロールできなかったものを克服することさえ、技の習得であると認識することにより、自分を是正していく、強い主体的な投資家になることができるのです。そして、株価チャート分析だけでなく、投資行動すべてがうまくいくことを技の習得と認識し、トータルに技を深める、技を発展させるというふうに置き換えることで、投資家としての自分を完成するための目標が明確化できるようになるわけです。

技 02 株情報の取得を効率化する工夫

ネット証券のコンテンツ＋自分流ブックマーク

すでに「原則編」で説明しましたように、株分析には、①ファンダメンタルズ分析、②状況分析、③チャート分析（テクニカル分析）の３つがあります。

しかし、一般の投資家は、株式投資の情報を得るために、毎日１時間、２時間という長い時間を割くわけにはいきません。③の分析は、慣れてくると、10分ほどでできるようになりますが、①②は非常に時間を食う作業ですから、どうしても効率化を図らねばなりません。

投資家は次のような情報にアクセスできるようにしておく必要があるでしょう。

◇**企業情報**：業務内容、ライバル企業動向、業種景気、財務、プレスリリース
◇**連結情報**：決算（中間・本）、業績予想
◇**銘柄情報**：暴騰暴落株とその要因、個別材料
◇**市場情報**：トレンド、相場の特色、概況、ザラ場ニュース、海外市場の動向、海外資金動向

情報は莫大な量ですから、すべてを利用するわけにはいかなくて、役に立つ情報かどうかを取捨選択しなければなりません。

問題はどこから効率的に的確な情報を得るかです。現在多くのネット証券は、自己サイトにコンテンツをまとめ、クリックをするだけでその都度、ほしい情報が手に入るようにしてくれていますが、他のサイトでも有用な情報源があれば、ブックマークをつけて、いつでもアクセスできるようにするべきです。ただ、あまりたくさんのサイトを集めても、たいてい見ないまま放置してしまうので、自分で情報収集の時間を例えば１日30分と決めて、その間に読める情報のサイトを一覧表にしてまとめておけば、効率アップができます。

ネット証券のコンテンツを使う場合も、自分の情報収集のために、どのメニューが必要なのか、リストをつくっておくことが大事です。

●図表4-1　情報収集のためのサイト

このフレームに投資家に必要不可欠なメニューが網羅

速報性あり!

http://www.tktoushi.com/

! ここがポイント

情報収集は、あれこれ欲張らず、限られた時間内で最大限に収集できるように工夫すべきである。

技03 銘柄選びでほぼ勝敗が決まる

銘柄選びは手を広げず絞れ。最低10銘柄は熟知せよ

ここでいう「銘柄選び」とは、「株価チャート分析」における「銘柄」のリスト・アップのことです。すでに、投資家が３つの分析手法のうち、ファンダメンタルズ分析と状況分析を済ませて、チャート分析をクリアした銘柄のリストをつくろうとしている段階のことです。

現在、たいていのネット証券では、投資家のために情報コンテンツを充実させています。投資家たちは気になる銘柄を登録しており、その一画面からクリックをするだけで、市場状況、個別チャート、会社四季報、ニュース検索などの情報収集サイトへアプローチできるようになっています。このような迅速・簡便・有用なデバイスを利用しない手はありません。

いくつか注意事項を心にとどめておきましょう。

① 銘柄選びで、スクリーニングを終えたものは、常に10銘柄くらい、ウオッチの対象として「登録銘柄」にリスト・アップしておきたい。

② 一画面で複数の銘柄をチェックできるので、４つぐらいの銘柄は一目瞭然にチャートがわかるようにして、情報へのアプローチを速くする。

③ 登録銘柄があまりにたくさんになると、チェックするだけで大変時間をとる上に、使われない状態に放置されるので、むやみに増やさない。

④ 株価チャートは常に変動するので、登録銘柄のチャートの数日後の予想を頭に描いておき、自分の予想とどう違ったかを比べると、分析能力がみがかれるだろう。

⑤ 今は買えない・売れない銘柄であるが、あと１カ月後には投資できそうだと思われる銘柄は、半月に一度覗くつもりで、10銘柄か20銘柄ぐらいは念のために登録しておくとよい。

●図表4-2　登録銘柄をもつ

▶４つの銘柄のチャートを同時に見ることができる。
▶マウス右クリックすると、注文や情報や個別チャートへ飛べる。

コード	銘柄名	市場	現在値	前日比	前日比率	前日終値
6995	東海理化電機	東証	2,335	+40	+1.74%	2,295
9064	ヤマト運輸	東証	1,736	-63	-3.50%	1,799
6794	フオスター電機	東証	1,056	+88	+9.09%	968
4082	第一稀元素化学工	東証	2,720	+155	+6.04%	2,565
8848	レオパレス２１	東証	2,725	+225	+9.00%	2,500
6915	千代田インテグレ	東証	2,330	-10	-0.43%	2,340
5632	三菱製鋼	東証	502	+63	+14.35%	439
7262	ダイハツ	東証	1,113	+8	+0.72%	1,105
7885	タカノ	東証	1,993	+23	+1.17%	1,970
8056	日本ユニシス	東証	1,180	+67	+6.02%	1,113
4711	東急コミュニティー	東証	2,600	-10	-0.38%	2,610
8803	平和不動産	東証	530	+4	+0.76%	526
9009	京成電鉄	東証	661	0	0.00%	661
8591	オリックス	東証	19,530	+310	+1.61%	19,220
8003	トーメン	東証	206	+3	+1.48%	203
8015	豊田通商	東証	2,100	-10	-0.47%	2,110
6764	三洋電機	東証	292	-1	-0.34%	293
1379	ホクト	東証	1,897	-10	-0.52%	1,907

▶銘柄をクリックすると、注文画面が出現する。

ここがポイント

すぐにでも売買できそうな銘柄、ウォッチ銘柄、近い将来投資できそうな銘柄などを分けて、登録銘柄にリスト・アップしておく。

技 04

確信せずしていつ売買するのか

「なんとなく」は厳禁

1929年のある日、エレベーター・ボーイが銀行家のＪ．Ｐ．モーガンに聞きました。

「旦那、株マーケットは、どうなるんでしょうね」
「変動――そう変動するだけだよ」

株式市場は変動する。まずこの認識が大切です。次に変動する市場、変動する株価をどう把握するのかが、読者の最も関心のあることで、うまく把握できるために、経験則から編み出した「株価チャート」の読みを学んでいるのです。読みたいものは、買いと売りのポイントですから、それが出現するシグナルを「株価チャート」から見つけることになります。さらにここで大事になってくる認識は、投資のカリスマ、ピーター・リンチの次の発言がいい表しています。

「株式市場は投資家の確信を求める。確信をもてない者は犠牲者となる」

実践に役立つ、非常に示唆に富んだ言葉です。私なりに解釈してみますと、確信をもって売買できるものが勝者であり、確信のもてない者は早晩市場から去らねばならないということです。そうすると、疑問が湧きます。

では、変動する市場で、いかに確信をもつのか？

100%正解の市場読みなどありえません。60%とか70%の確率で、数日後株価はどう変動するかを予想することは可能です。リンチがいわんとしたのは、その程度の確率であっても、売買時には、他の解釈よりこちらの解釈が正しいと「確信をもてる」売買ポイントや理由で売買すべきであるということだと思います。

私の研究会の優等生一均太郎氏（ニックネーム）は日ごろから「確信せずし

て、いつ行動するか」といっております。後になって「あの位置でなぜ買ったのか」と自問したとき、自信をもって答えられるかが問題だというのです。たとえその自信をもって売買したことが失敗に終わっても、それは読みがはずれたことにすぎず、姿勢としては間違っているわけではありません。逆に確信をもてないまま、なんとなく買った株が上がったとしても、それは単なる結果論にすぎず、頻繁に判断を迫られる継続的なトレードでは、いずれマイナスを積み重ねていくことになります。

確信をもって判断したポイント以外では、市場に参加するな。これは技のひとつとして記憶しておきましょう。あまりにもふらふらと売買する人たちを見て、レオ・ロステンという人はこういいました。「素人が市場にやってくると、俺たちはうれしくってね」と。

●図表4-3　3つの確信

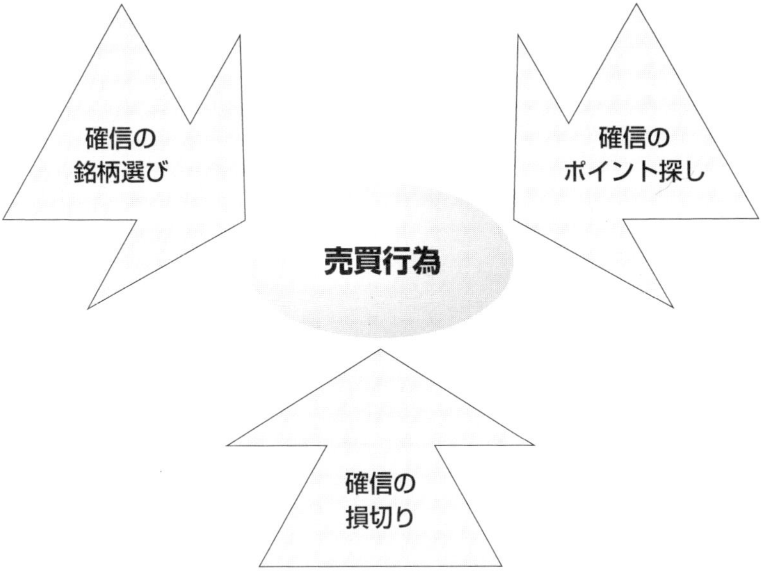

ここがポイント

確信をもてないときは、売買しない、という鉄則を守れ。

技 05 塩漬けはダメ、損切り上手になれ

損切りを決めたら必ず実行しよう

買った株が期待に反して、下げ続け、数日後に売るつもりだったのが、そのうち上がる、上がらないはずはない、と思い続けて、ついに半年や1年の長期にわたって「塩漬け」にした経験はよくあることです。

そこまで行くには、何度か損切りをして、被害を最小限にし、新しく出直して資金を回転させ、敗者復活ができるチャンスがあったはずです。損切りをした後で買った株で、さらに損をするというダブル・パンチを受けることもありますが、それはまた別の問題です。塩漬けになる前に損切りをいかにうまくするか、がここでのテーマです。

まず、「損切りは技術である」という認識をもってください。損切りは、自分の心の葛藤ですから、心理的な問題だと理解すると、なかなかできません。

なかなかできない理由はいろいろあって、第一に「曲がった投資家」の性格が災いします。すなおに思惑はずれを認めたくない頑固さ、そのうち上がるよ、という楽観的な性格なども大きく影響します。人に上がるといった手前、自分だけ損切りできなくなったというように、人間関係が絡んでしまって損切りの時期を逃したという理由もあるでしょう。

しかし理由はどうあれ、1000円で買った株が現在500円ならば、株の値打ちが半減したことは事実。また「まだ売っていないので、勝負が確定したわけではない」と未練がましい言い訳をしても、今売れば500円ですから、実際に売った場合と保有している場合とで、それほど差があるとは思えません。

思惑はずれの株はもつな。

思惑がはずれたら、損切りせよ、ということ。「一体いつ、どんなタイミングで損切りをすればよいのか」は、原則をはずれたときです。また自分でルールを立てて、ひとつの技術として損切りを実行せよ、ということです。後々の売買に影響を与えないように、平常心で損切りできる技術を身につけることが大切です。

練習問題 22

間近の天井越えの前に440円で買ったのですが、大きな陰線が出ました。損切りを決断するとしたら、トレンド線の点からどんな理由が考えられますか。

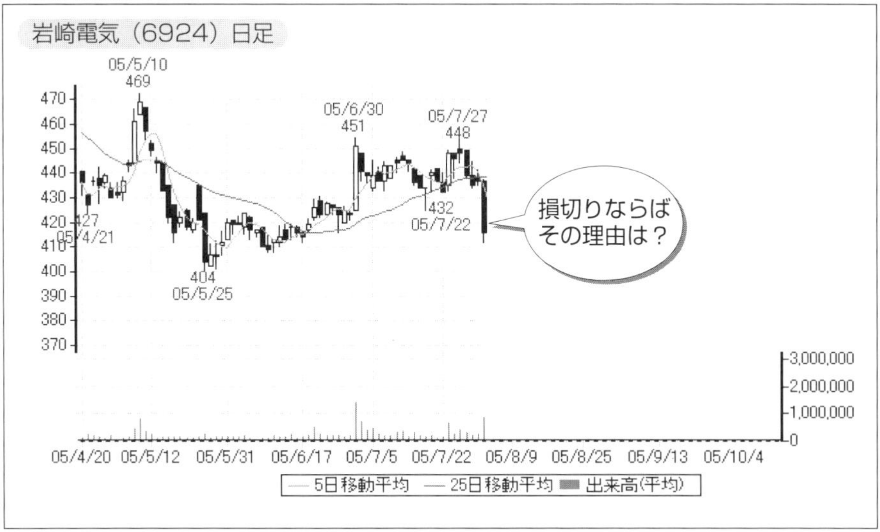

岩崎電気（6924）日足

練習問題 23

三空が出現した後、元気なので、1740円で購入。6月30日の天井を見逃したら、あれよあれよという間に下落。しかし、1740円で損切りを思いとどまりました。正解でしょうか。

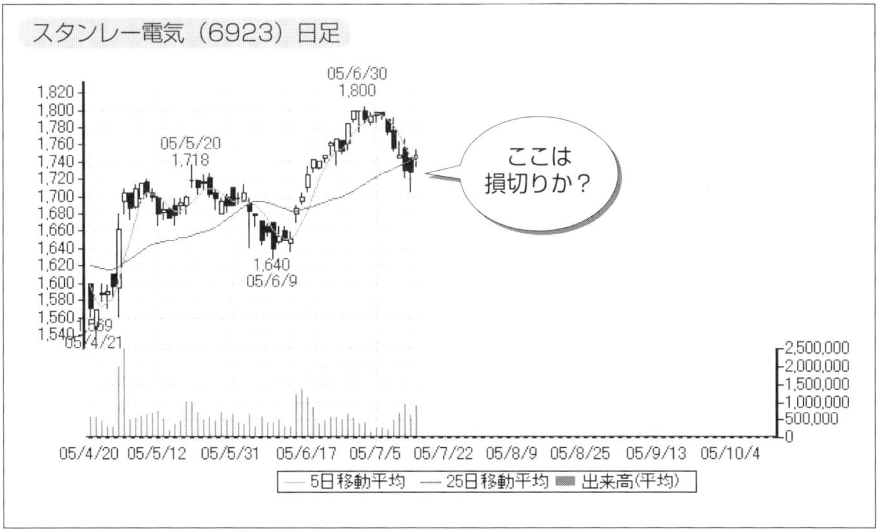

スタンレー電気（6923）日足

解答 22

線①と線①'の間のボックス圏を下放れしたので損切り。線②の上昇トレンド線（下値支持線）を突破されたので損切り。さらに、この大陰線の下落エネルギーで25日線がアタマを下げてしまったようです。

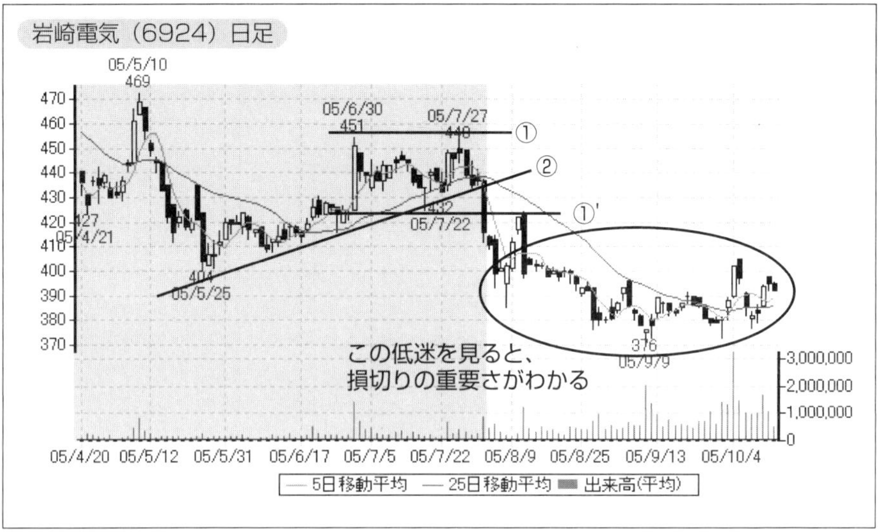

解答 23

損切りをとどまり正解。25日線が依然上向きで、もう一度山をつくるなら、「二重天井」か「三尊型」の天井の形を想定。値ざやは小さいですが、もう一度1800円あたりに来たら処分では？

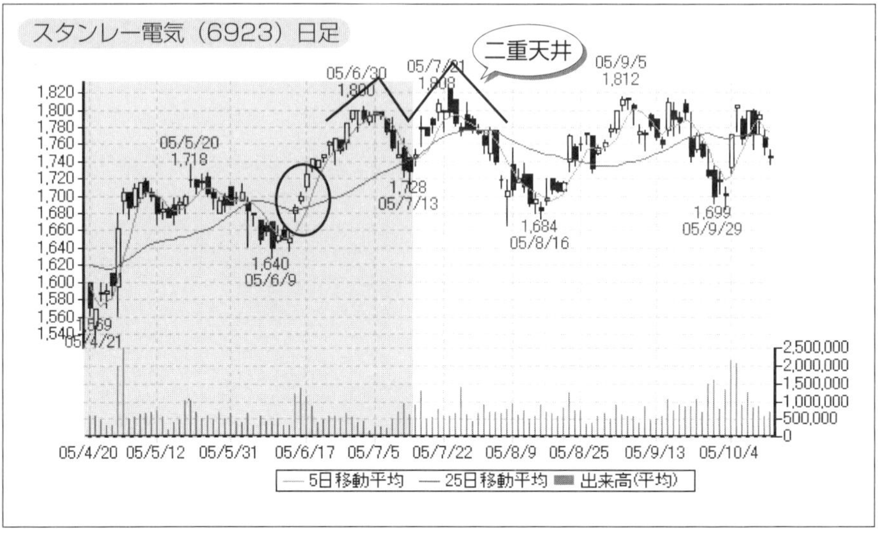

COLUMN

良い損切り・悪い損切り

良い損切りとは次のようなものをいいます。

① そのまま保有したり、売り玉（株のこと）を建てたままでいたよりも、被害を少なくすることができた損切り。
② 確信をもって実行できた損切り。売りポイントに至って売って損切りをしたり、買いポイントに至ってから売りを買い戻すこと。
③ 「3％で必ず損切りをする」とあらかじめ自分で決めたルールを守ることができた損切り。
④ 技術のひとつとみなして、冷静に実行できた損切り。

悪い損切りとは次のようなものをいいます。

① 感情をコントロールできずに、思惑はずれはわかっているものの、損切りできずずるずると来てしまい、ようやく耐えられなくなって投げてしまった損切り。
② 信用取引で追証がかかるまで引っ張ってきてしまい、あるいはそれに近い状態で投げた損切り。
③ 何がなんだかわからなく、不安になって、やってしまった損切り。
④ 例えば「ここを破られたら、損切りは絶対すべきだ」と確信していたにもかかわらず、結局できなくて、タイミングを逃してしまった損切り。
⑤ 「逆指値付き通常注文」のデバイスのある証券会社のアカウントを使えるのに、そのデバイスを使わないで損切り。

損切りに関して自分の感情を自分でコントロールできない人は、自動売買の機能（技42参照）を利用して、ひとつの技として、損切りをためらう気持ちを一掃してみる必要があるでしょう。いかに天才的なトレーダーであっても、過去一度も損切りをしていない人はいないどころか、頻繁にしている人がほとんどなのです。要は、損切りしてもそれ以上に利益を増やせばいいわけです。

COLUMN

ウチとソトの情報

投資家は売買の判断をするとき、必要な情報を２つの次元から収集します。ひとつは、ネットや新聞やテレビなどといった外部から。あとひとつは、自分の中から取り出す記憶です。ソトの情報とウチの情報（記憶）を合わせて、売買の判断をするわけです。私たちは日ごろからソトの情報には敏感ですが、ウチの情報もうまく扱えるようになるべきでしょう。

私たちは普段でもそうですが、株の売買でさえ、自分の記憶の中から、「思い出しやすいもの」や「検索しやすいもの」や「利用しやすいもの」を好んで利用し、バランスを欠くほど大きな影響をそうした出しやすい記憶が判断に与えているといえます。こうした記憶の慣れは必ずしも悪くはなく、株売買の際に、今までの経験（失敗・成功）の記憶が即座に出てくることで、売買の成功に結びつくことになります。

しかし一方で、何度やっても、同じ失敗を繰り返すのが、こうした記憶の慣れによるとすれば、その弱点は克服しなければなりません。また検索がたやすい記憶の場合は、思い出しやすいルートが決まりきっているために、せっかく他の記憶している貴重な情報があるにもかかわらず、その取り出しを邪魔してしまうのです。既成概念に縛られるといってもよいでしょう。例えば、頭文字に「あ」がつく単語を書けという問題と、３番目に「あ」がつく単語を書けという問題とでは、検索の慣れに大きな違いがあることを納得してもらえるでしょう。

さらに、株式検索でも、具体的なものは思い出しやすく、頻繁に使われます。私が造語した「飛んで飛んで寄付きウリ」というふうに、韻を踏んで「三空踏み上げはウリ」を具体的に覚えますと、実践で使いやすくなります。もうひとつ注意すべきことは、記憶から情報を取り出すとき、その情報を提供した者の印象の強さに影響を受けるということです。情報そのものの価値よりも、同じレベルの情報を伝えたにもかかわらず、例えば、有名なアナリストがいったことのほうが、記憶に残るということです。

一種の記憶へのバイアスをかけているといえるでしょう。

第5章

ローソク足の技

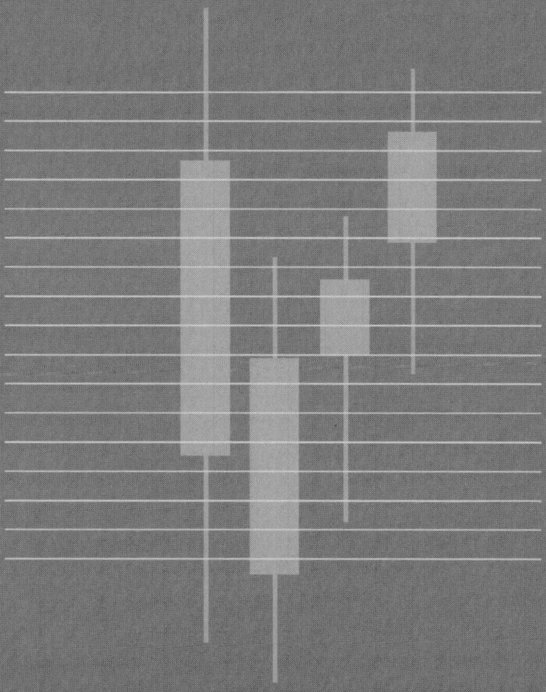

技 06 大陰陽線が出現したら出動準備

印象深いシグナルを見ての決断

さまざまなローソク足がありますが、やはり最も脚光をあびるべきなのは、大陽線と大陰線です。仮に安値圏で日足の大陽線が１本どんと立ったとします。大陽線は最も勢いが強い足ですから、単独でも目先の上昇が期待できます。しかし、すべてのトレーダーが上昇を願うわけでもありませんし、信じているわけではないですから、翌日は前日より高く始まるか、安く始まるかは当日にならないと正直いってわかりません（確率的には、大陽線が立った翌日は、高く始まるか、陽線が立つでしょう）。トレーダーのさまざまな思惑が入り乱れて具体的な株価となって現れるにすぎないのです。

とにかく大陽線の立った翌日、なんらかのローソク足が出現します。そのローソク足と前日の足の組み合わせを見て、さらに先の判断するわけで、大陽線よりむしろ翌日のローソク足の判断が重要になります。安値圏・高値圏での転換点として注意すべき組み合わせは右図の通りです。これ以外にもさまざまな組み合わせができますが、右図の理解で十分対処できるでしょう。

ただ、最も重要なことは、大陽線にしろ、大陰線にしろ、それらが安値圏に出るのか、高値圏に出現するのかです。出現する位置によって、判断が全く異なってくるからです。

次に問題になるのは、いつ売買出動するかです。日足で考えるとします。前日の大陰線はすでに示されています。２つの組み合わせを見ての判断ですから、大引け間際に、あと少しで当日のローソク足が完成するのを予想して、買いや売りを入れます。翌日２つの組み合わせを見て、他の投資家は判断しますが、あなたは前日にすでに仕込みを済ませていることになります。むろん予想と違った動きを株価がするかもしれませんが、それは結果論にすぎません。

●図表5-1 注意すべきローソク足の組み合わせ

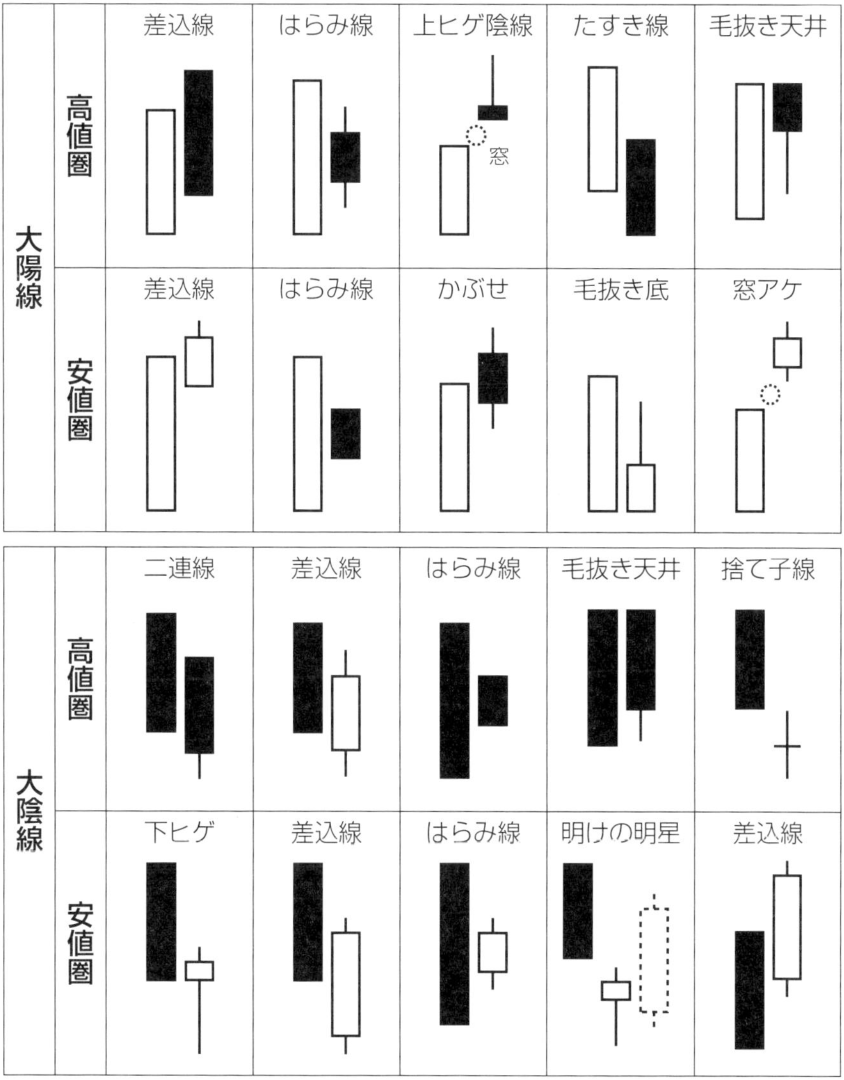

ここがポイント

対の組み合わせが完成する間際で、投資行動をとる。

技 07

追撃買い的中の週足組み合わせ

中位での買いシグナルを見つける

高値圏や安値圏で、売り買いのポイントを示すシグナル的なローソク足の組み合わせを見つけることよりも、トレンドの真ん中あたりの位置（中位）で、売り買いのローソク足の組み合わせを見つけるほうが難しいといえます。

中位では、株価の高さを示すオシレーター（例えばRSIやストキャスティクスなど）は、やはり中間値を示し、上下どちらの方向へ向かうのかを判断するのは難しいようです。

トレンドを把握するには、移動平均線を見ればその方向性が読めますが、移動平均線がほんの目先から変化することもありえます。そこで、それを補う意味で、ローソク足の組み合わせ形状により判断する必要が生まれます。

まず技07として、中位にある株価をさらに上に追える、つまり追撃買い（買い増し）のシグナルを示す週足組み合わせを整理しておきましょう。

①　上昇途中の踊り場に「三ツ星」が出現

底から上がってきた株がそのまま何の波乱もなく、何の抵抗にも出くわさないで、天井まで行くことはめったになく、たいていは、途中で調整します。上昇の途中の踊り場に、小さな陽線や陰線が、３つか４つほど出現しますと、さらに株価は上げていく傾向にあります。この形を「三ツ星」と呼び、追撃買いのシグナルとされています。

②　株価急騰後のもみ合いが出現

株価が暴騰した後、本体の小さな陽線や陰線がもみ合い状態（踊り場）で、高止まりの形をつくるとき、これを追撃買いのポイントとみなします。

③　上昇途中で、陽線の後「コマ」や「十字線」が出現

①の変形バージョンのシグナルですが、比較的元気な陽線が立ち、その後、一服感のある「コマ」や迷いを示す「十字線」が出ますと、買いシグナルとみなしてよいでしょう。

④　中位で「かぶせ」を抜いたとき

原則07で説明した「上げ三法」のことです。陽線が立ち、その後にかぶさるように小さな陰線が3つほど続いて値が戻ることがあります。このあと、上げに転じて、失った値を取り返すだけでなく、初めの大陽線を越える形で第二の大陽線が立ったとき、買いシグナルと判断することになります。

●図表5-2　中位での買いシグナルとなる週足組み合わせ

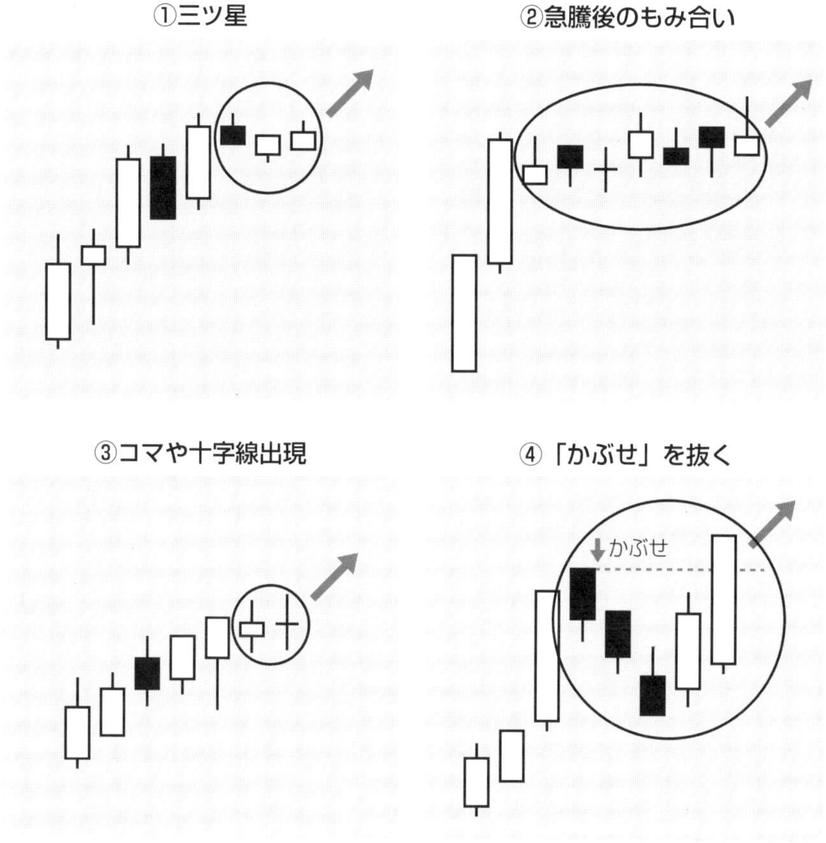

ここがポイント

上昇トレンドの中途で、逆らおうとする中途半端な勢力を見たら、追撃買いのシグナルとみなす。

技 08 追撃売り的中の週足組み合わせ

中位での売りシグナルを見つける

株価が中ぐらいの位置にあり、移動平均線の形から下降トレンドになることがわかるのですが、さらにその判断を的確にするためにローソク週足の組み合わせでシグナルを見つけたいものです。的中率の高い４種類の組み合わせを紹介しましょう。

①　下降途上に「差込線」が出現

陰線を連ね、下降するローソク足の次に、前週終値より安く、窓を開けて寄付き、そこから株価が上がっていき、ちょうど「差し込んだ」ように、陽線が立つ場合があります。このまま戻すかなと思う人もいるでしょうが（売り増し）、たいていそのまま、また下降トレンドを形成します。この差込線が追撃売りのシグナルとなります。

②　下降途中で、陽線３本のはらみ線が出現

トレンドは下降していますが、大きな陰線の後に、その陰線の本体の値幅で、３つほどやや小ぶりの陽線が連なり、上昇に転じたかなと思わせる組み合わせが出現するときがあります。この場合、さらに下降することが多く、追撃売りのシグナルとみなしたほうがよいでしょう。

③「下放れ陽線」が出現後、再度下落開始

下降途中の陰線の後、窓を開けて、つまり下放れた後、陽線が２、３本立つことがあります。その次のローソク足がもし、陰線に変わり、再度下落を開始したら、そこを追撃売りの急所とみなします。

④　下降中に、「三ツ星」出現

上昇中の「三ツ星」と逆のケースです。下降のエネルギーに抵抗するように、陰線の後、３つか４つほど、小さな陽線や陰線が横に並びますが、こうした小さな星では抵抗できず、再度下落を始め、次の下げ波動へ突入していくことが多いようです。

●図表5-3　中位での売りシグナルとなる週足組み合わせ

①「差込線」の出現

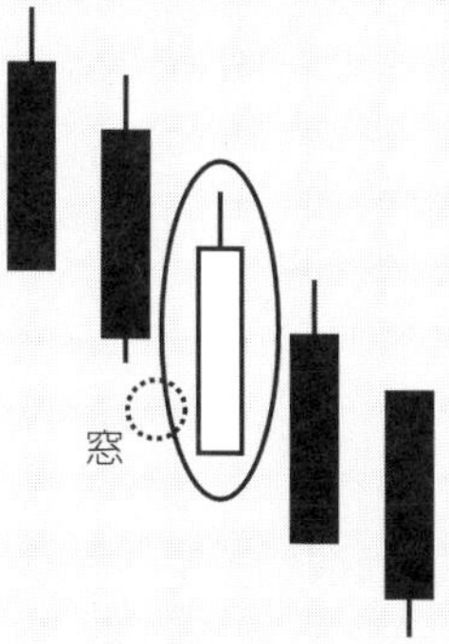

② 3 本の陽線の「はらみ線」

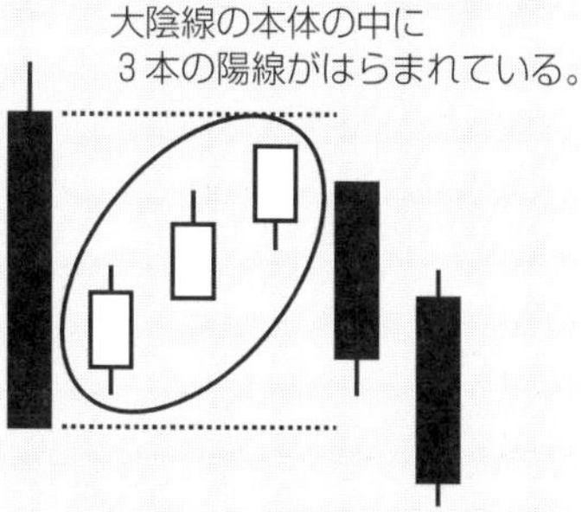

③「下放れ陽線」の出現

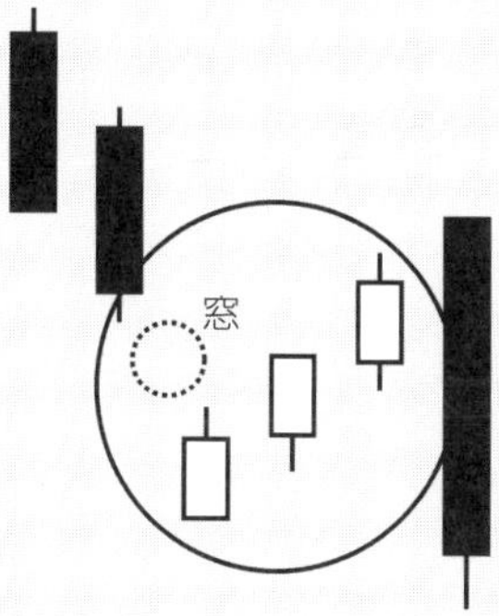

④三ツ星

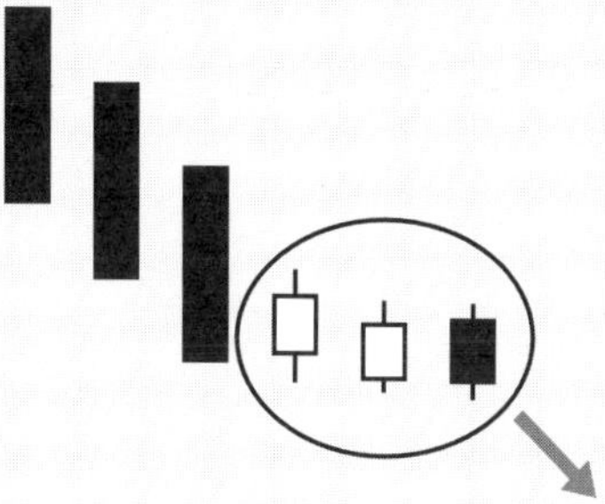

ここがポイント

下降トレンドの中途で、逆らおうとする中途半端な勢力を見たら、追撃売りのシグナルとみなす。

練習問題 24

Ⓐから Ⓓまでの天井で株価は下落、Ⓔと Ⓕの底から株価は出直しています。何と呼ばれる組み合わせなのかを答えてください(例えば「はらみ線」とか)。

石川島播磨重工業（7013）週足

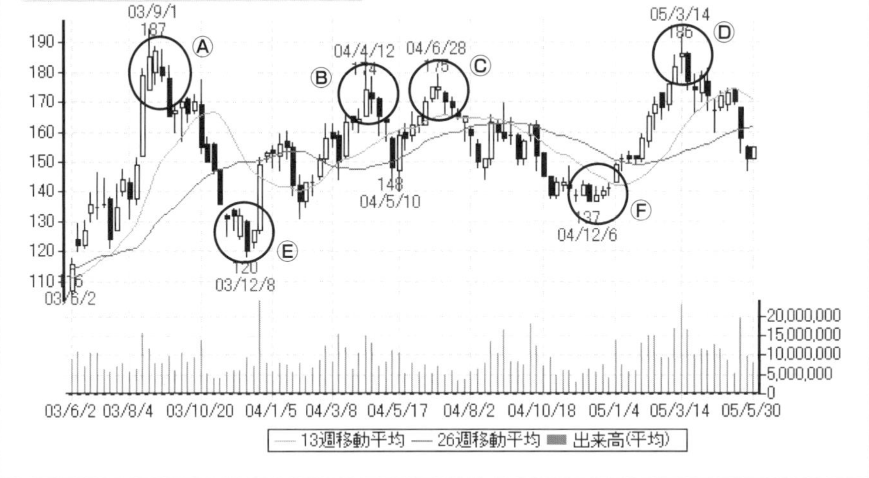

練習問題 25

技07、08で解説した「三ツ星」というシグナルは下図の①から⑤の円のどれのことでしょうか。

トヨタ自動車（7203）週足

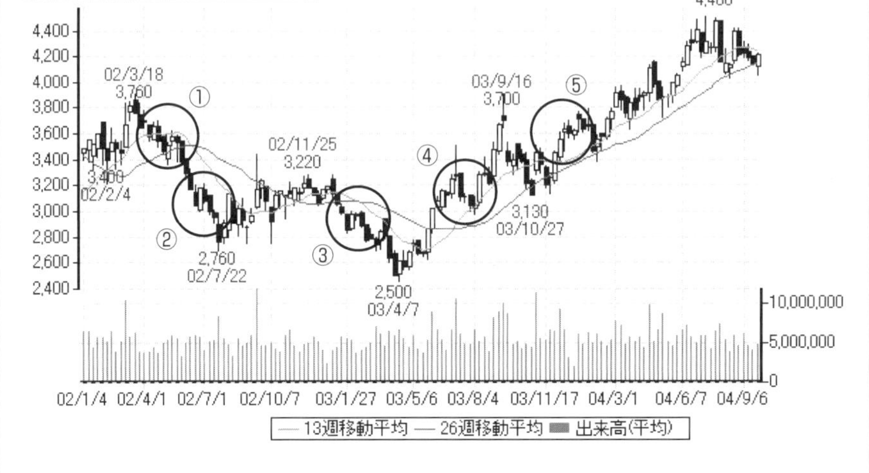

練習問題 26

Ⓐから Ⓓまでの円内のローソクの組み合わせを見て、なぜその組み合わせが追撃売りなのか、買いなのかを説明してください。

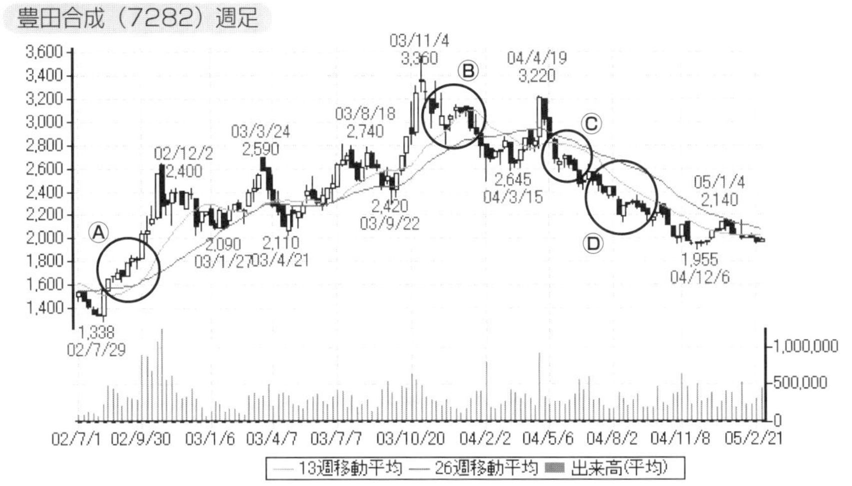

それぞれの
技 ①

私が主宰する株チャート実践研究会「積乱雲」で日々研鑽している会員を何人かこの囲み記事で紹介していくことにします（以下の名はニックネームを使用）。

優等生は一均太郎氏。100冊以上の株本を読破し、株に没頭するものの、資金を半分に減らした。長い株研究の末、トレンド把握術にめざめ、一目均衡表（技35、36参照）を会得し、主に日経225先物を主戦場にして、負けなし街道を歩み続けている。

自分に課した原則を守り、確信をもてない売買はしないため、取引なしの日もしばしばある。体力、気力の充実を運動や気晴らしで常に整える。手づくりのトレーディング室には4台のコンピュータを設置。リタイア組なのに株は青春まっただ中。「グランビルの法則だけで、勝ち組になれる。とにかくトレンドに逆らうな、この戒めを忘れなければ負けないはず。正攻法は順張りだ」ときっぱりという。本書で述べた4時間移動平均線読みの創案・提唱者である。夢があり、株でお金をできるだけ増やし、それを全部世の中のために使うという。本人は、いまだトレーダーとして、発展途上というが、着実に夢は実現に向かっているようだ。岐阜県在住。リタイア組といえば、トンチャン氏もトレンド氏も。悠々自適の生活に株がうまく融け込んでいる。

解答 24

Ⓐたすき線（技06）。その後、大陰線。Ⓑはらみ線（技06）。その後、黒三兵。Ⓒ毛抜き天井（技06の類形）。Ⓓ毛抜き天井（技06の類形）、Ⓔはらみ線（技06）、Ⓕ毛抜き底（技06の類形）。

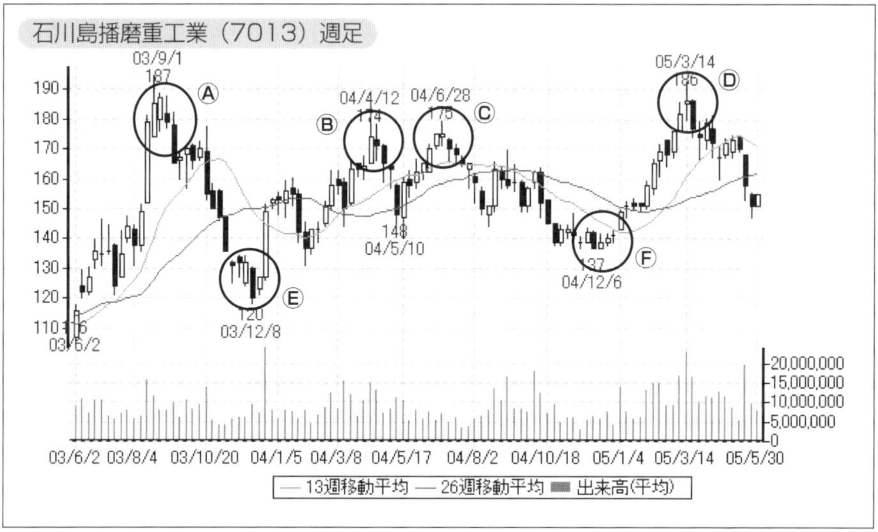

解答 25

円⑤のこと。大きな陽線が 2 本立った後、陽・陰・陽の 3 つのコマが出てきています。

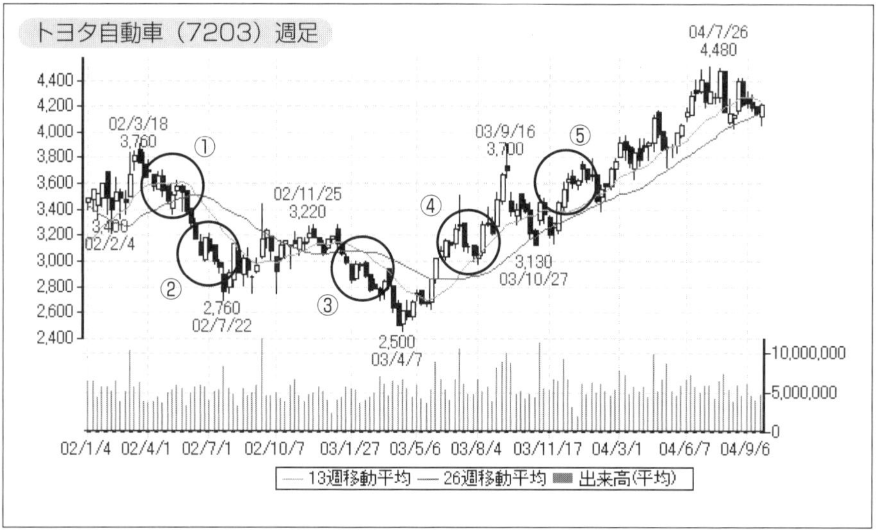

解答26

Ⓐ連続陽線の後、コマや十字線が出現（技07③）。Ⓑ下放れ陽線の出現か（技08③の類形）。Ⓒ下放れ陽線、三ツ星の合体。Ⓓ差込線が出現（技08①）。

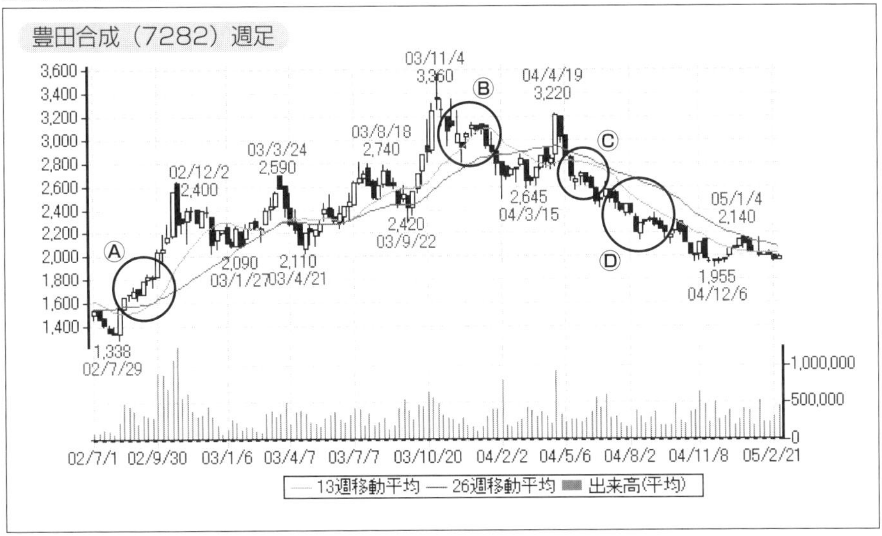

まとめ

天井圏や底値圏にある株価がトレンドを転換した後には、たいていの場合、決まりきったローソク足の組み合わせを残しています。天井圏なら最後に大きく伸びる大陽線を立てて、減速していきますし、底値圏なら、大きな陰線を立てたり、行き過ぎのシグナルを残して、トレンド転換していきます。何のシグナルも残さないでトレンド転換を終えるというのはほとんどないということがわかれば、後は、株価の位置が天井圏か底値圏かがわかれば、判断はさほど難しくなくなってきます。

株価が中途にある場合は、すでにトレンドが決まっているわけですから、トレンドの転換に注意しながら、追撃売りか追撃買いのチャンスを示すシグナルが、技07と08の組み合わせモデルであるかどうかを判断すればよいのです。

技09 売買の前は日足に加え、分足も確認

長期派にも役立つ分足

分足は、デイトレーダーだけのものではありません。買いのポジションをとるときも、分足を見る機会があれば、ぜひ見てほしいものです。

例えば、日足を見て、極端に売られすぎているので、ここらあたりで買いたいというポイントを見つけたとします。しかしたとえ極端に売られ過ぎているシグナルが出ていても、さらに下げるということがあり得ますし、翌日か翌々日に買ったほうが安く買えるということがあります。むろんどうせ上がるのだから、2％や3％ぐらい高く買ってもいいという人ならば問題はありません。

しかしどうせなら、安く買いたいですし、日足で見えないシグナルが分足で見えたら、しばらく観察して、さらに安く買えることもあります。

右上の図Ⓐで示した事例で、10月の第1日目に、値頃感で仮に買おうとします。しかし、翌日のローソクを見ると、さらに下げています。翌日に買ったほうがよかったことになります。

次に、買いたいと思った日からの10分足の足跡（右下の図Ⓑ）を見ましょう。まだ下降は続いていることがわかります。ところが、第5日目でようやく4時間線を株価が越え、出来高も増えて10分足で上昇トレンドに転じそうであることがわかります。ここをもし買いポイントに選べば、実に7.4％も安く買うことができたことになります。

このように、分足の動きを細かく観察することで、的確に上昇へ転換した・しそうであることを察知できるのです。

また長期派の投資家が週足をチャート判断の中心にして、売買を考えるときには、日足を見ることを忘れてはいけません。日足がトレンド転換していないのに、週足で買いに出てしまうことがあるからです。

●図表5-4　日足と分足の比較

Ⓐ　アパンマンショップネットワーク（8889）日足

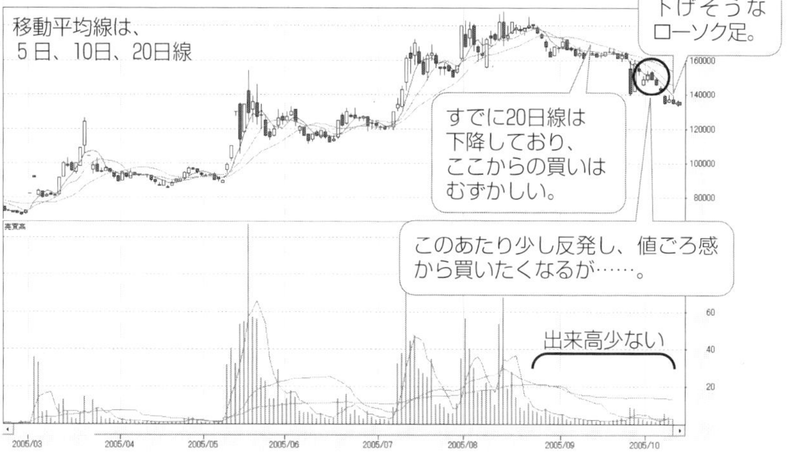

Ⓑ　アパンマンショップネットワーク（8889）10分足

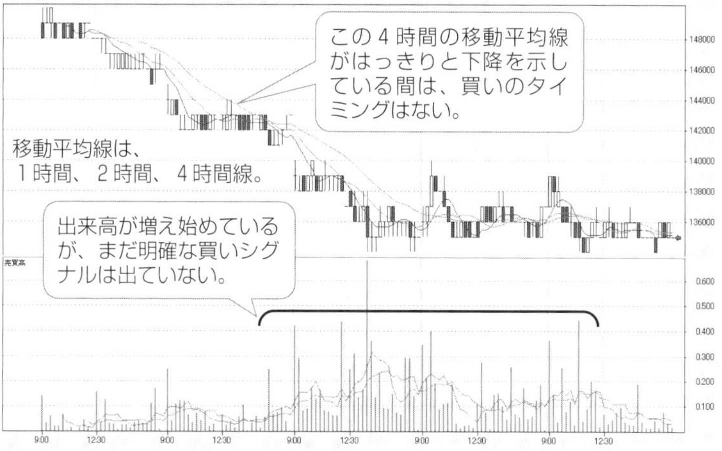

ここがポイント

売買の前に日足に加えて、分足も確認すべき。分足がトレンド転換しない限り、売買出動はまだ早い。

技 10

5分足の三連線は潜在シグナル

下落どまり前に上昇のシグナルが出現する

下落しているときは、ローソク足の形を見れば、誰だって下落していることがわかります。逆張りといわれる、トレンドの逆を行って、リバウンドを狙うことは、デイトレでは有効な戦術です。

5分足の大きなローソク足が3連続して立つと、単純に強いと見てよいでしょう。完全な下げ基調のときは、たいてい2本連続の陽線さえ満足に出現しないものです。1本の陽線が立ちますが、2本目は十字線で迷ったりします。しっかりした陽線がまるで赤三兵のように、3本立ちますと、気の早い向きの打診買いが入っており、下げ基調から上げにやがて（翌々日ぐらい）転じる兆候とみなせることが多いようです。陽線の本体が長いほど、単純に相場が強いと判断してよいでしょう。

逆に、上げ基調にあるにもかかわらず、陰線が3本連続的に2、3カ所に出現し出しますと、下げへの陰りが見えているシグナルとみなしてよいでしょう。

まとめるとこんなふうにいえるでしょう。

・上げ基調は上げるだけでなく、上げが終わる前に下げのシグナルをちらつかせる。

・下げ基調は下げるだけでなく、下げが終わる前に上げのシグナルをちらつかせる。

・これは、あくまで5分足でいえることであり、ローソク足だけでなく、移動平均線や出来高の判断も必ず加えるべきである。

●図表5-5　5分足に出現する潜在シグナル

松井証券（8628）5分足

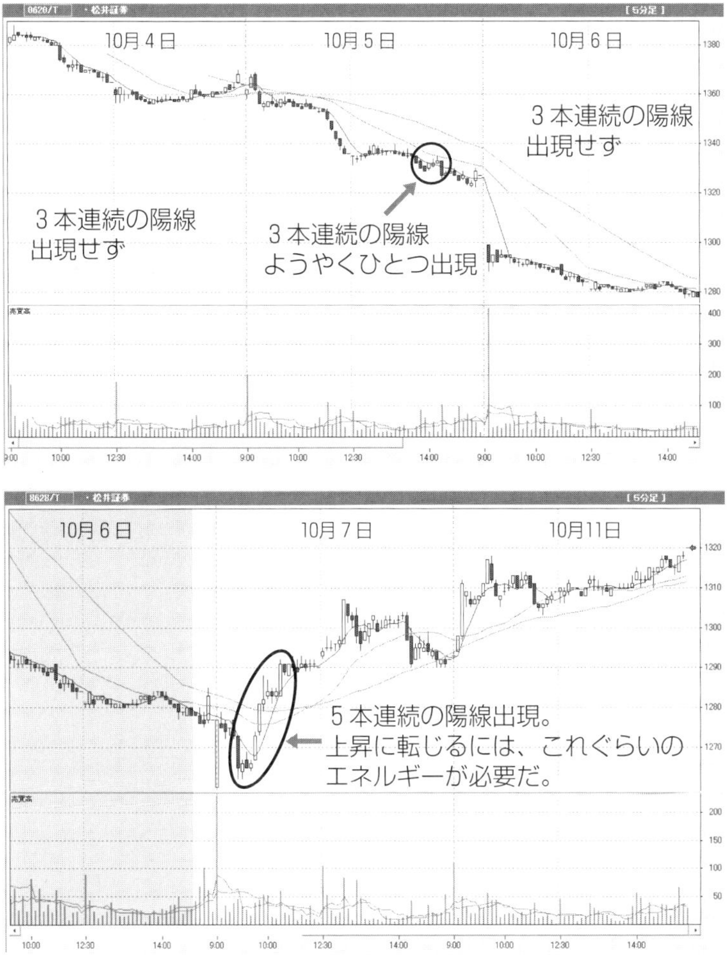

ここがポイント

デイトレで5分足が3本連続の陽線を示すとき、潜在的なシグナルとみなせる場合が多い。

技 11 抵抗線・支持線付近でのシグナル

ポイントでシグナルが生まれる

トレンド線として、一般に使われるのは、「上値抵抗線」と「下値支持線」です。この2つは平行に引かれる場合と斜めの角度をもって引かれる場合があります。

たいていの株価チャート解説書には、抵抗線と支持線が突破されたときが、ポイントとして説明されています。一方で、その突破のときに、どのようなローソク足が現れて、シグナルを出すのかについての言及がないようです。そこで、いくつか、突破が成功した場合や、突破に失敗した場合の、典型的なローソク足の組み合わせを見つけてみました。

① 上値抵抗線を突破して、上放れする場合、突破のローソク足の始値が、抵抗線よりかなり低いときは、たとえ抵抗線を突破できても、長いヒゲをつくり、2～3日もたつく。しかし、再度突破して、大きな陽線を立てることが多いようです（図①参照）。

② 一方、抵抗線ぎりぎりの始値からスタートして突破しようとするローソクは、そのまま突破しますから、大陽線が立ち、抵抗線を突き抜けた元気いっぱいのローソク足を見せてくれます（図②参照）。

③ 下値支持線を破って下落、下放れする場合のローソク足は、陰線です（図③参照）。この陰線の前に、支持線でいったん跳ね返されて、支持線に下ヒゲがついた陰線が出現するときがあります。しかし、翌日、支持線を破りたい投資家が多く集まり、一気に崩し、大陰線を描いて下落となることが多いようです。

④ 上放するにしても、下放れするにしても、放れた後は、トレンドに逆らった抵抗勢力によって一時的にもみ合ったりしますが、トレンドには抵抗しがたく、再びトレンドの方向に動くことになります（図④参照）。

●図表5-6　抵抗線と支持線周辺でのシグナルとなる組み合わせ

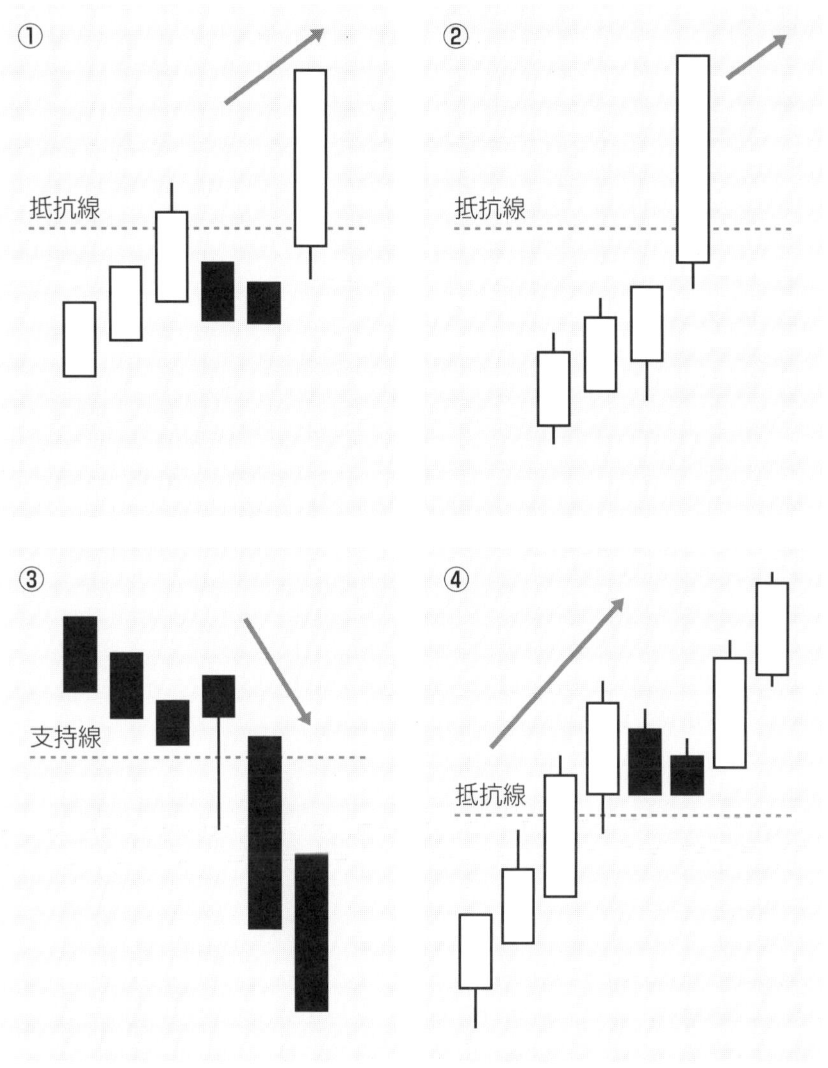

ここがポイント

抵抗線と支持線が破られるときは、特徴的なローソク足のシグナルが、ライン付近に出現する。

技 12 窓(空)が開けば何かが起こる！

「勢いは続く」という経験則

窓（空、ギャップともいいます）は、非常に大事なシグナルです。窓とは、ローソク足とローソク足の間に間隔が開いた状態をいいますから、上昇トレンドで生じるにしろ、下降トレンドで生じるにしろ、トレンドのほうへ向かって窓が生じた場合、トレンドを続ける強いエネルギーをもった株であることを示します。しかし、窓を何度か開けると、抵抗のエネルギーを生むようです。

窓をつくったローソク足の組み合わせで、売買ポイントになるものをいくつかあげてみましょう（以下、週足で読みます）。

①　3回の窓を開け、大陰線が4本立てば「買い」

倒産やそれに準じたような悪材料で急落するのは別として、何かの理由で、勢いよく下げ、特徴的には、3つの窓をつくったとき、さらに下がるという恐怖は感じるものの、「買い」チャンスとなることが多い。

②　上昇途中の窓埋めは追撃買い、下降途中の窓埋めは追撃売り

「窓埋め」とは「窓」を開けたものの、急激な窓だったので、反対勢力に一時期やや押され、開けた窓の分だけ株価が戻るということだ。崩れない限りトレンドに逆らわずにしたがう、という原則を守れば、トレンドの途中、トレンドに逆らう動きがあっても、トレンドに乗り続けることになる。

③　3回の窓を開けて、大陽線や陽線が4本立てば「売り」

①の逆のケース。窓を3回開け、陽線4本も立ったからには、「行き過ぎだ。売っておこう」という心理が投資家に起きるだろうという経験則からの売買ポイント判断だ。

④　窓開け後陰線2本立てば「売り」、窓開けして陽線2本立てば「買い」

窓を開けたものの窓埋めもほとんどなく、勢い持続を示す陰線・陽線がそれぞれ2本立った場合、素直にエネルギー持続とみて、勢いにしたがう。

⑤　窓を開けて戻しても、下降トレンドなら「売り」

やはりトレンドが重要である。「トレンドに逆らうな」という原則を守った上での、ポイント探しのひとつの作戦だ。窓を開けるぐらいの勢いが残存したままの戻しではすぐ力つき、トレンドに戻すということである。

⑥　飛んで飛んで寄付き売り、落ちて落ちて寄付き買い

前作『株で毎日を優雅に暮らす本』でひとつの戦術として、リズムを感じるフレーズを作って使いやすくしたのがこれだ。窓を3つ開けて上げた場合は、寄付きに売る、逆に下げた場合は寄付きに買う、という戦法。経験則だが、研究会の会員もしばしばこれを利用し、成功させている。

●図表5-7　窓を読む

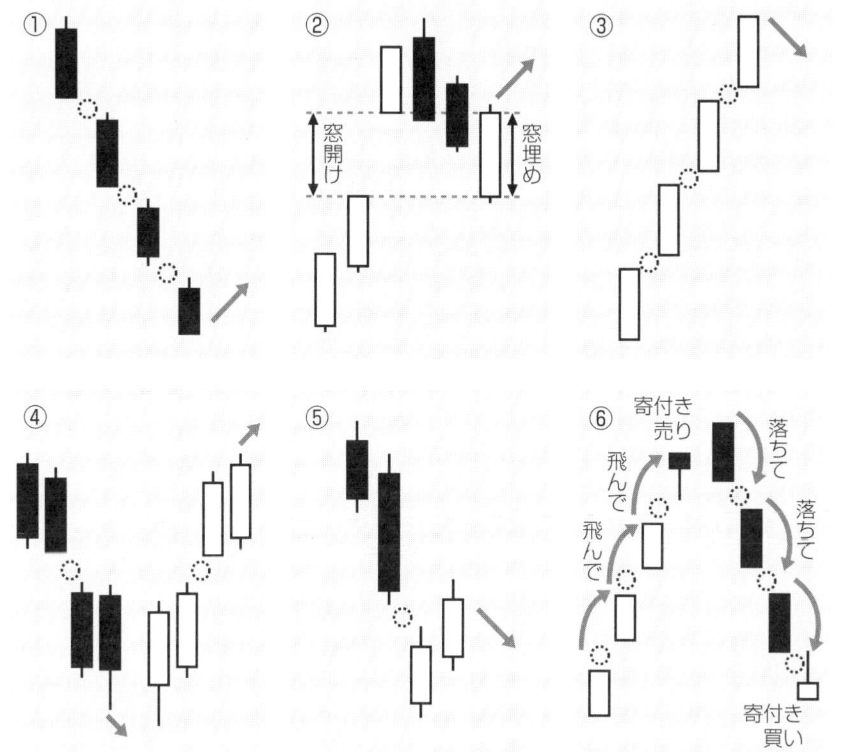

ここがポイント

窓は、トレンドの方向が定まったと見てよい場合が多い。ただし、エネルギーが小さい場合、窓を開けても、トレンドを逆行させせることができない場合もある。

練習問題 27

ローソクが大きく伸びたあと、２日ほど下げています。ここは買いか、売りか、スルーでしょうか。

大日本住友製薬（4506）日足

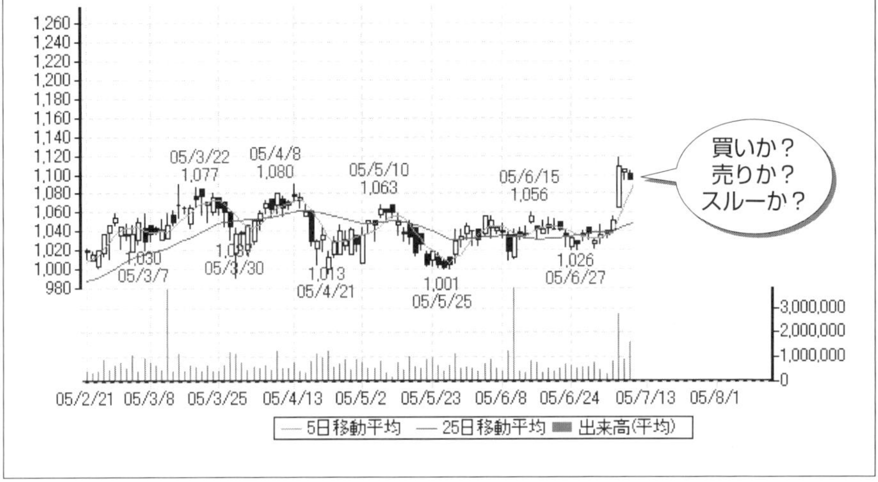

練習問題 28

①で２つの「窓」を開けた後で下ヒゲの長い陽線が出現。翌日、買いでしょうか、売りでしょうか。②では、陰線が立っています。ここは買いでしょうか、売りでしょうか。

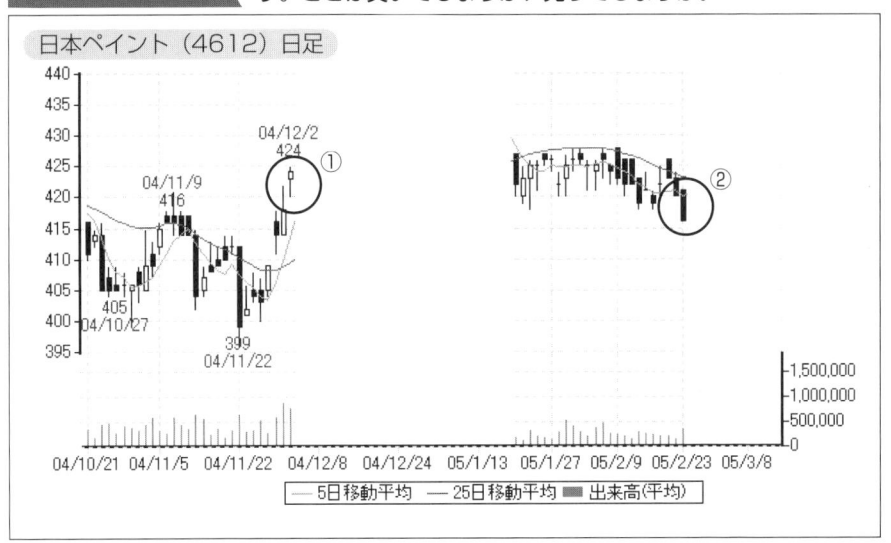

日本ペイント（4612）日足

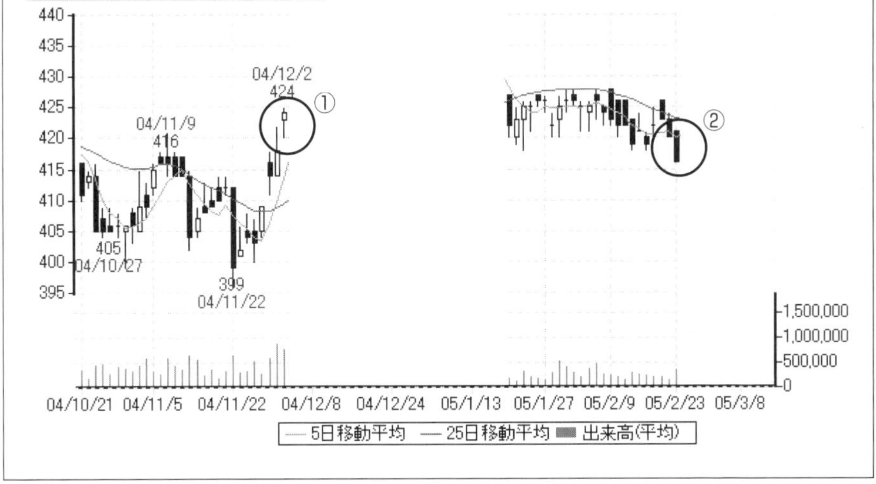

練習問題 29

３月下旬に29万円で１株買いましたが、勢いが衰え、この形に。まだ損切りするほどの含み損ではないですが、この位置でどう判断すればよいでしょうか。

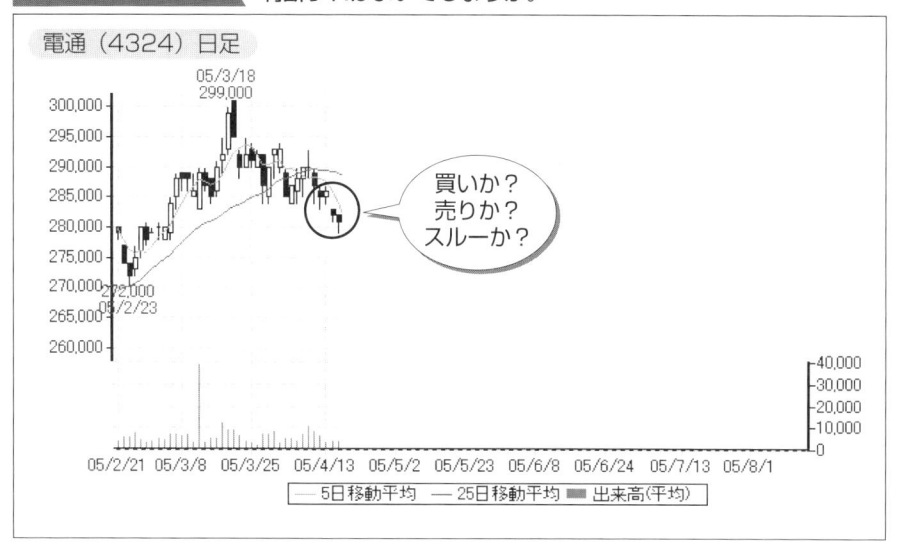

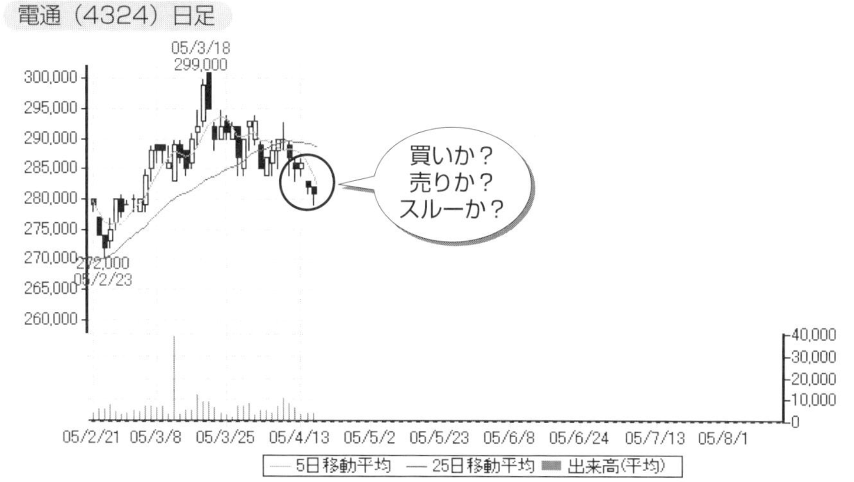

それぞれの技②

　チャート研究会「積乱雲」はいわゆる「掲示板クラブ」で、書き込みを中心にして、会員同士がボランティアで会の運営をしたり、書き込みをして、互いに技をみがくスタイルをとっている。会で最も精力的に書き込むのが京太氏。株を知らないまま、私の著書を読んで、入会。苦戦に苦戦を強いられていたが、勝ち組になるためには、技以外のもの、例えば自分の気持ちをいかにコントロールする術をもてばいいのかに腐心して、入会１年あまりを経て、ようやく落ち着いた様子だ。技としては、移動平均線でトレンドを見つけ、タイミングをつかむというデイトレ型である。デイトレは疲れるが、習慣にすることで、コンスタントに行動できる呼吸を覚えたようだ。

　京太氏にはまだばらつきがあるが、同じく１年ほどの在籍で、ほぼ80%の勝率、薄利をかすめ取るデイトレの本道を歩むのが、ジョーJr氏。毎日1%の利益を得ることを目標にして、機械のように売り買いを繰り返している。彼の技は、板の勢いを計測するもので、ほとんど勘で行なっているように見える。しかし12連勝をたびたび成功させているとなると、「説明できない技」とでもいいたくなる。

解答 27

「買い」が正解。長くボックス圏の動きになっており、抵抗線と支持線を簡単に引くことができます。この抵抗線を突破した大陽線出現の後の押し目は買いのチャンス。定石（技11④）を参照。

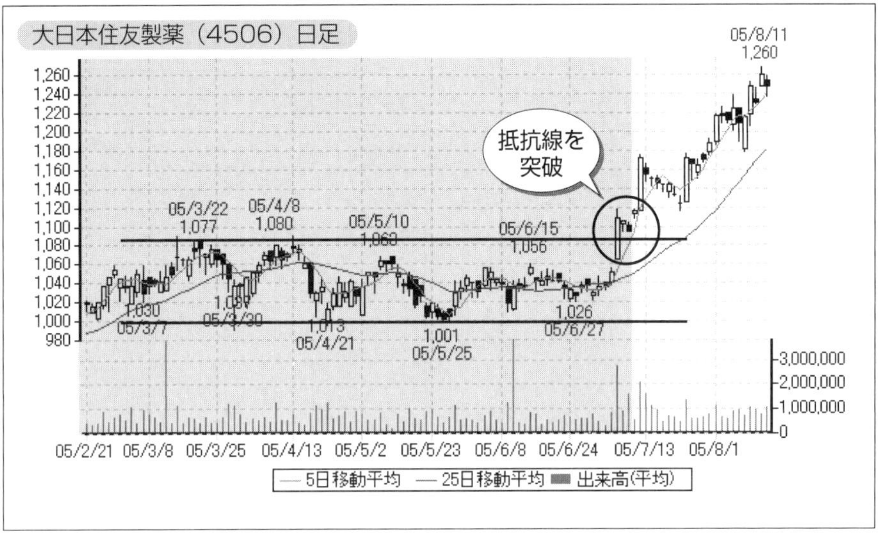

解答 28

①は売りが正解。技12の⑥「飛んで飛んで寄付き売り」の類型と見て、翌日寄りで売り。②も売りが正解。ボックス圏の動きを終えて、下値支持線を割って下降へ。ただ異常な出来高増で、反転も早いかも。

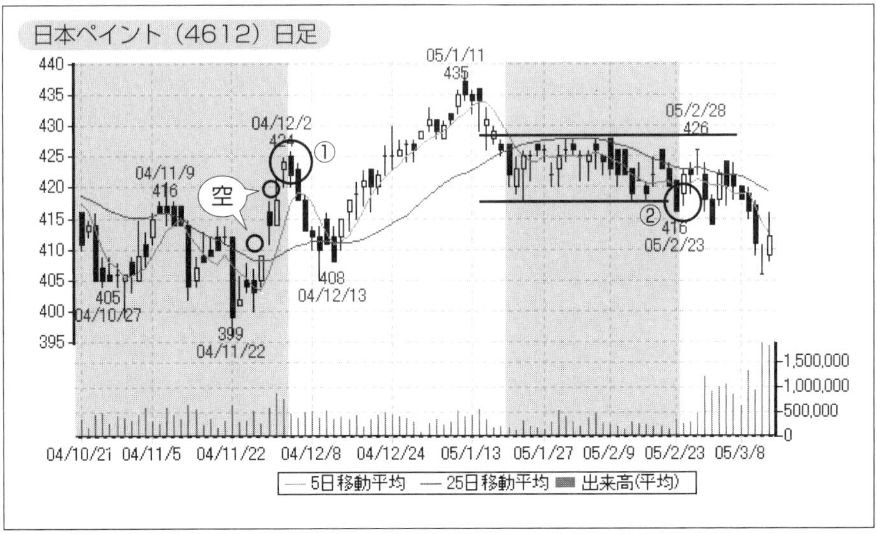

解答29

売りが正解でしょう。技12④の下落モデルと一致します。しかも、下値支持線を突破していますから、下落の速度は速いでしょう。

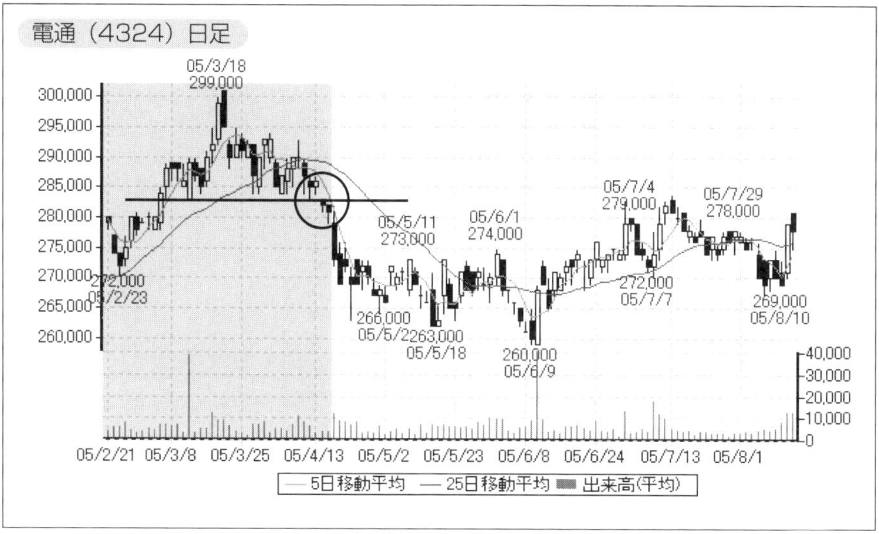

まとめ

解答27では、抵抗線をブレイクしたことだけではなく、25日線も明確に上昇に転じていることも心強いです。解答28①では、天井は抱き線（つつみ線。はらみ線の逆の形。２本目の大きなローソク足が１本目の小さな線を抱いたような組み合わせ）の形になり、天井での転換を示すモデルです。②では、明確に下値支持線を突破されており、定石では売りとなります。ただ注意すべき点は、売った後に下がりつつも、出来高が次第に増えてきていることです。解答29では、「窓開け」の典型であると判断して、売りとなるのですが、ここでも、移動平均線が垂れて来ている点を見逃すべきではないでしょう。垂れたときが「窓開け」の位置と見事に一致しているのが印象的です。

技13 ローソク足の動きをイメージする

株価はキャンバスを動きまわる

もし明日から１カ月先の株価チャートが手に入ったら、これほどうれしいことはありません。その株価チャートが上昇トレンドを示していたら、買えばよいでしょうし、下降トレンドを示していたら、空売りをすればよいからです。しかし現実は、明日から先の株価チャートは白地のままです。

なんとかして、少し先までの株価の動きを把握できないものでしょうか。完全に把握するのは無理でも、ある程度は次のようにしてできるでしょう。

① まず、「循環銘柄」か「成長銘柄」かを判断する。「循環銘柄」は、株価チャートの天井と底が期間をおいて循環するように、繰り返す傾向にある。一方、「成長銘柄」は、IT銘柄のように、循環せずに、一方的な極端な形を形成していく（図①参照）。

② トレンド線を引き、それを突破した後、どれくらいの幅で株価が動いたかを見る。前回の値幅が約200円、前々回の値幅が約200円ならば、今回もとりあえず200円幅を想定する（図②参照）。

③ 前回と前々回の山や谷の形を見ることで、次のパターンを予想する。循環するという前提で、似たような形を今回もつくるだろうと想定して、その形を描いてみる（図③参照）。

④ 売買したい銘柄と似た株価チャートを探す。似ているだけの銘柄、同業種で似ている銘柄などを見つけ、似た銘柄と同じように動くのではと想定しておく。同業種ならば、似たチャートである上に、出遅れ気味の銘柄とリード役の銘柄があり、リード役と出遅れの差を狙うことができる（図④参照）。

⑤ ローソク足の組み合わせと移動平均線の曲線を読み、上昇トレンドならば、上値抵抗線、下値支持線内の動きにしたがってローソク足の動く形をイメージする。下降トレンドも同じくそうできる（図⑤参照）。

●図表5-8 動きをイメージする

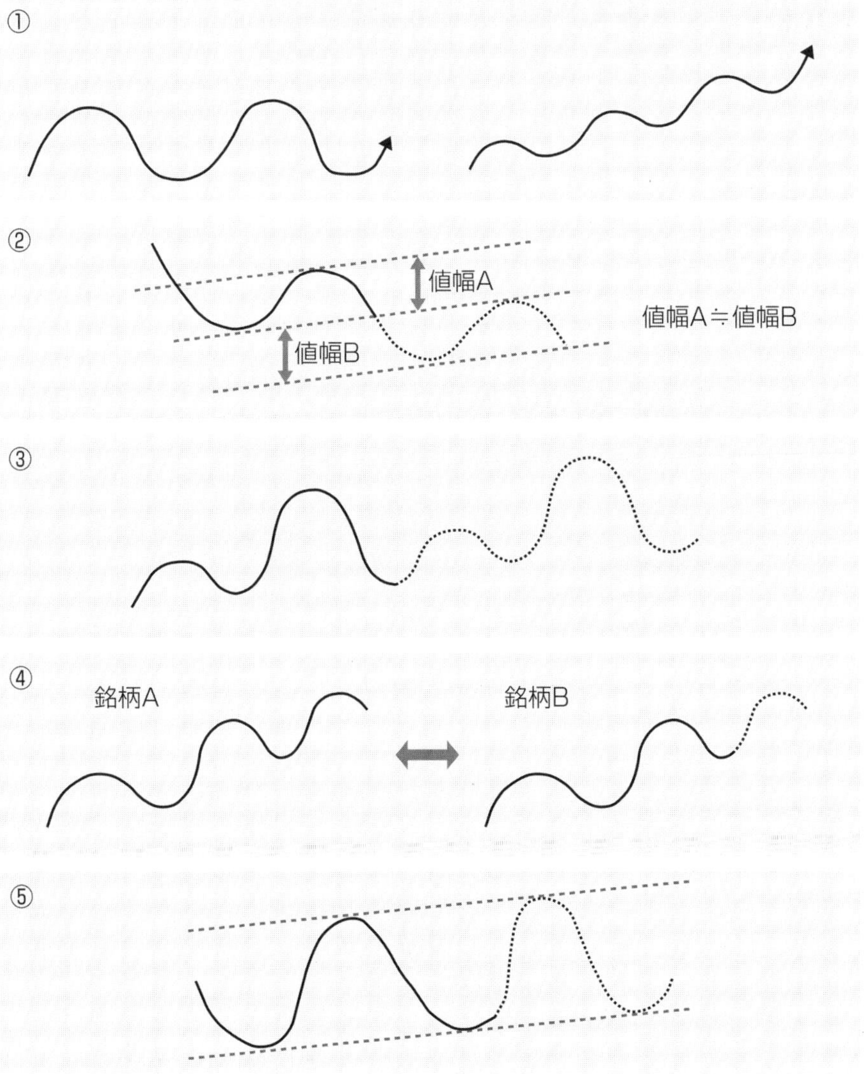

ここがポイント

過去の株価チャートをたくさん読むほど、将来の株価の形を頭に描けるようになる。

COLUMN

因果関係の壁

人は考えるときは、だいたい似たやり方をします。そのひとつが、因果関係を前提とした思考です。例えば、会社の誰かが左遷されたと聞くと、その人が会社では主流の社長派からにらまれている傍流の専務派に属していることが原因で、粛清人事で左遷という結果に結びついたのだ、とピンとくるようなものです。しかし、実際は粛清人事ではなく、単に彼が仕事に失敗した責任をとったことが原因であったりします。それを知らない人たちは、実にたやすく憶測的な因果関係的解釈をして、「納得」するのです。どんなことにも因果が存在し、その存在を前提に解釈するのは、私たちがもつ心理的な特性でもあります。困った特性ですが、実際そうなのです。

この安易な方法を私たちはいろいろなところで使います。株式売買の判断でも使われるわけで、因果関係がわかれば、状況を掌握できるという神話が、人々を株の材料集めに奔走させます。しかし実際のところ、例えばある銘柄が５％も上げたということの原因は、なかなかわからないのです。

そうすると、たとえ他にも原因となるものがあって、原因が複数あったとしても、私たちは複雑な原因を単純なものに移し換えて安心してしまいます。こうした単純な因果関係で株現象を理解しようとすると、複雑な因果が何度も繰り返される場合、因果がとらえられなくなり、戸惑いの中、理解不能に陥ってしまいます。端的な例は、良い材料が出たのに、逆に株価が下がってしまう「材料出尽くし」という表現に現れています。また単純な因果関係を信奉する人たちは、原因の後すぐに結果が起きるという図式で考え、例えば材料もないのに上昇すると戸惑いを覚えます。株のシステムには、遅れとかギャップとか証券会社の営業などがあって、複合的な原因が波及して、それが他の因果のチェーンで株価に反映することがあり、近いところで原因を探す人は、理解不能に陥ります。また因果関係はいつも具体的な姿を現すという神話をもっている人は、そうした現象が出ないことがあると、これまた理解不能に陥ります。このように安易な因果関係への信頼は、理解・判断に悪影響を与えるわけです。安心できるものの考え方を、時には洗い直してみる必要があります。むずかしいことですが、ものの考え方の技として、こういう落とし穴を意識したいものです。

第6章

移動平均線の技

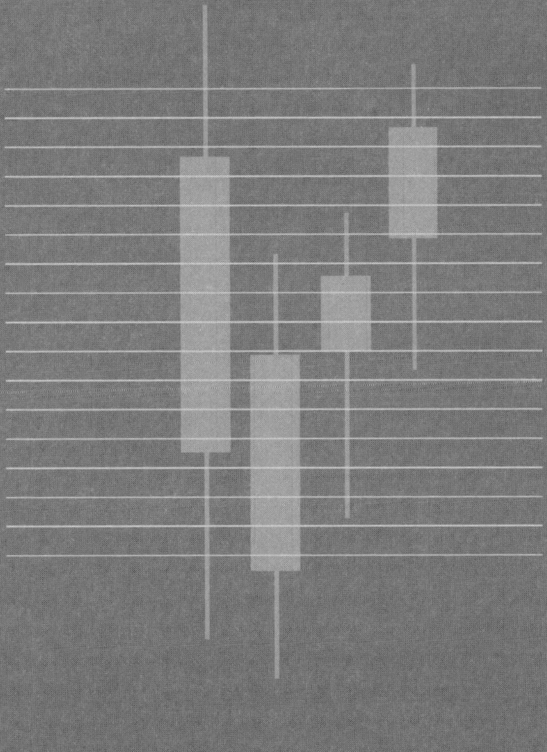

技 14

トレンド線の上手な引き方を身につける

ただ引けばいいというものではない

漠然とチャートを眺めていても、なかなかトレンドの方向はわかりにくいものです。トレンドの動向を読みやすくするためには、トレンド線を引いてみることが大事です。「トレンド線を引くことも技のひとつである」と理解してください。自分でうまく引けるようになりたいものです。

細かく上下に値動きを繰り返している株価が、大きな流れで見て、右肩上がりでしたら、その期間のローソク足の安値２点を直線で結んでみます（点線①。図A参照）。これが上昇トレンド線（下値支持線でもある）です。株価が右肩下がりの状態のときは、その逆で、ローソク足の高値２点を結びます。これが下降トレンド線（上値抵抗線でもある）です（点線②。図Ⓐ参照）。

さらに、それぞれのトレンド線に別のラインを書き加えてみます。上昇トレンド線（つまり下値支持線）のほかに、上値抵抗線を引いてみます（点線③。図Ⓑ）。また下降トレンド線（つまり上値抵抗線）のほかに、下値支持線を引いてみましょう（点線④⑤。図Ⓑ）。株価は、おおむね上昇トレンド、下降トレンドを形成するときは、この上値抵抗線と下値支持線の間を動いていくことになります。この両トレンド線を株価が突破した後は、トレンドが変化した状態となったといえるわけです。このライン突破直後が、売買のチャンスということになります。

●図表6-1 トレンド線の引き方

Ⓐ 伊藤忠商事（8001）日足

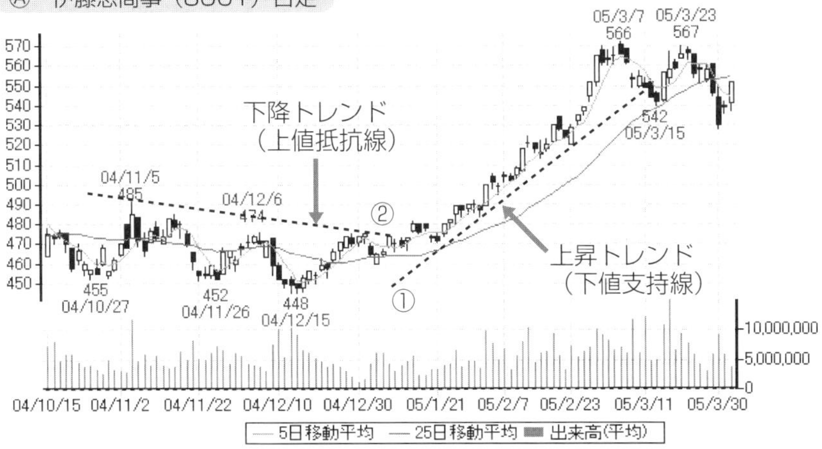

Ⓑ 伊藤忠商事（8001）日足

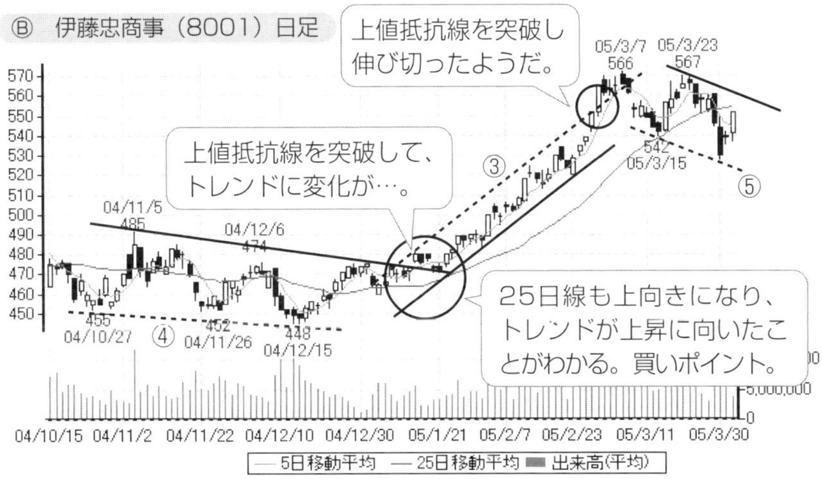

ここがポイント

トレンド線をきちんと引けるようになることも、ワザのひとつである。

技 15 もみ合い放れで勝つ

最も取りやすい８つのパターン

もみ合い放れのパターンには、「上放れパターン」と「下放れパターン」があります。上放れパターンでは、株価が上値抵抗線を超えて上がれば「買い」です。逆に、下放れパターンでは、株価が下値支持線を抜けて下げ出したら「売り」です。これはあくまで原則で、技19で説明しますように、しばしば「だまし」が出現します。抵抗線や支持線を破ったが、それは「だまし」であって、やがてトレンドに戻って裏切られることをいいます。

● 4種類の上放れパターン

「上放れパターン」として次の４種類を覚えておけばよいでしょう。

① 上昇三角形型

株価が上昇後一服したときに出現しやすい。上値が水平の抵抗線をもち、下値が次第に切り上がって、上放れする。

② 上昇ペナント型

ペナントの形に似て、上値は次第に下がり、下値は次第に切り上げて、収束していき、上放れする。

③ 上昇フラッグ型

大きく上昇した後に出現しやすい。上値も下値も切り下がり、抵抗線と支持線は平行に下げて描かれるが、最後はN字型で上放れする。

④ 下降ウェッジ型

下降トレンドが上昇トレンドに転換するときに出現しやすい。上値抵抗線がかなりの下げの形を示し、下値支持線も下降線を示すが、株価は次第に煮詰まったように収束し、最後には上放れする。

● 4種類の下放れパターン

「下放れパターン」として次の４種類を覚えておけばよいでしょう。

① 下降三角形型

株価が下降後一服したときに出現しやすい。下値が水平の抵抗線をもち、上値が次第に切り下がって、下放れする。

② 下降ペナント型

ペナントの形に似て、上値は次第に下がり、下値は次第に切り上げて、収束していき、下放れする。

③ 下降フラッグ型

大きく急落した後に出現しやすい。上値も下値も切り上がり、抵抗線と支持線は平行に上げて描かれるが、買い手の期待に反し、最後はN字型で下放れする。

④ 上昇ウェッジ型

上昇トレンドが下降トレンドに転換するときに出現しやすい。上値抵抗線がかなりの上げの形を示し、下値維持線も上昇線を示すが、株価は次第に煮詰まったように収束し、最後には下放れする。

●図表6-2 上放れ&下放れパターン

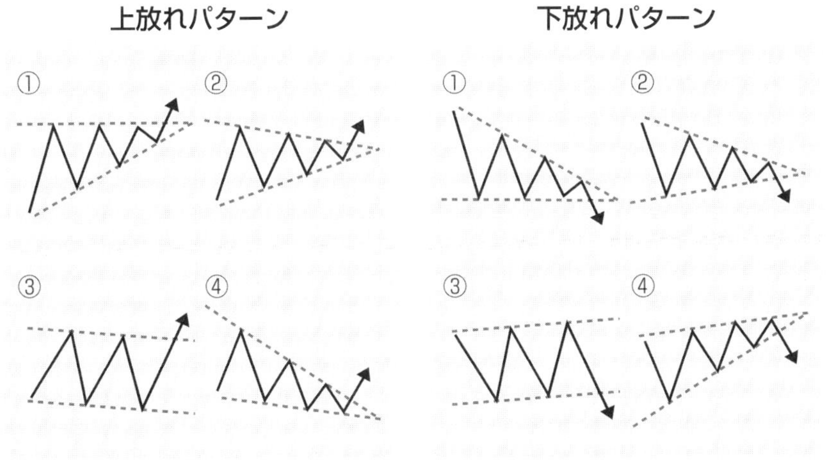

ここがポイント

「もち合い放れ」とは、上値抵抗線や下値支持線を突破して、新しいパターンをつくり始めることをいう。突破はわかりやすいので、初級者向けのポイント把握といえる。

練習問題 30

技14や技15のパターンを参考にして、太陽誘電の週足チャートに、トレンド線を引いてみてください。

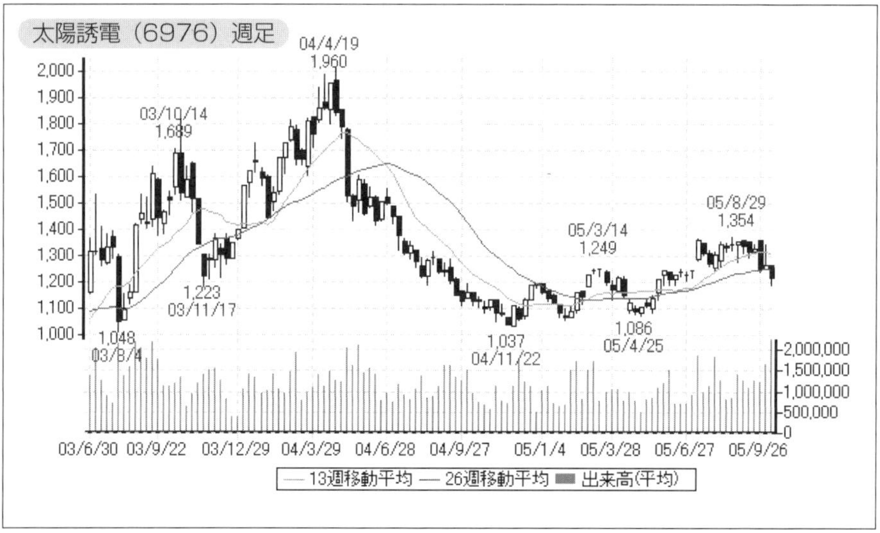

練習問題 31

パターンの練習です。Ⓐの形は、技15の上放れパターン④の類型のようです。Ⓑは同①ですが、今、Ⓒで下ヒゲの長い陰線が出現したところで、判断は売りか、買いか、スルーか？

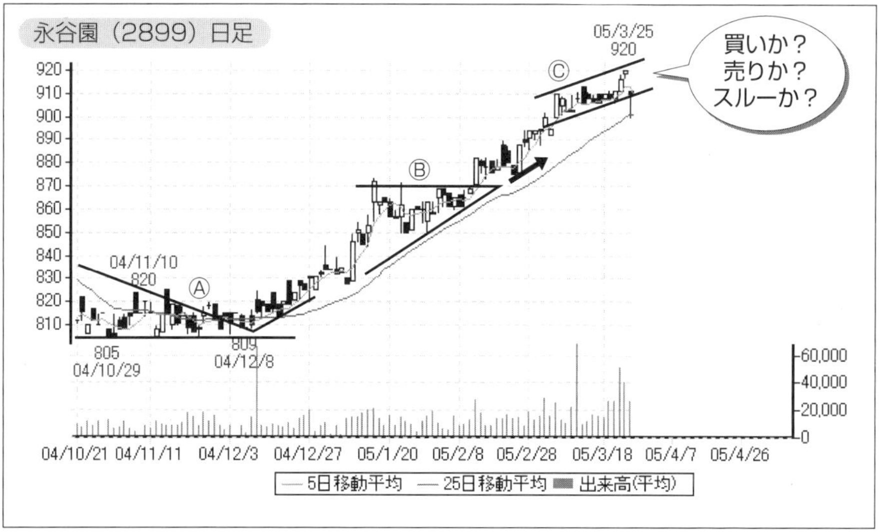

練習問題 32

チャートの最終に陽線が１本立っています。上放れ・下放れのパターンで、解答を探してみてください。買いか、売りか、スルーか。

三菱地所（8802）週足

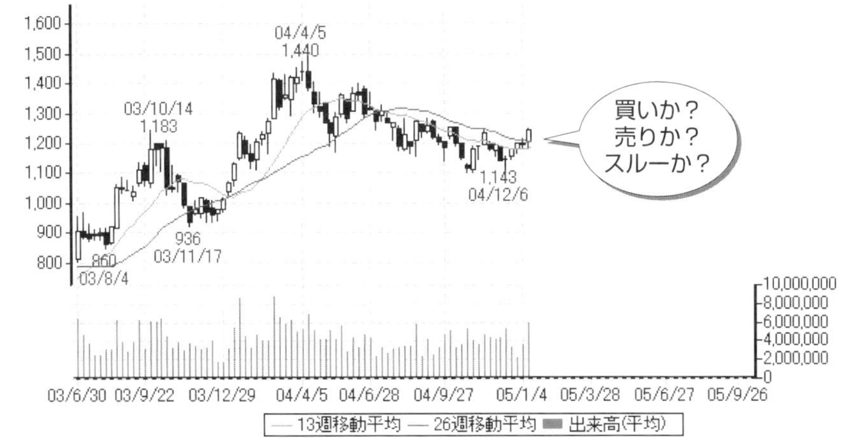

それぞれの 技 ③

現物買いが、わが会の基本スタイル。空売りは初級者のリスクが大きい。リスクヘッジの空売りにとどまらなくなる投資家の感情や習性を考え勧めなかった。しかし、純空売りを好んで行なう名手もいる。ソアラ氏だ。会の御意見番で、いささか短気な性格だが、私たちには適度に叱ってくれる貴重な人でもある。彼の手法は、極端な上げをとがめるというもの。ぐいと上に伸びたローソク足のヒゲですかさず空売りをかけ、一気に急落したときに買い戻す。おそらく長いトレード生活で感覚が磨かれたのだろう、勝率は非常に高い。１日２、３度値ざや取りを成功させると、戦士の休息に入る。このだらだら売買せずさっと場から離れるキレの良さは、ソアラ氏だけでなく、常勝の一均氏にも見られる。

ヘラクレスなどの新興市場の荒っぽい動きを御す戦法を好んで使うのが、治虫氏だ。勢いが一方的に動くギャップを利用して、２、３日で利益確定。値上がり率が高い銘柄を扱うときには、かなりのパフォーマンスを得る。入会当初は失敗も多く、他の会員をはらはらさせたものだが、チャート、とりわけ移動平均線で確実にトレンドをつかめるようになってからは、安定した。

解答 30

大小合わせて、7カ所ほど、トレンド線が描けそうです。

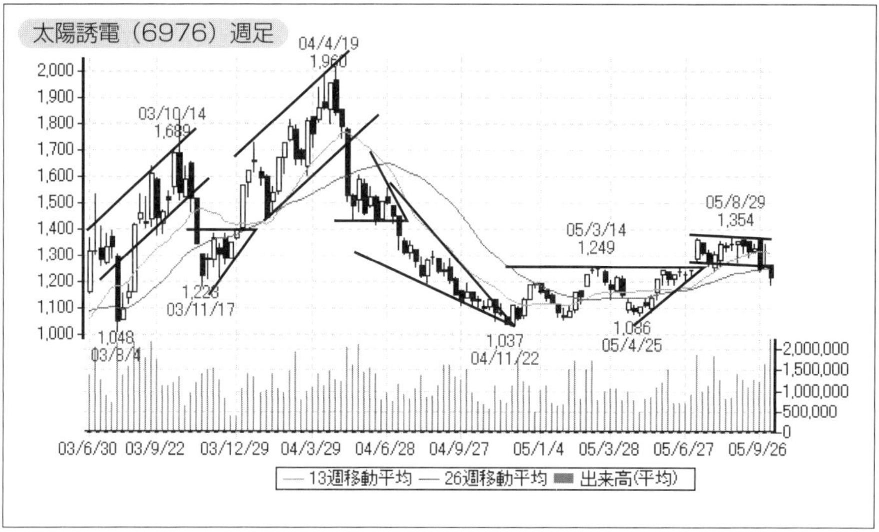

解答 31

下ヒゲが長い場合は、戻りの力が強いと考えがちですが、はじめての大きな窓を開けての下落ですし、高値警戒感が出ており、ここは技15の「下放れのパターン」の③と見て、売りが正解でしょう。

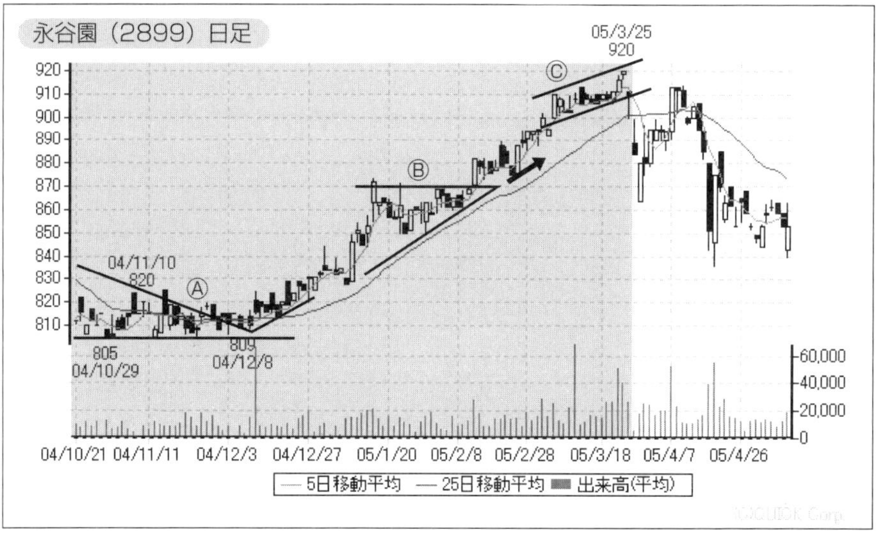

解答32

技15の「上放れパターン」の③の典型なので、買うのもよいでしょう。ただ総合的判断では、26週移動平均が上昇トレンドを明確にするまで待つのも手。すると、買いは７月の暴騰からの参加となります。

三菱地所（8802）週足

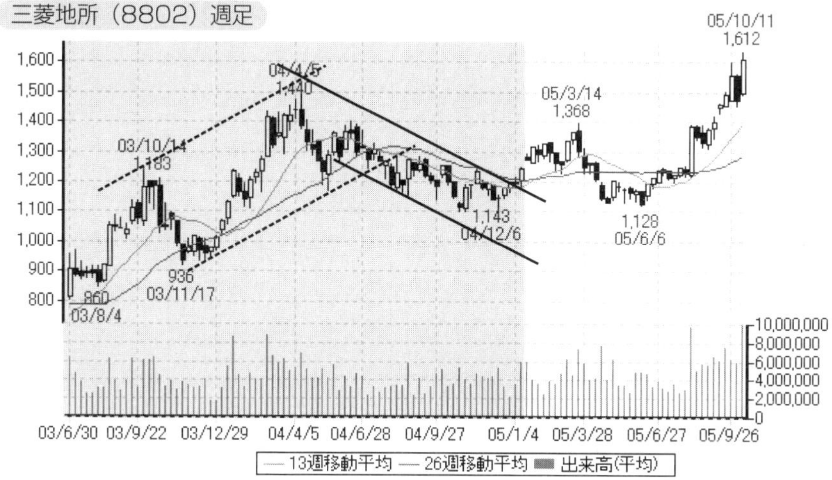

まとめ

解答31では、売りの解答だったのですが、後ほど、少し戻しています。たいていはここで売りを後悔します。しかし解答はあくまで原則・技を基本としての判断です。実際には、この窓開け２カ所のきつい下落で傷をつけ、下降トレンド入りとなり、後悔した後、売った人はほっとすることになります。

解答32の図で、点線で別のトレンド線を引いてみました。下値支持線割れで下降トレンドに転換していますが、考えてみれば、このトレンド線は26週線に沿った形でできていますから、下放れのポイントは、ほどなく26週線が下降に転じるポイントにもなります。このあたりの総合的判断が、トレンドの転換把握に役に立ちます。

技16 グランビルの法則「買い２」は初級者向け

最も入りやすい買いシグナル

長期下落傾向が続き、25日線（週足では26週線）がようやく平坦になり始めたとき、株価が元気になり、25日線を差し込んで、上げていきます。しかし、このような状態は続かない場合が多いようです。

上昇を本気で信じていない投資家たちから売り攻勢をかけられ、株価は再び下げ始めます。しかし、25日線に接触、もしくは少し割ったところを買いポイントにすると成功率が非常に高いようです。これは、グランビルの法則の「買い２」のやり方に相当し、25日線前後で下げ止まったところに買いを入れることになります。

この技は、成功率が高いだけでなく、買いポイント探しとしては、あわただしくなく、初級者に勧められる戦術といえます。

買いエントリーの際の条件がいくつかあります（モデルは右図の２例）。

① 25日線（週足では、26週線）は、平坦もしくはやや右肩上がりになっていること。

② 前回の底の安値より、今回は値を切り上げていること。切り下げる状態になった場合は、様子を見ること。さらに大きく下げる危険性があるからだ。

③ できれば、折り返す株価は、半値ぐらい下げた（半値押し）あたりで行なわれていれば望ましい。

④ 間近のローソク足10本ほどを見ると、陰線の後、陽線の連続線が出現し始めていること。

⑤ 出来高が増えつつあること。

●図表6-3　グランビルの「買いの法則2」

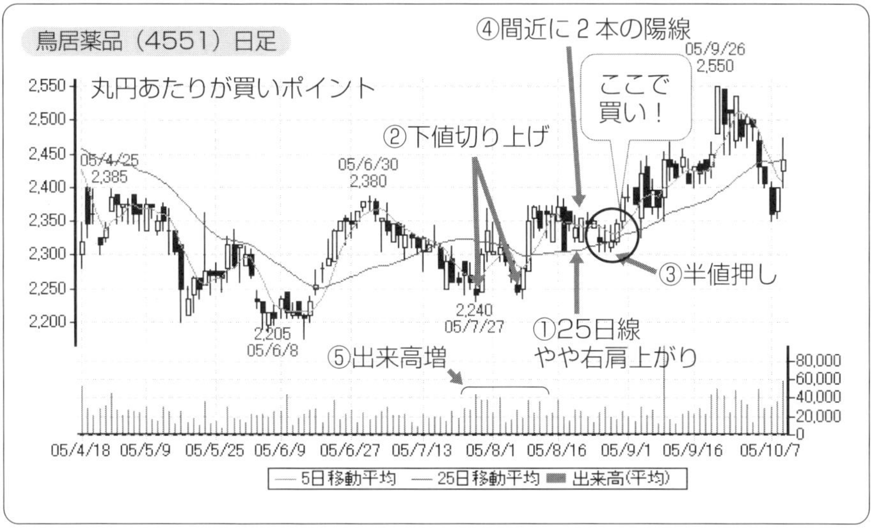

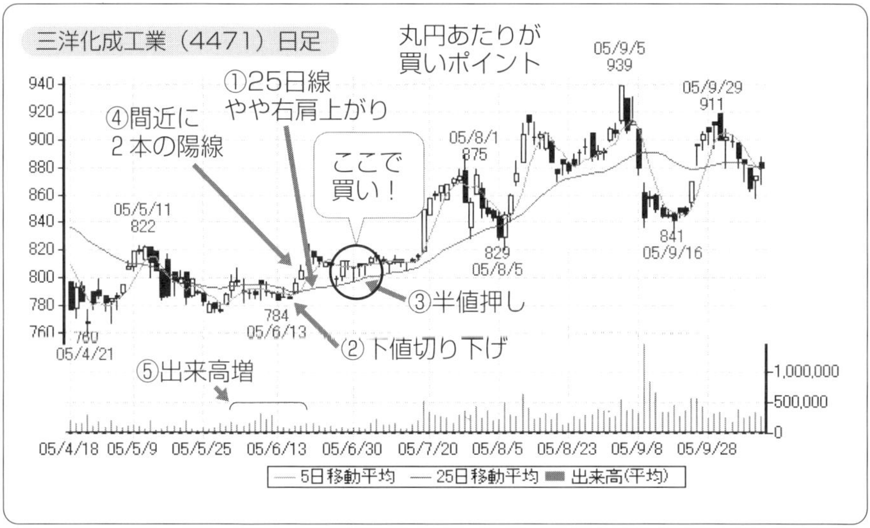

ここがポイント

25日線が上向き、株価が前回の底値より切り上げ出したときが、最も買いエントリーしやすいポイントである。

技 17 乖離率の判断は他のシグナルで補え

ローソク足、出来高、RSIなど

原則11でも述べましたが、乖離率はシグナルとしては不確実で、いくらの乖離率になれば、売買ポイントとして採用できるかがはっきりしません。

20%なら十分値が高い位置にあり、マイナス20%なら売られ過ぎの位置にあることは容易にわかるのですが、問題は、十分高いと思って、空売りをかけたものの、さらに株価が上げていき、思惑はずれで大きく損をする場合が時々あるからです。

乖離率が異常な数字（±10%）を越えたと思ったときは、他のシグナルで補って判断するのが確実なやり方です。他のシグナルとは、以下の通りです。

・ローソク足（天井や底を知らせるシグナルが出現。原則08を参照）
・出来高（天井や底を打つ典型の出来高。原則12を参照）
・RSI（14日設定で80%以上、もしくは20%以下）
・ストキャスティクス（14日設定で、80%以上、20%以下。技33を参照）
・サイコロジカル・ライン（12日設定で、75%以上、25%以下。技33を参照）

以上のシグナルが出ない場合、まだ上昇の余地があるとして、ホルダーは持続するべきでしょう。ただ、高値圏の場合は、株価が急激に方向転換をする場合がありますから、トレンドに異変が生じたと知ったときは、指値《さしね》（売りたい値段）でゆっくりと処分するよりも、成り行きで売って対処することも、技として忘れるべきではないでしょう。

右図は新規買いにとって最悪のチャートです。4月と5月に乖離率がマイナス10%を超え、また他の指標も原則を満たしているのですが、例えば、一番乖離率が低かった4月18日の始値1万1420円で新規買いしていたら、少し戻しがあったものの、半年後には8000円前半まで下げ続けることになります。乖離率や他のシグナルの判断が全く役立たなかった例のひとつとして覚えておいてください。

これを避ける法はひとつ、25日線が右肩上がりになるまで、買いは控えるということです。リバウンドばかりを狙うと、結局悪いパフォーマンスになってしまいます。

●図表6-4 乖離率を補うシグナル

リソー教育（4714）日足

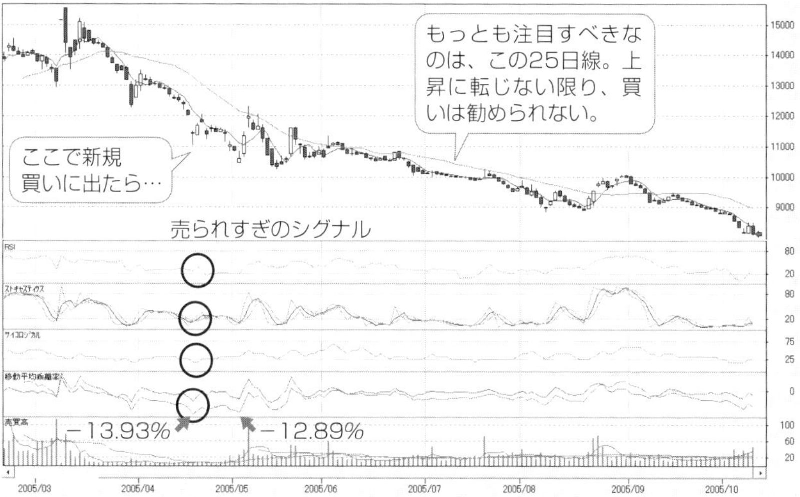

ここがポイント

乖離率だけに頼るべきではなく、RSI、ストキャスティクス、サイコロジカル・ラインなどを参考にし、判断の確度を高めるべきである。

技18 GC、DCの強弱を見抜け

移動平均線の形と株価の位置を見よ

短期移動平均線が長期移動平均線を下から差し込んで交差ができることを「ゴールデン・クロス（GC）」と呼び、目先の株価が上昇トレンドに入ったことを示します。「デッド・クロス（DC）」は、その反対で、目先の株価が下降トレンドに入ったことを示します。

GCでも、上昇に転じた株価がそのまま強く上げていく「強いGC」と、すぐに力を失いずるずる下げに転じる「弱いGC」があり、これらを識別することが求められます。DCも同様に、下降トレンドを維持する「強いDC」と、下げと思っていたのに、まもなく上昇に転じてしまう「弱いDC」があり、識別しなければなりません。

識別法は、2本の移動平均線の傾斜の形と交差の仕方、それに株価の位置による読みにつきます。簡単にいいますと、「ゴールデン・クロスした場合、実線（株価）が移動平均線の上にあれば強い、下にあれば弱い。デッド・クロスした場合、実線が移動平均線の下にあれば強い、上にあれば弱い」と判断してもよいでしょう。むろん、GCとDCには、さらにいくつかの成功・失敗のモデルがありますが、初級者はこのモデルさえ頭に叩き込んでおけば十分に戦えます。

なお短期線と長期線としては、一般に、5日線と25日線（日足ベース）、13週線と26週線（週足ベース）が利用されます。

●図表6-5　ゴールデン・クロスとデッド・クロスの強弱を見抜く

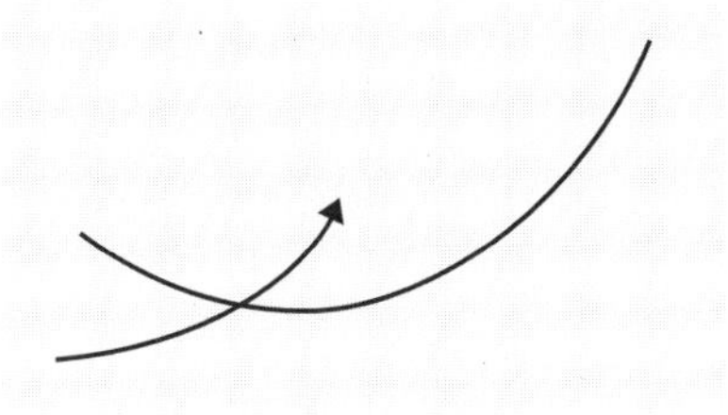

ゴールデン・クロス

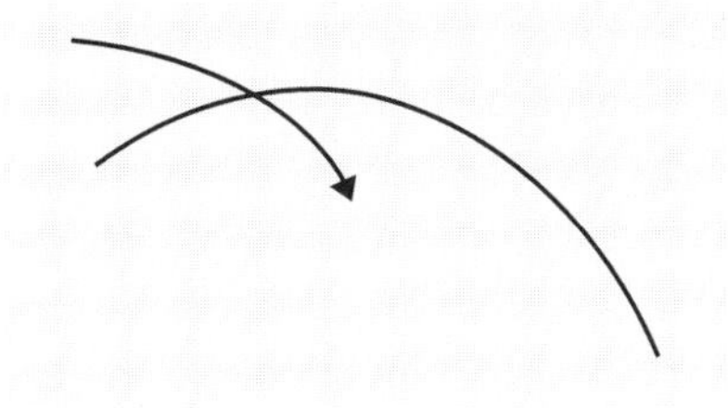

デッド・クロス

●株価　━━▶ 長期移動平均線　──▶ 短期移動平均線

強いGC

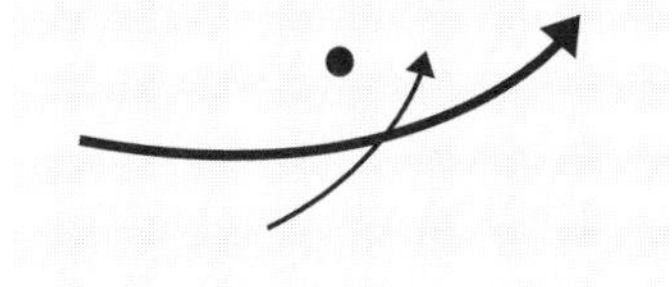

長期線が平行もしくはアタマをもち上げ、下から鋭く短期線が差し込んでいる。株価は両線の上方の位置にある。

強いDC

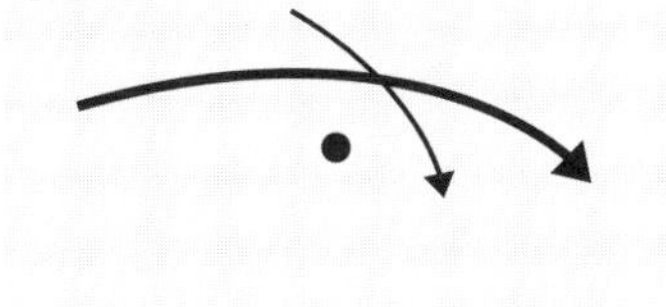

長期線が平行もしくはアタマをやや下げ、上から鋭く差し込む。株価は両線の下方の位置にある。

弱いGC

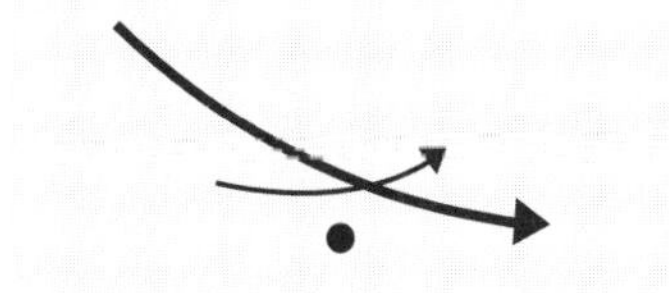

長期線はまだ下降中。短期線の差し込み方も弱く、長期線の横腹に差し込んだ形だ。株価は両線の下方の位置にある。

弱いDC

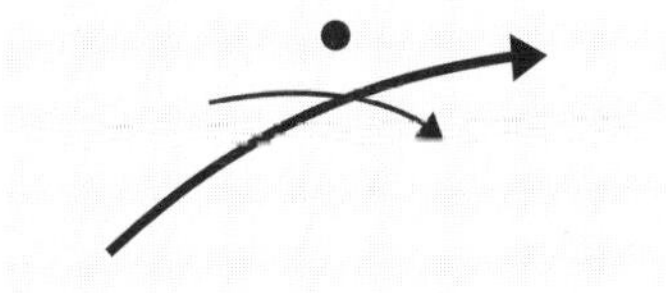

長期線はまだ上昇中。短期線の力が弱くなり、斜めからクロスするが、下落の勢いは弱い。株価は両線の上方の位置にある。

!ここがポイント

株価が長短期線の上方にあるGCは強い買いシグナル、株価が両線の下方にあるDCは強い売りシグナルである。

練習問題 33

下のチャートで、GC（ゴールデン・クロス）とDC（デッド・クロス）をしているところを円で囲ってみましょう。

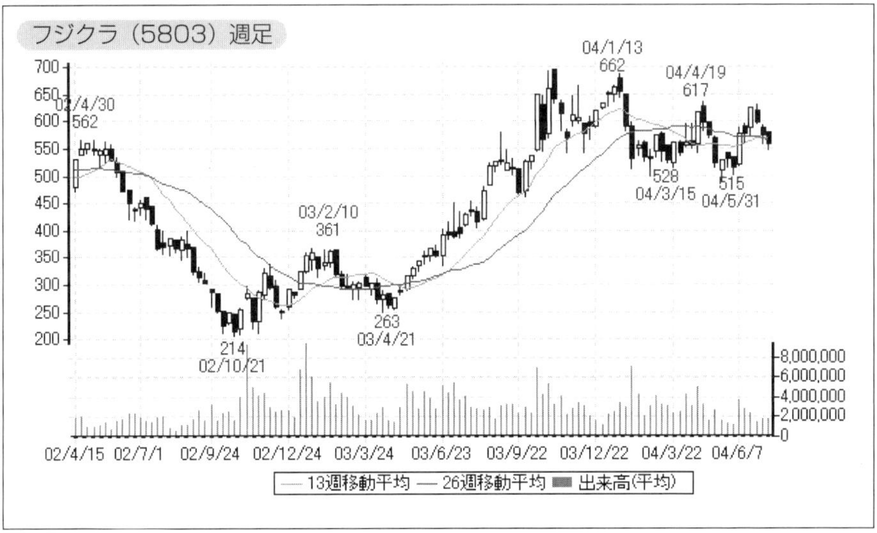

練習問題 34

①はDC。４本の陰線の後、下ヒゲの長い陰線は、勢いを取り戻したよう。しかも陰・陰はらみ線になっています。ここは買いか、売りか。②はGC。陽線の後は買いですか。

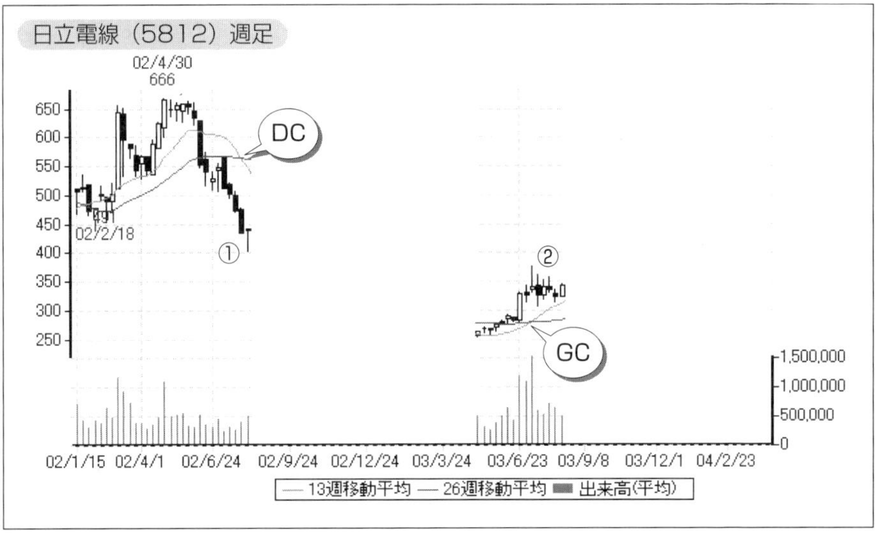

練習問題 35

4月下旬にGCをしているチャートの一部です。陰線が立っていますが、ここは買い、売り、スルーのどれでしょうか。

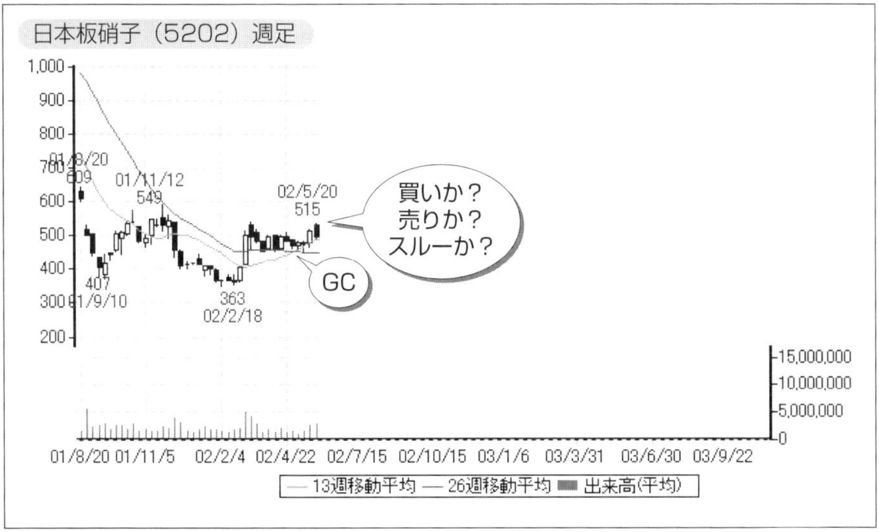

それぞれの技 ④

緑の下の力持ち的な会員は、着実に技量をアップする。毎朝仕事前に株新聞の情報の一部を張りつけてくれる哲人氏は、見慣れたオシレーターによるテクニカル分析で月数回売買しているが、ほぼ勝っている。「ツキを呼ぶ広場」という歓談用の掲示板で、グルメ体験をレポートするしゅこう氏も、仕事の都合で頻繁な売買ができないが、毎日どたばたする人と比べ、勝率は安定し、損切り報告をすることはめったにない。両者とも余裕のある投資姿勢である。

歌舞衛門氏。会の名物「落落飛飛出来高増銘柄」「トリオDEクロス銘柄」といった銘柄スクリーニング情報を定期的にアップしている。会員自体まだこの情報を活かしきれていないが、歌舞衛門氏は、最近になってデイトレの新手法を編み出し、良い成績を得ている。むろん会員にその技をくわしく紹介している。ひろしひろし氏は日々の売買報告で驚嘆に値する持続力を会員に提示している。パフォーマンスは決してよくはないが、やがて、持続は力という黄金律の正しさを示してくれるだろう。

解答 33

円で囲んだように、GCが 4 個、DCが 3 個あります。

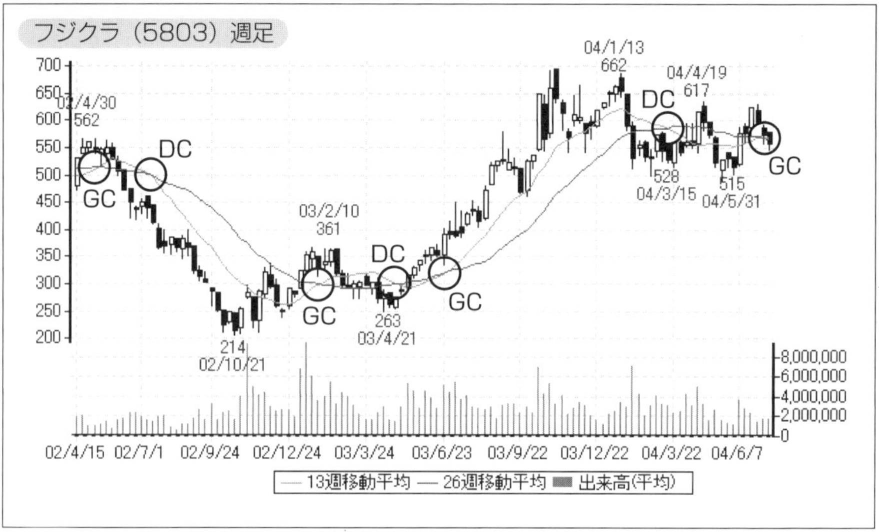

解答 34

①のDCは、株価が移動平均線の下にあり、強いDCの典型。売りです。前の安値の下値抵抗線を割っている点でも売り。②のGCは、株価が移動平均線上にある強いGCの典型。買い。26週線もアタマを上に。

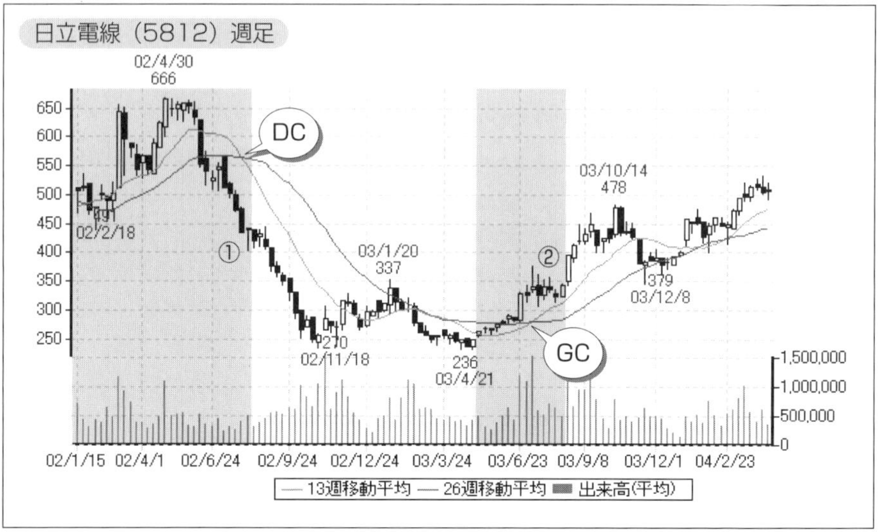

解答35

スルーでしょう。移動平均線上に株価があり、技18の強いGCに見えるが、チャートの左端の移動線に注目。急角度の下落の勢いは、しばらく続くでしょう。

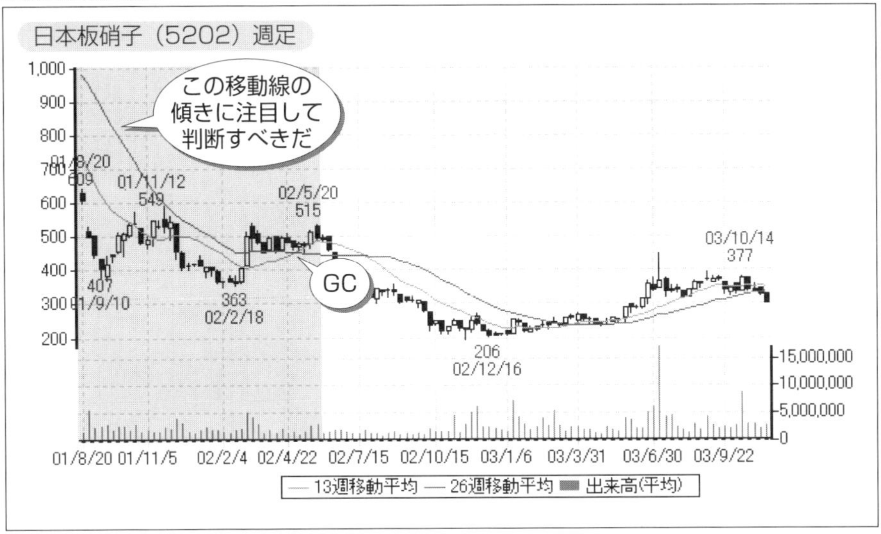

まとめ

実際にGCやDCを見て判断すると、どうしても売買のタイミングが遅れてしまいます。これは移動平均線が実際の株価の動きよりも遅く表示されるからです。タイミングが遅れると、取れる値幅が小さくなりますので、どうしても、GCやDCの少し前の段階で、この後の移動平均線の形を予測する必要が生じてきます。

そのためには、いろいろな株価チャートを見て、どういう位置に株価があれば、次にどんなふうに移動平均線が描かれていくのかを予想できるようになることです。最初は難しいですが、たくさんのチャートを見るにつれて、慣れてきて、少しずつできるようになります。

技19 移動平均線をシャープにする

三本線の設定を変えてみよう

ネット証券が提供する株価チャートでは、三本線の移動平均が設定でき、三本線の関係で、株価の予想が可能になります。日足の場合、通常は、5日線、25日線、75日線を使う（図Ⓐ）ようですが、5日、10日、20日線にすると（図Ⓑ)、日々の大きな株価の動きを反映でき、トレンド把握予想が鋭くなります。短期展望のトレーダー向けのシグナル察知法としてお勧めできます。ただ、その利点がある一方で、「勇み足」的な判断や「だまし」に引っかかりやすくなります。

図Ⓐでは、株価の位置と3本の移動平均線が、間延びして、株価と三本線の位置に判断のとっかかりが見えにくい状態になっていることがわかります。これでは三本線の関係から、明確なシグナルを読み取りづらくなっています。

しかし図Ⓑでは、次のようなことがいえます。

① 三本線（上から5、10、20日線）がきれいに並んで、そろって上を向き始めたら、上昇トレンドに入ったと判断できる。逆に三本線が、そろって下を向き始めたら、下降トレンドに入ったと判断できる。この意味で、シャープな三本線は、非常に視覚的にも見やすい。

② 三本線が束ねられる形になって、その直後の三本線の向きで、株価が上に行くか、下に落ちるかがわかります、通常の三本線の設定ではできない、早い時期での次の準備が可能になる。ただし、あくまで、この三本線の設定は一例にすぎず、5、15、45日のほうが読みにすぐれる相場の場合もあるから、読者が自分で検証することが勧められる。

●図表6-6　三本線の設定を変えてみる

Ⓐ　松井証券（8628）日足

Ⓑ　松井証券（8628）日足

ここがポイント

短期展望の人は移動平均線の設定をネット証券の推奨値より短くしてみるとよい。例えば、5 日、25日、75日線なら、5 日、10日、20日線に設定変えをしてみよう。

技 20 「だまし」にやられてたまるか

移動平均線にだまされないための知恵

移動平均線は、株価のトレンドを知るためのすばらしい工夫です。トレンドができ始めると、株価はジグザグをつくって、上げていったり、下げていったりします。そのジグザグをつくる株価はある範囲内でジグザグをつくりますから、上下の限界点を結ぶと、下が下値支持線、上が上値抵抗線として、ラインを引くことができます。この2本のラインの内側の領域がしばらく株価がたどる道となり、ラインを割ると割った位置が別のトレンドへの道標と考えられます。

●だましの3つの特徴

今日のように、株価チャート、とりわけトレンドラインを重視する戦法が広まりますと、従来の読み方を裏切り、混乱させて、自分の有利な相場にしようとたくらみ、通常とは異なった状況をつくる者たちが出現します。トレンドラインでいう、これが「だまし」です。「だまし」の特徴は以下の通りです。

① 上昇ラインなのに、あるポイントで売り崩すことにより、下降トレンドに転換したと一時的に思わせ、売りを誘い売らせた後、再び上昇トレンドへ戻すというもの（図Ⓐ）。

② 逆に、下降トレンドなのに、急騰させて、この仕掛けでつい上昇に転じたと思わせ、買わせた後、追撃売り（売り増し）をかけるというもの（図Ⓑ）。

③ 原則編で述べたルール通りにあえていかないようにみせる仕掛けをする。例えば、トレンドラインやネックラインを超えた位置で、人々が積極行動を取り出したときを狙い、反対の動きで失望を誘うというもの（図Ⓒ）。

●だましを見抜く3つのポイント

こういう「だまし」をどんなふうに見抜くかについては、とりあえず3つの方法があるでしょう。

① ラインを突破したら、だましかどうか確定するまで、試しで少額の資金を投入する。思惑がはずれたら、すぐ損切り。

② 上昇ラインを割るということは、グランビルの法則でいう売り1の位置になることが多い。したがって、その位置でとりあえず、信用のつなぎ売り（技41参照）をする。落ち着いたところや、リバウンドが起きそうな位置でつなぎをはずす。

③ 急落でライン突破の場合、下落の理由を考える。業績が良い、だましの他に理由が考えられない場合は、必ず株価は戻すはずだ。しかし、戻ってきてもなお、再び下げそうになるのならば、そこで売る。

●図表6-7 典型的なだまし

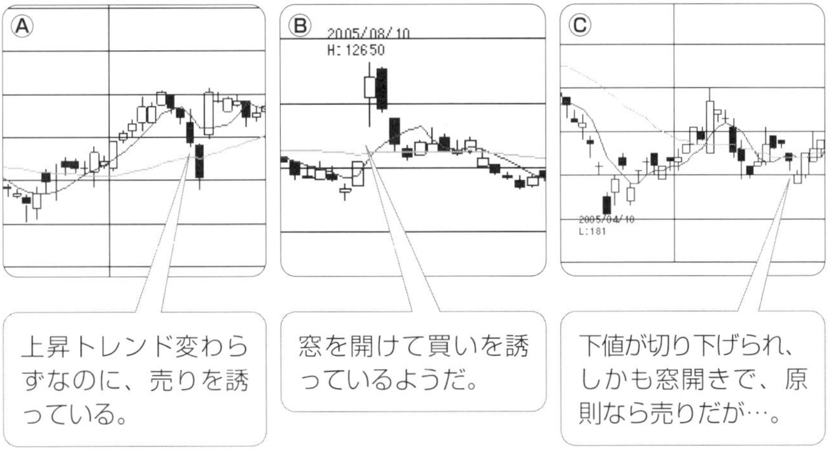
Ⓐ
Ⓑ
2005/08/10
H:12650
Ⓒ
2005/04/10
L:181
上昇トレンド変わらずなのに、売りを誘っている。
窓を開けて買いを誘っているようだ。
下値が切り下げられ、しかも窓開きで、原則なら売りだが…。

ここがポイント

「だまし」か「だまし」でないかの判断は難しい。大事なことは、トレンドが崩れているか、いないか、である。

技21 天井では異常事態が起きている

トレンド線で天井を見抜く法

信用取引をする者にとって、狙った株を天井、もしくは天井を越した直後に空売りをかけて、成功をおさめることは、大きな醍醐味のひとつです。天井はやり過ごした後でないと、それが天井であったとはわかりません。また、「そろそろ天井に到達するのでは？」という期待はしばしば裏切られます。

天井確認のために使われる株価チャートは、主に週足と日足です。日足はいうまでもなく、寄付きから大引けまでの四本値（始値、高値、安値、終値）で、その日の株価がどういう勢いにあったかをシグナルとして教えてくれます。週足になると、日足の５本は、中に隠れて見えません。日足の５本の形が異なっても、その週の始めと終わりの値段が同じならば、週足は同じに描かれます。同じ週足に描かれても、内部のエネルギーの違いにより、次の週足の始値に違いが生じるということが起こりえます。

つまり、次の週足の動きを見るには、その前の週足の足を日足で細かくみることが必要になるわけです。同じように、翌日の日足を見る場合も、その日の日足を構成する１日分の分足を見ることで確かめることができます。

たとえますと、人の姿は２メートルの距離から見ると、その人の背の高さや体重などをかなり正確に認識できるのですが、50メートルに離れてしまうと、細部がほとんどわからないほど小さく見えます。仮に50メートルを日足にたとえますと、2メートルの距離からの観測は１日分の分足ということになります。

その人が健康であるかどうか、どこかに異常があるのかどうか、を見るには、やはり2メートルぐらい近づかないとわからないものです。

日足と見ると、ずっと堅調に上げてきた株価に、ザラ場のほんの短い間にすさまじい亀裂がはいっているということもあります。それはほぼ暴落に近いのですが、まずそれを知っているかどうかが判断の重要なポイントになります。むろん、勢いいまだ衰えないことで、その亀裂はやがて修復され（実はじっくり見ると修復されていないし、新たな亀裂が起きることが出来高やローソク足の形でわかりますが)、また上昇が続くように思われますが、すでに下降トレンドへと転じていることもあるわけです。

ところが、日足ではこうした細部は見えず、少々長いヒゲが陽線についているだけに見えます。すでに、天井を打った後で、やがて相場は下降していくことになるのです。どの程度の傷であるならば、下降トレンドに転じたといえるかですが、やはり 4 時間線が明確に下降トレンドに転じたときといえそうです。しかしこれはあくまで、見抜く基本であって、強い相場だと、さらに上をめざすトレンドへと転じるかもしれません。

●図表6-8　トレンドの分かれ目を見抜くには近づいてみる

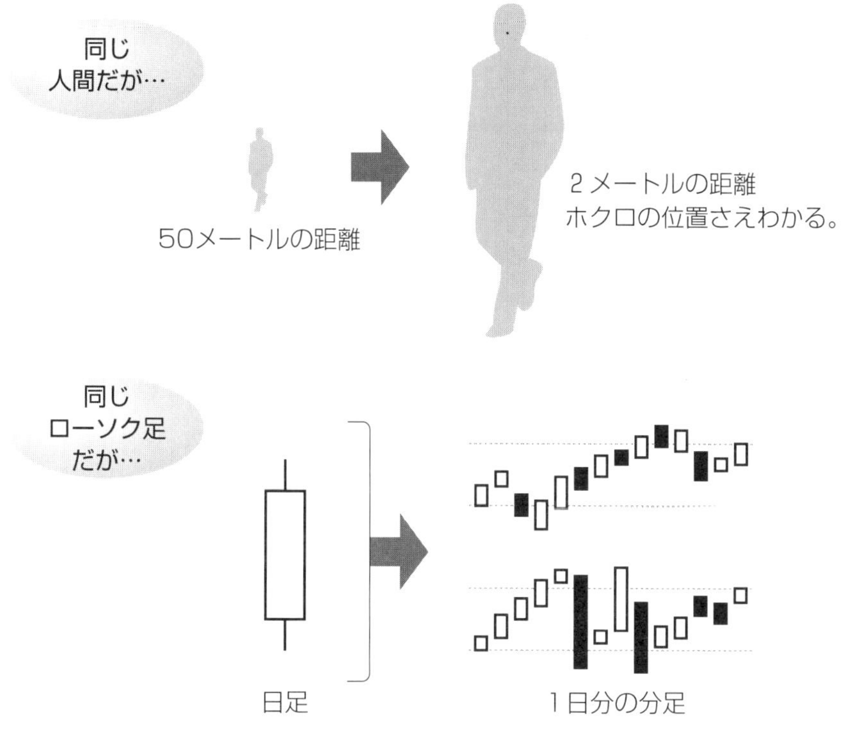

ここがポイント

週足を日足で分析、日足を分足で分析することで、トレンドの分水嶺がわかることもある。

COLUMN

売買における誤った判断と決断

投資家が共通してもつ、誤った売買の実行をしてしまう原因を考えてみました。この多くは、私の研究会のメンバーが過去・現在、克服してきた、あるいは克服しようとしている点で、みなさんもきっと腑に落ちるものとなっていることでしょう。

① 売買ポイントの判断がそのまま実際の注文に結びつかない（つまり判断したこととは異なった行動をとってしまう）。

② 正しい判断に至る過程に誤りがある（例えば、分析の仕方が未熟である）。

③ 売買の目標を的確に設定できず、また設定しても変更して失敗したり、変更すべきときに変更しないで失敗する。

④ 情報そのものが不正確、不完全であることに気づいていない。

⑤ 個人的感情、考え方のゆがみなど、判断のもとになるものにバイアスがある。

⑥ 感情（傲慢、自信過剰、恐怖心、怠惰、臆病心など）が失敗を導く。

⑦ なかなか判断できないし、決定できないので、ついつい売買のタイミングを逃がしてしまう。

⑧ 自分で立てたルールなのに、無視してしまう。

⑨ 予測できない、突発的な事態に適切に対処できない。

⑩ 結果にあまりにも執着する。

⑪ 明らかな経験不足。

⑫ 投資資金不足。

⑬ 不適切な訓練や的はずれの準備をしている。

⑭ 少し調子が良いと、大きく資金を投入してしまい、１回の失敗で再起不能の状態になる。

⑮ 株で儲かると、つい周囲に吹聴することで、しばしばトレードのときの気持ちを拘束してしまう。

第7章

出来高の技

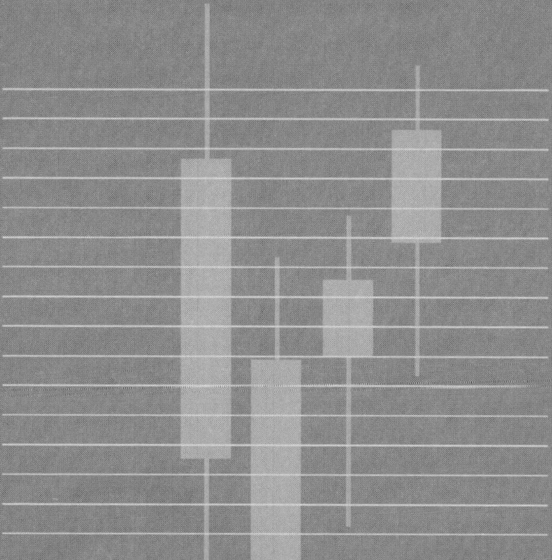

技22 出来高と株価の相関を知る

相場によって出来高と株価は関係している

株価が波の循環に似て動くように、出来高も波をつくって増減します。両者の波や循環が一致するときもあり、ずれるときもあります。しかし、株価と出来高には相関関係が見られますので、次の８つの特徴ある循環点を理解する必要があります。

① 出来高が増加し始め、株価が底値圏にある場合は、やがて下げ止まるか上げ始める。

② 出来高が増加し、なおかつ株価が上昇し出すと、買いのシグナルとみなすことができる。

③ 出来高増加が継続し、なおかつ株価が堅調であるならば、かなり強気の姿勢で、追撃買いをできる。

④ 出来高が増加しているにもかかわらず、もはや株価が上がらなくなると、その株価がかなり高値圏にある場合、天井を打ったとみてよいかもしれない。

⑤ 出来高が減少しても、株価が上がっていく場合は、新規買いはやめて、利益確定売りに転じたほうがよい。

⑥ 出来高が少なくなり、日足に陰線が多く出現し始めたら、そろそろ手仕舞いだろう。

⑦ 出来高が少なくなり、しかも下落しているときは、空売りをかけるチャンスだろう。

⑧ 下げトレンドの過程で、出来高増をともなって株価が戻す場合、まだ底値の確信をもてるシグナルが出なければ、新規買いは控える。

①から⑧まで来たら、再び①に戻って循環を始めます（右図参照）。

●図表7-1　循環モデル

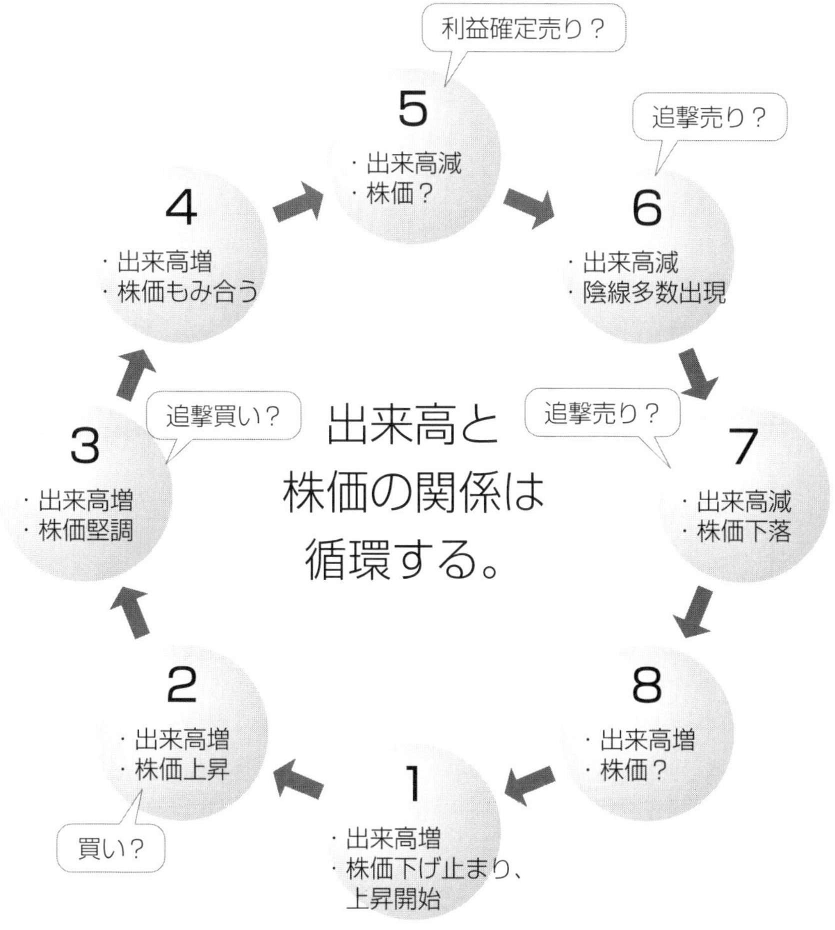

ここがポイント

底値圏から天井圏、天井圏から底値圏へ、株価と出来高の関係は、循環していくものである。

技23 価格帯別出来高を読む

価格帯の位置が上か下か

ネット証券が、個人投資家に提供する株価チャートには、たいてい「価格帯別出来高」が表示されています。無料のチャートでもついているものがあります。これは、価格帯ごとの出来高を示すもので、一定期間に、それぞれの価格帯でいくらぐらいの出来高があったかを累積しています。一般に、ローソク足の左側に棒グラフで表示されています。どの価格帯で大きな商いがあったかがわかります。

出来高が多い価格帯は、その価格帯で買ったり売ったりしたディーラーが多かったということで、逆に少ない価格帯では売買に関心が薄かったことを示します。

出来高の多い価格帯が現在の株価よりも上部にある場合、株価が上げていくと、その価格帯で、すでにしこり玉（塩漬けになっている株）をもっていた人たちが「やれやれ戻ってきたか」と売りに出しがちで、再び下げてしまいます。つまり出来高の多い価格帯は、一種の上値抵抗線的な役割を果たします。

出来高が多い価格帯が、現在の株価よりも下部にある場合、株価が下げていくと、すでに上げたときに利益を得た人たちが、もう一度同じ価格帯で新規買いを入れようと考え、この価格帯で下げがいったん止まるか、ここから反発していこうとしがちです。つまり、出来高の多い価格帯が、一種の下値支持線の役割を果たすわけです。

そして、ある価格帯を株価が越えてしまい、さらにその上にほとんど価格帯の出来高がない場合には、新値ということで、強気の買いが相場を動かしていくことになります。

●図表7-2　価格帯別出来高の読み方

価格帯別出来高

三菱マテリアル（5711）日足

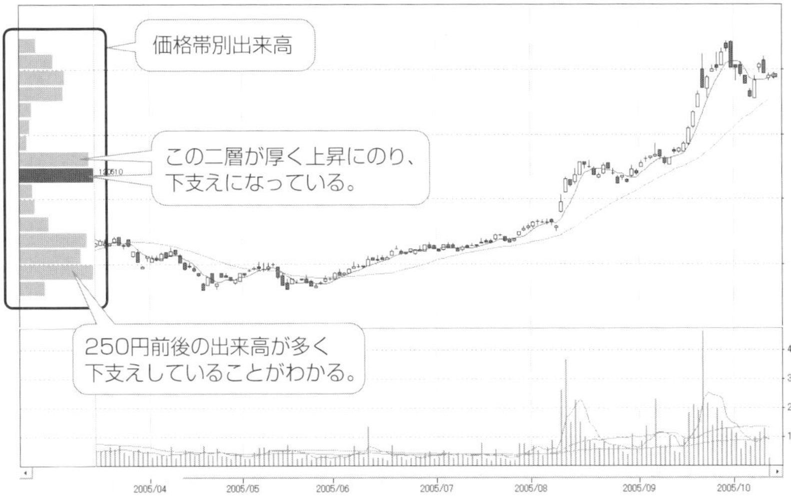
価格帯別出来高
この二層が厚く上昇にのり、
下支えになっている。
250円前後の出来高が多く
下支えしていることがわかる。
400
350
300
250
40000
30000
20000
10000
2005/04
2005/05
2005/06
2005/07
2005/08
2005/09
2005/10

株価の動きと価格帯別出来高の関係

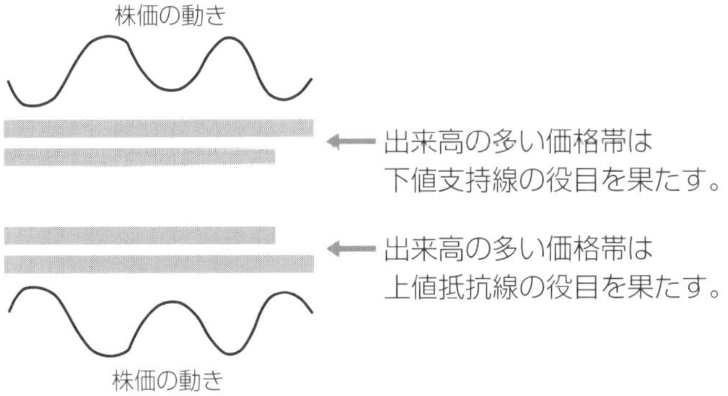
株価の動き
出来高の多い価格帯は
下値支持線の役目を果たす。
出来高の多い価格帯は
上値抵抗線の役目を果たす。
株価の動き

ここがポイント

出来高が多い価格帯より株価が高い場合、その価格帯は下値支持線の役目を果たし、逆に株価が低いと、上値抵抗線の役目を果たす。

技24 噴いた後休火山になった銘柄を判断する

調整中の株を出来高から見る

かつて一度、大きく株価が噴き上げたものの、ここ数カ月もしくは1年ほど、たいした動きもなく、もたつく状態が続いているという銘柄がたまに見つかります。「夢をもう一度！」というわけで、少しずつ仕込んで、再度噴き上げるのを待ちますが、なかなかその機会がやって来ず、とうとう諦めて、処分してしまい、少しの利益か少しの損をこうむります。

ところが、処分したとたん、噴き上げるということがしばしば起こります。長く我慢してきたことがフイになった上に、上げるのを指をくわえて見なければならないわけですから、精神衛生上もよいわけがありません。なんとか、前もって動き出すことを察知できないものでしょうか。

まず、そういう銘柄は「扱わない」という選択肢があります。動かない銘柄を先に仕込み、いつ上げるかわからないまま、いたずらに見守るより、トレンドに乗って動いている銘柄を仕込むほうがやさしいからです。

さらに、いきなり再び噴き上げたとしても、一過性ならば、うまく売れず、もっともっとと欲を感じながら株価を眺めるうちに、急落してしまい、我に返ったら結局、長い上ヒゲの部分では売れず、陽線の本体のほんの一部の利益しかとれないという事態になりかねません。

それでもなお、そういう噴き上げに出くわしたいと願うのならば、現在は、ウオッチング中の銘柄がある値段に達したときに知らせてくれる携帯電話へのメールサービスをしているネット証券がありますから、いざというときのために、登録しておくことでしょう。ある日突然噴き上げたとき、株価チャートがつくられていくわけですから、いつも通りに、その株価チャートから、本書の原則や技を使って対処することになります。

しかし、的確なファンダメンタルズ分析の後、注目の銘柄に将来大きな相場をつくる価値を見つけ出したのなら、チャートによる読みではなく、ヴァリュー株発掘というまた別の問題となります。

●図表7-3 休火山になった銘柄

中外鉱業（1491）週足①

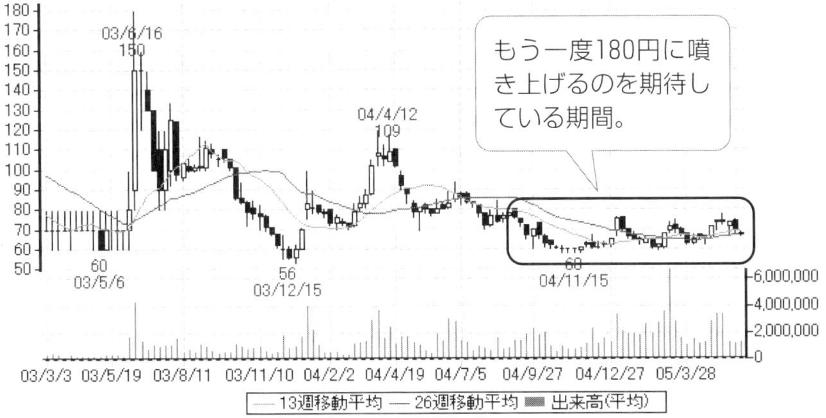

中外鉱業（1491）週足②

ここがポイント

休火山、死火山の銘柄を闇雲に待つのは、投資効率が低いので勧められない。

技 25 「歩み値」の読み方のコツ

デイトレの必須は「歩み値」を読めること

デイトレーディングをするときに、必ず必要とされるものに、「歩《あゆ》み値《ね》情報」と「板情報」（略して「板」）があります。ここでは、まずデイトレーディングの「歩み値情報」を理解します。

歩み値とは、時系列に売買の出来高とその約定値（円）が表示されるもの（右図参照）で、ひとつ約定するたびに一番上にデータがアップされていきます。出来高の多い銘柄は、頻繁にデータが現れますが、商いが閑散としている銘柄では、1時間に1単位の出来高しかないことも珍しくありません。つまり「歩み値」で、私たちは、取引が成立する状況を知ることができます。さらに「歩み値」情報から次のことがおよそわかります。

①「子供買い」か「大人買い」か

子供買いとは小口の買い、大人買いとは大口の買いのことです。大きな枚数が出現すると、資金力のある投資家が参加してきたこと（「大人買い」）を暗示する場合がある。前日の「歩み値」の動きがおおむね「子供買い」であったのが、その日「大人買い」が増え出すと、要注意。大きく上昇することが期待できるかもしれません。「子供売り」が「大人売り」になってくると、動きは逆になってきます。

②　周期的な大量買い、大量売り

5分や10分といった周期で、大きな枚数の買いが入る場合、一種の「営業が入った」状態とみて、先高の予感があります。逆に売りが入ると、先安の予感となります。

③　注目する銘柄の商い成立数

証券会社の中には商い成立数を教える表示があります。その数をメモしておきます。通常よりも増えてくると、相場が動き始めたシグナルと考えます。上に動くか下に動くかは、株価の動きを見なければなりませんが、少なくとも成立数の増減は動く銘柄を狙うデイトレーダーには有効な指標でしょう。

④ まれに暗号が出る

投資グループなどが、グループ会員に買いや売りの命令を数字の暗号に変えて、枚数で教えてくることが、まれにあります。私は二度ほど経験しましたが、そのときには、「99」という変則的な枚数が周期的に出現したのでひょっとしたらと思い、少し買ってみましたら、後場で大暴騰したことがあります。「99が出たら後場買いに入れ」というシグナルだったのかもしれません。

●図表7-4　歩み値

❗ここがポイント

「歩み値情報」は、出来高の勢いを測るために使える。

技 26 「板」の読み方のコツ

「板」を読めることもデイトレの必須

「板」情報も、デイトレには必須です。これは、個別の銘柄ごとの買い注文と売り注文の状況を株価と枚数で表したもので、売り買いそれぞれ３列もしくは５列で表示されます。注文が入るたびに、板の数字が書き換えられ、注文が入るたびに、画面が点滅して、情報は更新されます。

デイトレでは、細かい情報を読んで、細かく値ざやを稼ぐことが必要になりますので、板情報も細かく読まねばなりません。ただし、板の読みは売買のためのひとつの知恵にすぎませんから、過信しては絶対にダメです。次に述べる基本読みもはずれることがしばしばありますので、注意してください。

①　板読みの基本

買い板に枚数が増え出すと、これから動き出すと見る。急に買い板が厚くなり、どんどん売り板を食い始めると、行動をすばやくする必要がある。売り板が厚くなると、逆のことがいえる。

厚い板があるにもかかわらず、動かない場合は、エネルギーは小さく、あきらめた人によって、厚い買い板は食われることがある。

②　厚い板が食われる

技25で述べた「大人買い」で、パクパクと売り板が食われ始めると、とりあえず、買いで乗ってみるのも手だ。ただし分足チャートで移動平均線のトレンドを把握する。トレンド転換のときやトレンドを強固にするときに「大人買い」は生じやすい。

③　抵抗線や支持線突破

ある価格の板にかなり大きな売りや買いの枚数が控えているときがある。チャートを見て、抵抗線や支持線がその価格であるなら、そこを突破されるかどうか用心すべきだ。突破されると、一応トレンドが転換するとみてよい。厚い板が食われ始めたら、食い終わる前に買いなり売りをかけるのは有効な戦術である。

④　急落

いきなり売り崩されたとき、1分足で大陰線が5本、6本と立つことがある。明らかに行き過ぎを示しているときは、買いで向かう。高等戦術だが、上に売り板がなくなり、その空き空間に買ったばかりの株をすぐに売りに出すと、自動的なリバウンドですぐ売れることがしばしばある。

⑤　移動平均線と板

板の膨らみ、薄さ、動きを読み過ぎない。最も大事なのは、移動平均線と考える。トレンド下降のときは、買い板が少々厚くなっても、売り崩されるからだ。

●図表7-5　板読みの基本

①基本

売り	値段	買い
4	451	
30	450	
12	449	
10	448	
15	447	
	446	23
	445	40
	444	48
	443	100
	442	28

買い板が
厚くなっている

②厚い板が食われる

売り	値段	買い
10	451	
31	450	
25	449	
20	448	
250	447	
	446	23
	445	40
	444	48
	443	100
	442	28

200枚が
一気に食われた！

③抵抗線や支持線突破

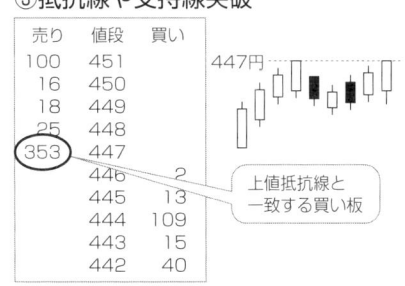

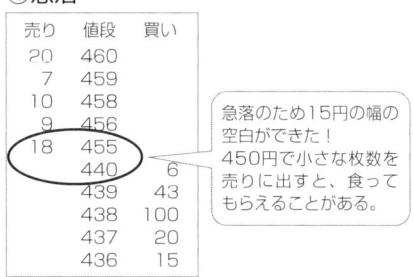

売り	値段	買い
100	451	
16	450	
18	449	
25	448	
353	447	
	446	2
	445	13
	444	109
	443	15
	442	40

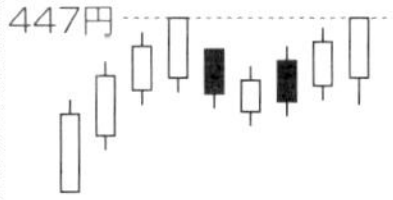

上値抵抗線と
一致する買い板

④急落

売り	値段	買い
20	460	
7	459	
10	458	
9	456	
18	455	
	440	6
	439	43
	438	100
	437	20
	436	15

急落のため15円の幅の
空白ができた！
450円で小さな枚数を
売りに出すと、食って
もらえることがある。

ここがポイント

板を過信しない。しかし、板が教える情報は大事だ。板がどちらかの方向に動けば、しばらくその動きが続くからそれに乗ることが肝心だ。

練習問題 36

技22の株価と出来高の循環関係の復習です。１から８の段階を経て、株価は循環するという説明をしましたが、下図で円で囲んだところは、この８段階のどれに当てはまるでしょうか。

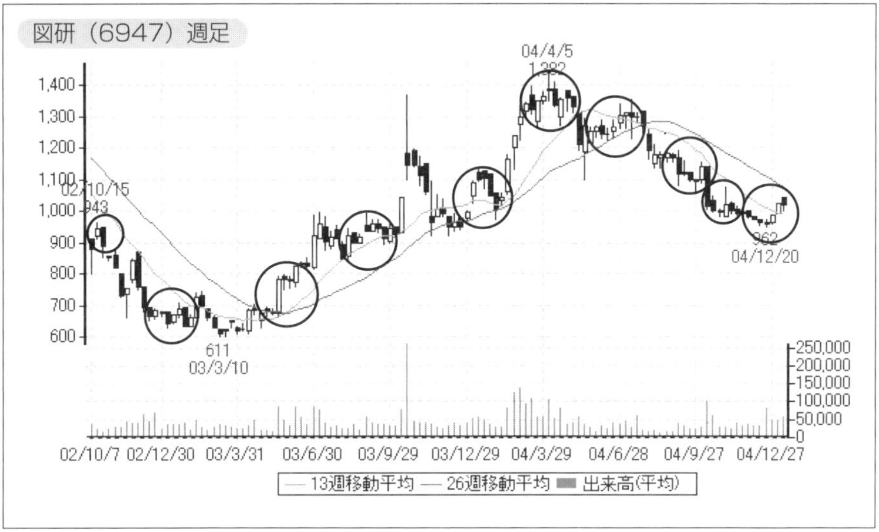

練習問題 37

大陽線の立った翌週の月曜日は買いでしょうか、売りでしょうか。価格別出来高を参考に考えてみましょう。

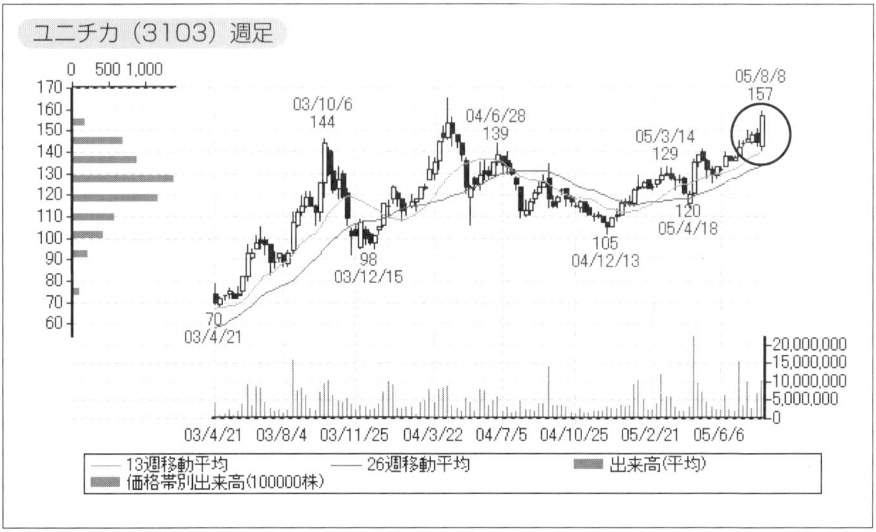

練習問題 38

前日の終値673円より7円高く寄り付いた後の板です。ここは売りでしょうか、買いでしょうか。

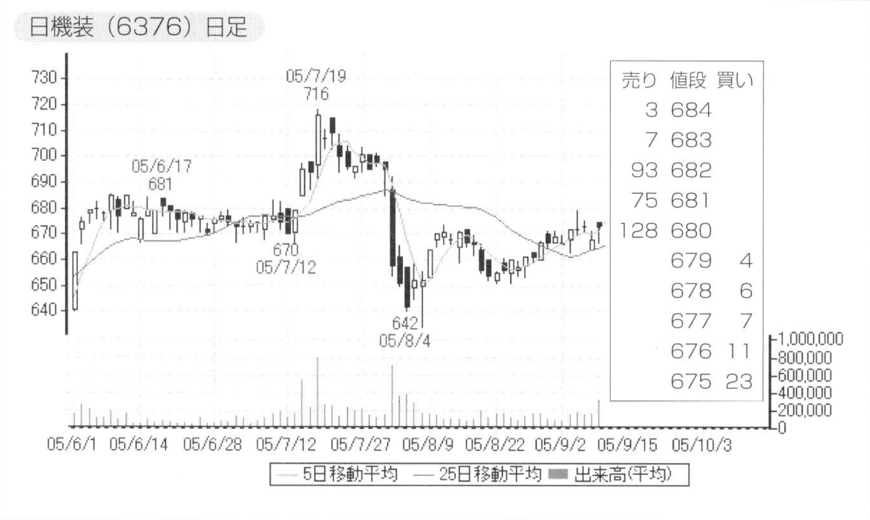

売り	値段	買い
3	684	
7	683	
93	682	
75	681	
128	680	
	679	4
	678	6
	677	7
	676	11
	675	23

それぞれの技 ⑤

具体的な技より、考え方の枠組みや方法の強化に協力してくれるのは、珍しく女性会員のほたろう氏。「勘トレード」をしばしばとがめられ、苦戦しているようだが、会員が彼女の記事で啓発されることはじつに多い。株に対するセンスは一級のものがあり、チャートを正確に読めれば鬼に金棒にできるのだが、チャートへの信頼は薄い。田舎のかあちゃん氏、赤毛のアン氏、もとはよいこ氏、それに「漬物女王」ディビー氏も、チャート分析の弱さに課題が残る。

哲学的な株観をときに見せてくれるのが可不可氏、そのヒントで会員の一部には、技へ発展させた者もいる。投資家の心理に踏み込む見解をときには提供してくれるのがヒロ氏である。チャートをマスターしたつもりになってもダメで、投資家は、心理的な課題も克服しなければならないのだ。株売買ですさんだときこそ読むと、味わい深いソーホー氏の飄々とした文章は、売買技術の習得には無関係に見えるが、そうではない。こつこつやる投資家は孤独なので、私たちのような会や掲示板で語らうということが、流されない投資家になるために必要だろう。こういう慰みの工夫も技のひとつに入れていいのではないか、と思う。

解答 36

2つの3は、追撃買いの位置、6と7は追撃売りの位置です。

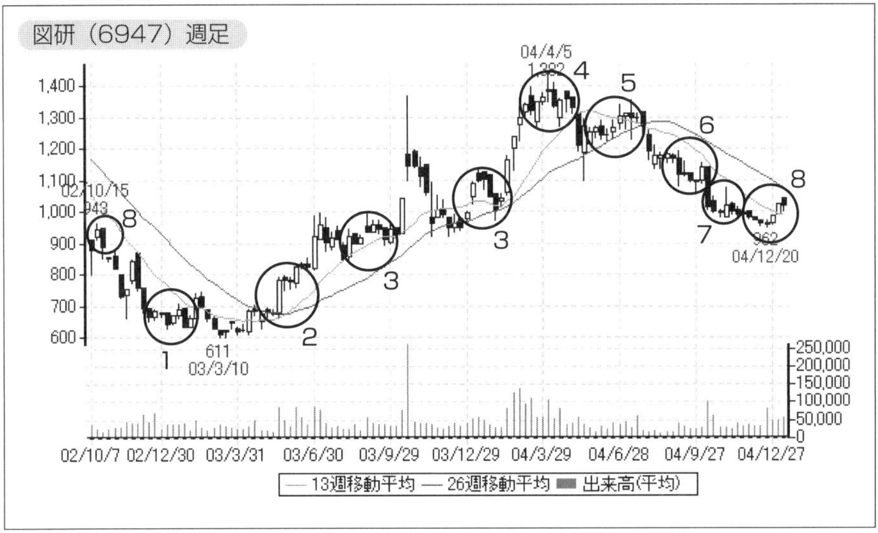

解答 37

問題37のチャートで157円から上の価格帯出来高は少ないです。これは新値を追うときに、戻り売りの圧力が小さいことを意味しますから、価格帯からのみの判断では、買ってもよいということになります。

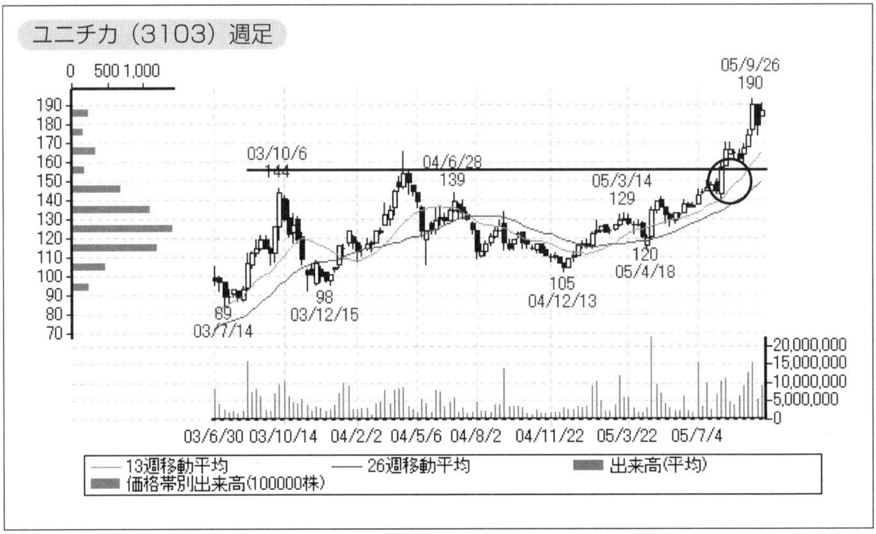

解答 38

680円は間近の高値であり、この価格は売り買いの攻防のポイント。2日前に25日線で跳ね返され、また25日線は上昇トレンド入りですから、強気の買いが正解ということになります。

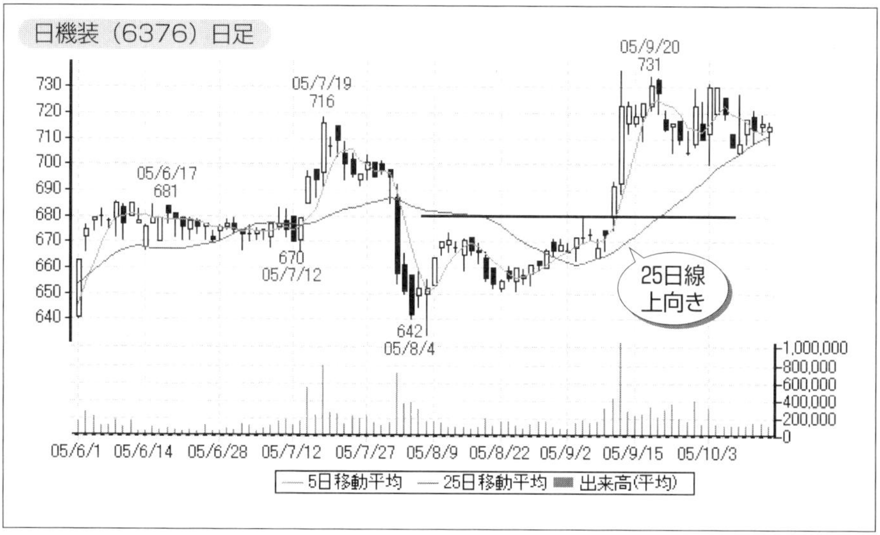

まとめ

問題37や38では、上値抵抗線を突破する場合、どのあたりに抵抗線があるのかを判断することが重要であることが理解できます。さらに問題37では、157円より下の価格帯出来高が下値の抵抗帯になっていることです。またブレイクの判断に不可欠なのが、移動平均線の形です。問題37でも38でも、上値抵抗線を突破できたのは、移動平均線がすでに上向きのトレンドに入っていたからです。

板情報で売り板が膨らんでも、おびえてばかりはいられません。売り板が膨らんでも、それを打ち破る力があると判断できれば、果敢に買い姿勢を取れます。そのためにも移動平均線の形を総合的判断のひとつに加える必要があるのです。

COLUMN

人間の限界、弱点を克服する法

この本でも他の株本でも、こんなふうにすればこんな結果になる、という方法論が書かれてありますが、実際に株売買をしてみると、驚くほどうまくいかないことに気づきます。人間の頭脳には限界があり、人間はそれほど器用ではありません。売買のときにはいくつかの判断を組み合わせて決断・実行するのですが、これがスイスイできるには、実践経験を積まないとダメです。

誤りを何度も繰り返し、誤りを繰り返せば間違わないかというと、相変わらず間違うのが人間です。なんとか今度は間違わないようにしようと思うものの、お粗末なやり方でどたんばたんしているのが、人間のようです。こんなふうに書きますと「そうだそうだ、私もそうだ」と共感を呼びそうですが、だからといって、無手勝流に株売買をやっていいわけがありません。やはり効果的な方法論にしたがって学べば、人によって早い遅いはありますが、良い効果が出てきます。とりわけデイトレーダーにいえることですが、デイトレで日々何度も売買する人は、自分の強みよりも弱点に常に向き合っているといえます。この弱点はわかってはいるが、直せない弱点でもあります。いろいろアドバイスされるので、どんな弱点であるか、またどんなふうに直せばいいのか、その道順がわかっているつもりが、それでも実践になると弱点として出てしまう。そういう弱点と対峙しているのがトレーダーなのです。

もはや心に深くしみこんだ弱点ですから、本当にいくら努力をしても直らない、と思いがちです。しかし直らないわけではなく、積極的な方法ではないにしろ、誰にでもできるやり方があります。

常に弱点を自覚することが大事です。弱点克服法は「弱点を意識する」ということです。その意識を常にもっていると、やがてそれほど意識しないでも、弱点が出てきそうなときに、すぐ「あ、危ないな」と感じることができるようになります。意識する訓練することで、第六感的なものが育ちます。さらに、私たちは過去の失敗を認めたくない性癖をもちますが、間違いを間違いとして、弱点を弱点として認めるということです。自分の失敗や弱点を妥協なしで認めて自己評価ができれば、トレードで最も大事な自分に頼るということができるようになります。デイトレで損切りのうまい人、エントリーをすかさずできる人は、そのあたりの直感的なものが身についているといえそうです。

第8章

三位一体で使う技

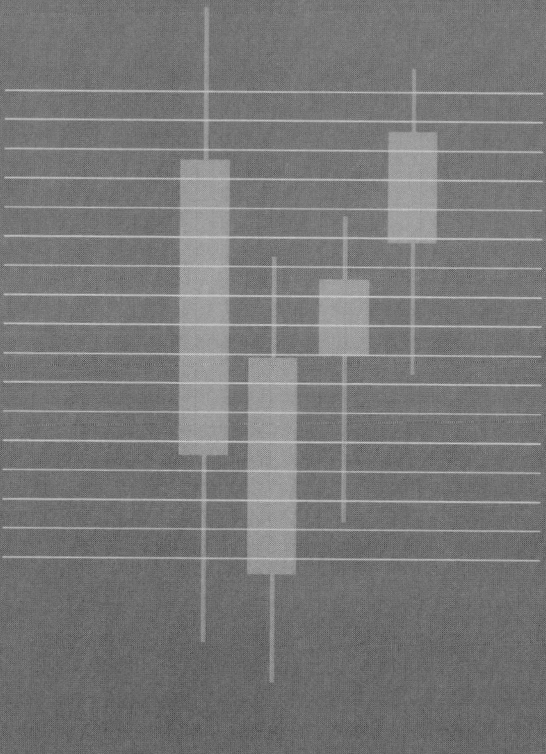

技 27 三位一体で読むときの注意

売買技術はクルマの運転に似ている

この本では、ローソク足、移動平均線、出来高の3つを読む方法を学んでいます。しかし、それぞれを別々に読むわけではなく、3つを同時に読み抜く訓練をしなければなりません。例えば、水泳の練習を考えますと、腕を使って水をかく練習、足をばたつかせる練習、呼吸の仕方の練習の3つがあるとしますと、それぞれだけでは、前に進まないのと同じことです。ただ、株価チャートの場合は、ひとつの分析だけで売買がうまくいく場合があるでしょうが、ひとつだけでは十分ではありません。

泳ぎを覚えたてのころは、腕の動きに集中すると足の動きを忘れ、足に意識を集中すると、呼吸がうまくいかないといったちぐはぐなことが起こります。運転を始めたころもそうです。若葉マークをつけているときは、あらゆる注意を払わねばならなかったのに、ベテランになると、体の力を抜き、ハンドルやクラッチ操作は、実に、自分の体と一体になった感覚で運転できるようになります。それぞれの技術が一体化して使えるように実践してきたからこそ、突然人が道路に飛び出してきても、間一髪事故になるのを避けることができるのです。

チャートの読み方も似ています。チャートを三位一体でしっかり読むことができるようになると、売買ポイントがおのずと識別でき、中途半端なところでは、触手が動かなくなります。判断が的確になるだけでなく、判断をするための時間も短縮できます。

そして、最も理想的な形は、チャートを細かく見ないで、ぱっと見たとたんに、一気に結論へもっていくことができるようになることです。こうなると、デイトレーダーが求める「直観」レベルに達しているのでしょう。ノーベル経済学賞受賞者のハーバート・サイモンは直観による判断力は「習慣化された分析にすぎない」といっています。できるだけ、私たちも、いろいろな銘柄のチャートをたくさんみて、その境地に到達したいものです。

●図表8-1　クルマの運転と株価チャートの判断

クルマの運転技術

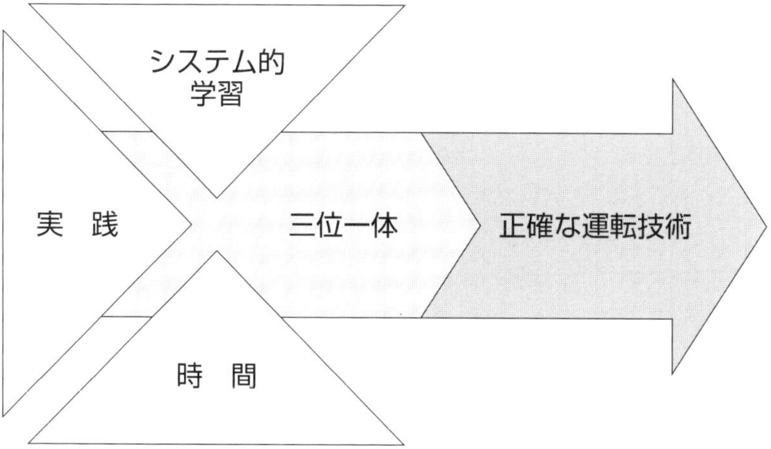

株価チャートの判断

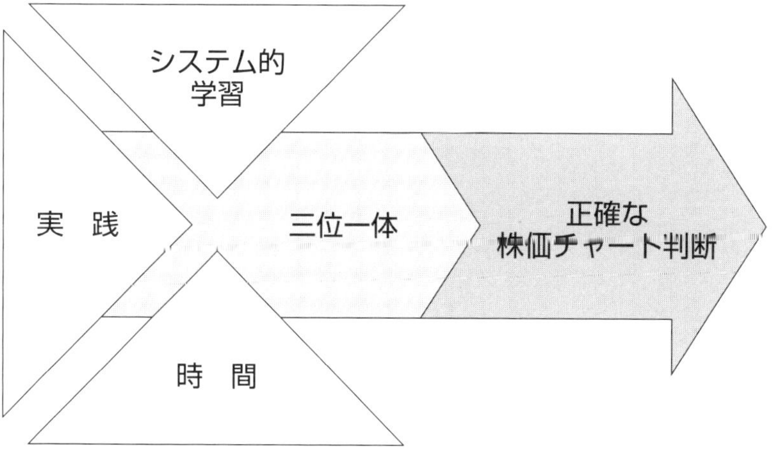

ここがポイント

わかばマークのドライバーは、経験を積むにしたがい、体が自然と動くようになる。同じようにチャートの読み方も、経験を積むと的確になり、判断の時間も短縮できる。

技28 チャート利用の王道は「順張り」

「トレンドに逆らうな」が基本の基本

「順張り」と「逆張り」の２つの投資方法があります。「順張り」は、上昇トレンド入りを確認後、買うスタイルで、市場の大勢にしたがっています。これが株価チャートを使った投資の正攻法です。「順張り」は、株価が上がり、上昇トレンドが確定するのを待ちますから、上昇トレンドが続く限り、どの株価で買っても、その買いが失敗になることはありません。500円で買って、一時的に460円に下げても、いずれ500円を超えていきます。「順張り」をしたのに、損切りしたという人は短気な人で、損切り後は、また株価は戻しているはずです。「上昇トレンドにある」というのはそういうことです。

ところが、上昇トレンドに乗って「順張り」をしたのに、結局下げてしまい損切りを余儀なくされた、という人がいます。これは本当の「順張り」ではなく、すぐ下降トレンドに変わるのを読めずに、下降トレンドの前に買っただけのことです。むろん確実な上昇トレンドに乗った「順張り」をしても、投資に絶対はありませんから、突然の悪材料でトレンドに亀裂が入ることも珍しくありません。

「順張り」をして、株価が上がり続け、さらに上昇の確信をもてば、「買い乗せ」といい、買い増しをします。そして上がり続け、もうそろそろピークに来たのではないか、と不安を感じた投資家は、保有株を処分することになります。

問題は、どの投資期間で「順張り」を行なうかです。中期スタンスならまだ十分に「買い乗せ」ができるのに、短期だと、少しの上げでもう処分。中期スタンスの人が「順張り」で買った銘柄が上げてそろそろピークかと思うとき、長期スタンスの人の気持ちは、まだ上げ相場の序の口ということもあります。

株価がジグザグに上げていくのを利用して、下げと上げどまりごとに、こまかく売買したくなるようですが、このやり方はあまりにも難しく、また常に売買板やチャートや場に接している人でないとできることではありません。上昇トレンドに乗っての「順張り」が株式投資の王道であると覚えておいてください。

●図表8-2　順張りと逆張り

順張り

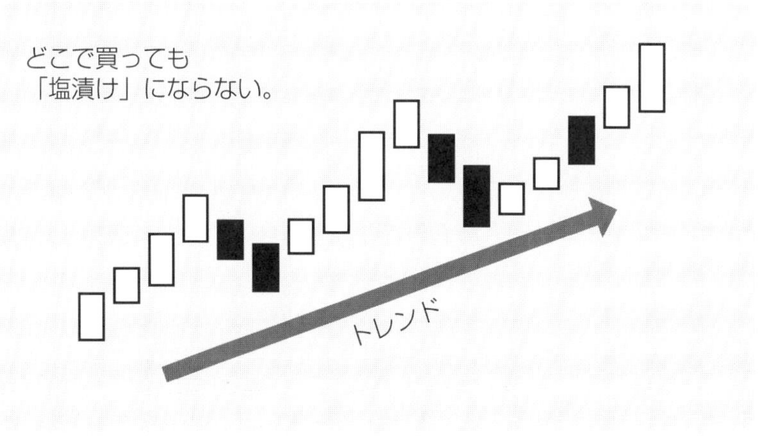
どこで買っても
「塩漬け」にならない。
トレンド

逆張り

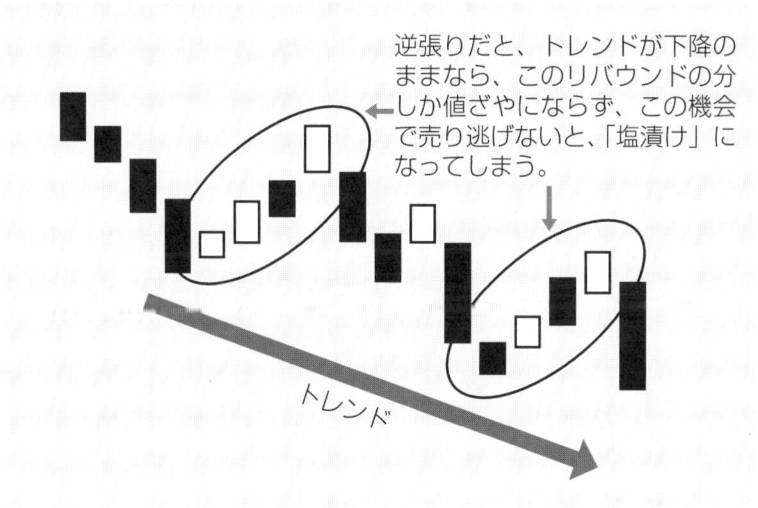
逆張りだと、トレンドが下降の
ままなら、このリバウンドの分
しか値ざやにならず、この機会
で売り逃げないと、「塩漬け」に
なってしまう。
トレンド

ここがポイント

株売買の正攻法・王道は、上昇トレンドに逆らわない「順張り」である。

技 29

「逆張り」は リスクと難易度が高い

「下値のメド」がわからず「スカンピン」に

「順張り」のデメリットをあえて探すと、「逆張り」が成功するほどには、値幅、値ざやを取れないことです。上げトレンドに乗るということは、すでに底値からかなり上げてしまっていることを意味します。

しかし、「逆張り」は危険であるし、難易度は「順張り」よりもはるかに高いです。狙った株を一番安いところで買うのは理想だとしても、買いポイントが底の位置であると判断することに失敗すれば、「落ちる剣」をつかむように、泥沼にはまり怪我をしてしまうことになるからです。

ここが底、ここが底と思い、ナンピン買いを入れては損を拡大する人がしばしばいます。

「ナンピン買い」とは、下がったところで、同じ株数で買い、買値を平均させ、半分戻せば損得分岐点に戻れる投資法です。「ナンピン」がうまくいくとは、株価が戻るという前提の話です。戻らない場合には、損は積もっていきます。

「引かされた株をもたない」という原則を守るとすれば、よほどチャートで反発を確信できる場合を除いて、値頃感で「逆張り」をしたり、弱いシグナルでつい買いに走るといった愚は、絶対に避けたいものです。あっさり損切りしたほうがかえってすっきりするというものです。再出発が可能だからです。

右図を見てください。①のポイントでは、そろそろ買いに走りたい気持ちになります。しかし、実際は、ここで買ったあと、１割下げます。②のポイントで、９万円でナンピンをしてみると、２カ月後には、６万円まで下落します。もし断続的に逆張りを続ければ損が加算され、信用取引でナンピンしていたら、まさに致命的な傷を負ったことでしょう。

●図表8-3　逆張りの難しさ

Ⓐ　インプレス（9479）日足

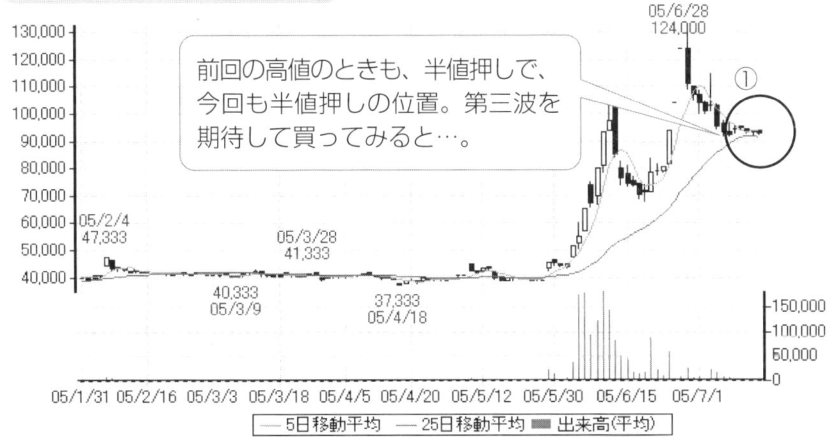

Ⓑ　インプレス（9479）日足

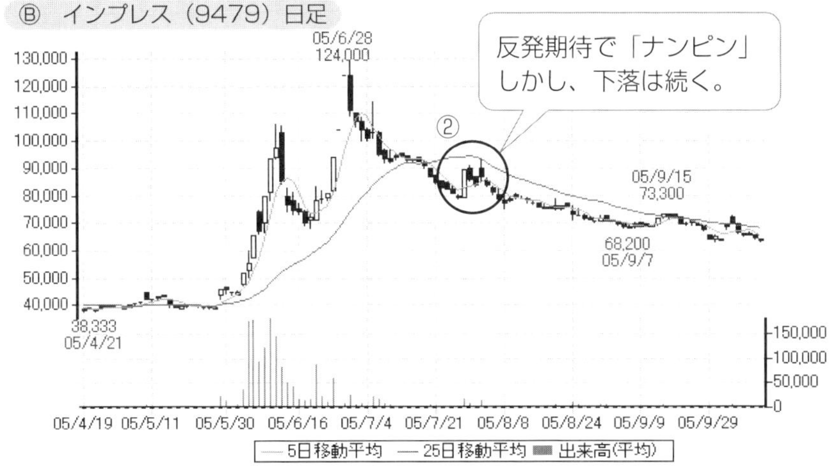

ここがポイント

「逆張り」はハイリスク・ハイリターン。ヘタにナンピンすると、スカンピンの道を歩むことになる。

練習問題 39

ある日足チャートから一部を切り取ったものです。ⒶⒷⒸのローソク足と5日、25日の移動平均線を見て、どれを買うのが正解でしょうか。

清水建設（1803）日足

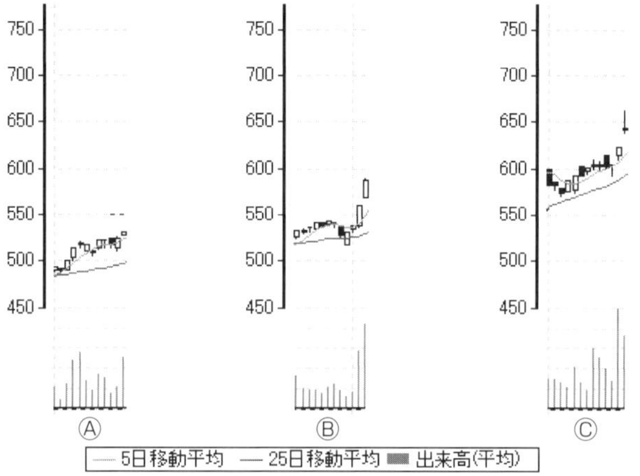

練習問題 40

7月1日に289円で買い。このまま上げるかと思っていましたら、下落。反発して2本の小陽線が立ったとき、279円でナンピンしました。私のナンピンは正しかったでしょうか。

日本農産工業（2051）日足

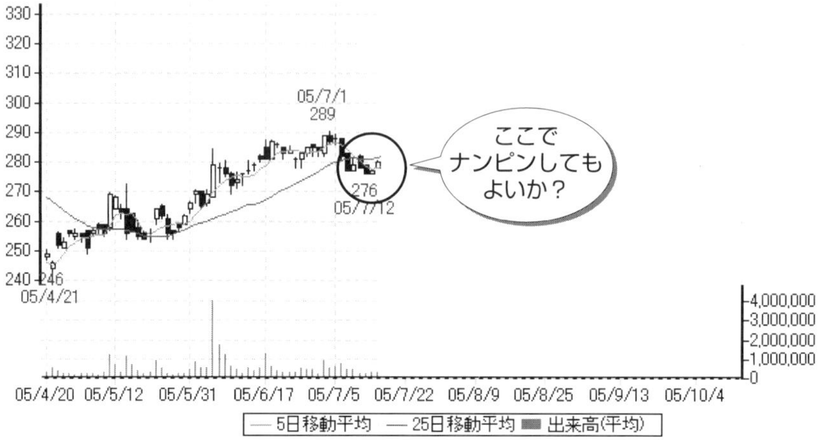

練習問題 41

戻ってきた株の第一波動で、1240円で買いました。下ヒゲの長い陽線が出た後、さらに下ヒゲの長い陽線になりそうなので、1170円でナンピンしました。このナンピン買いは正しいでしょうか。

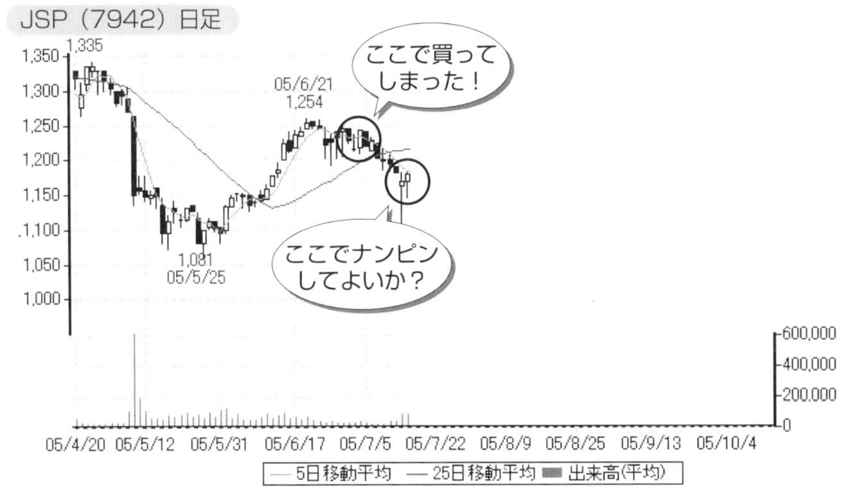

それぞれの技⑥

蕎麦吾郎氏は、しばらくデイトレを学んでいたが、性格に合わないようで、新規公開株を狙う戦術に変えた。おおむねうまくいっているようだが、ファンダメンタルズ分析の難しさや公開時の地合に影響されるので、デイトレより難しいかもしれない。経験を積みながら、自分なりの法則性を見出そうとするガンバリ屋。

ロッカ氏は会創設以来の古い会員。わが道を行く信念の人であり、小型株中心に総合的な分析で勝ちをとるタイプ。およそチャート分析を学んだ後に、投資家はどんなふうに売買すればよいのかを教えてくれる。とにかく自分に最も適した形を早く確立することがいかに大事であるか、彼の投資姿勢を見るとわかる。

スマイルとみ氏は、情報通。未発表ネタを時々披露してくれるのだが、会員は活かし切れないのが残念。いわゆる「耳より情報」より確度が高いが、その情報が株価とどう結びつくか不明なため、短期投資が多い会員は二の足を踏むのかもしれない。

解答 39

3つとも正解。トリッキーな質問でしたが、25日線が上昇軌道に乗っている以上、どこで買いに入っても正解ということになるのです。

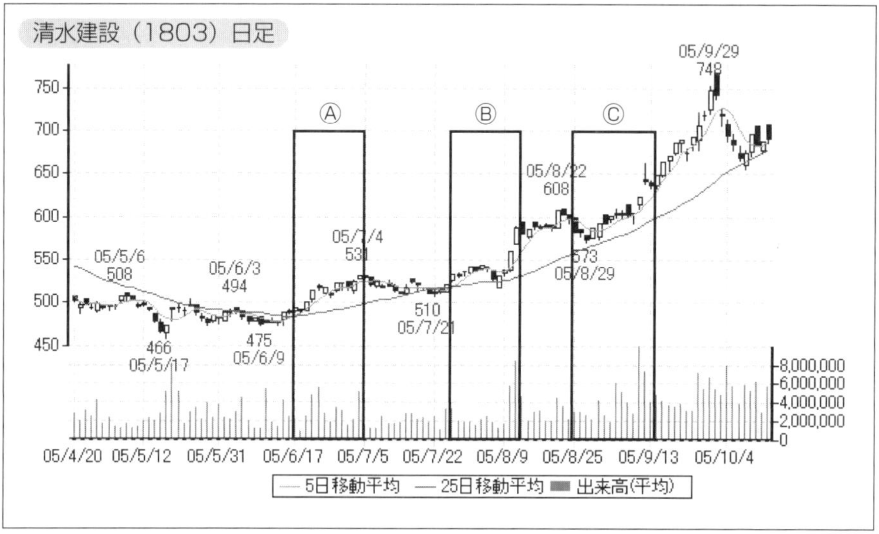

解答 40

正解。ナンピンというより押し目買いでしょうか。25日線は上向き、6月上旬に400万株の大商いがあり、再度の波が期待できる位置。実際、第二、第三波がその後生じています。

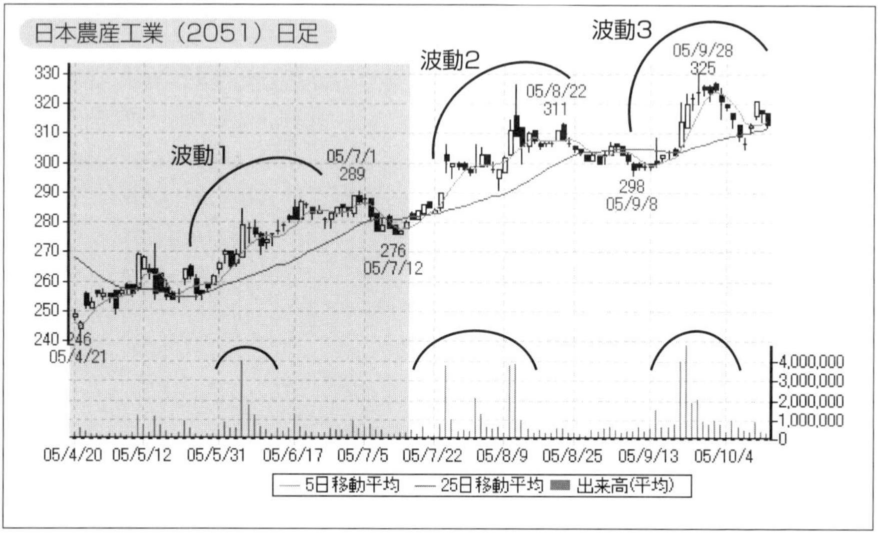

解答41

スルーが正解。25日線が平坦になりそうで、戻してもせいぜいグランビルの法則の売り2のケースか。しこり株は思惑はずれ、翌日に戻りの勢いなしと判断、損切りする選択肢もあるでしょう。

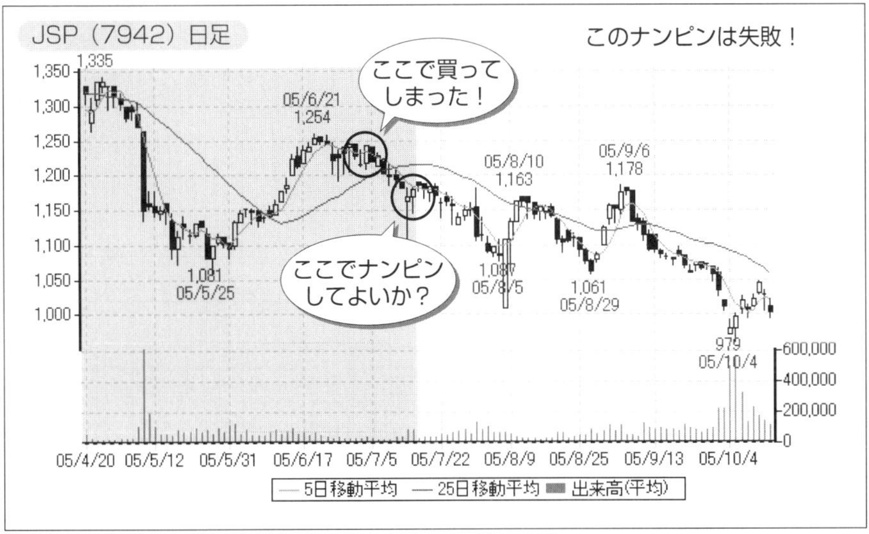

まとめ

簡単にいってしまいますと、上昇トレンドでの株価下げは、基本的にナンピン可、下降トレンドでの株価の下げは、不可と覚えておいてください。いうまでもなく、上昇トレンドでナンピンしてもいずれ、平均買値よりも上がっていくでしょうから、リスクは低いことになります。一方、下降トレンドの場合は、戻しの値ざやだけが頼りですから、たいていナンピンは失敗してしまいます。

勧める方法としては、思惑はずれの銘柄はナンピンするよりも、損切りして出直したほうが賢明でしょう。

技30 チャートに適した銘柄を見つける

どんな銘柄でもチャートを使えばいいもんじゃない

主に株価チャート分析を判断の方法に使おうとする人は、市場に公開されている銘柄のすべてを対象にできるわけではありません。例えば次のようなものが、チャート分析に適さない銘柄です。

1　１日に全く商いが成立しない銘柄
2　ほとんど株価に変化がない状態が続く銘柄
3　パターンがイレギュラーをしてチャートが読みにくい銘柄
4　上場して間もなく十分なチャートが揃っていない銘柄

上の条件が揃っていない銘柄が、逆にチャートに適した銘柄であるといえます。

1　出来高が常にあり、波をつくって動く銘柄
2　パターンが繰り返される銘柄
3　業績が安定するか上向きで、しっかりとした足取りの銘柄
4　本書で解説するような原則どおりに動いている銘柄

こうした条件を満たす銘柄群といえば、「日経平均225」に採用された銘柄でしょう。日経平均株価は、日本経済新聞社が算出している株価指数で、東証一部上場企業からリーダー役の企業を225社選んで、これらの株価を単純平均しています。機関投資家やファンドにも採用されています。この225社の銘柄は多くの投資家によって売買されています。

チャートは過去の動きのパターンから未来を予測するための道具ですから、過去の歴史が明確に残っている日経225採用銘柄は、チャート分析のための宝庫といえそうです。

●図表8-4 チャート分析に適するチャート・適さないチャート

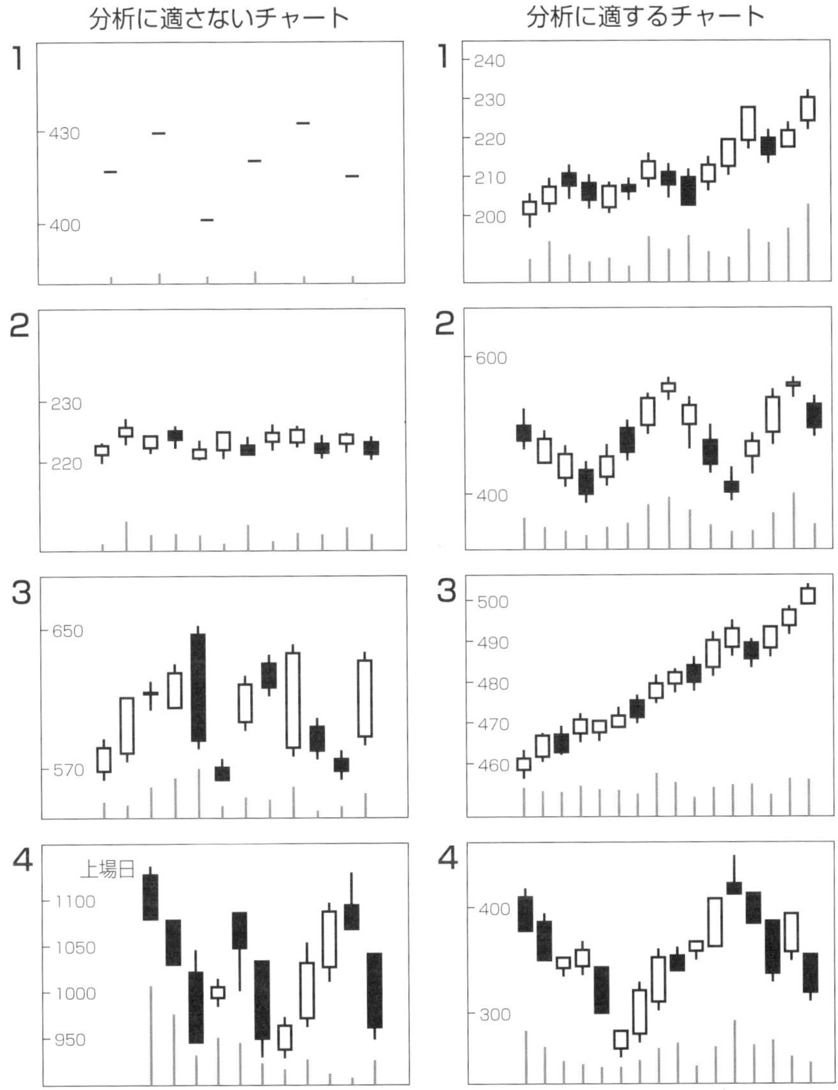

ここがポイント

日経225採用銘柄は、チャート分析のための宝庫である。

技31 下げトレンドでの戻しは売り叩け

空売りに絶好のタイミング

長い期間上げ続けてきた株価が、いったん下落し始めると、下落の力がつよく、下降トレンドを変えることができなくなります。グランビルの売りの法則は、この下落の習性を利用したもので、売り2および売り3がその典型です。

空売りの場合、単なる利益確定の売りとは違って、買い戻しが遅れてしまうと、大きな損に発展していきますから、急激な変化に対処ができないレベルの人が新規に空売りをした場合は、できるだけ成功率の高いポイントで実行しなければなりません。

その最もやりやすいポイントが、下げトレンドが崩れず、しっかりした状態で、一時的に戻ってきた株価の頭を売りたたく戦術です。株価が下降し、下降がはっきりとしてきますと、下降の移動平均線が、上値抵抗線となって、少々の上昇エネルギーでは、トレンドを転換することができません。

下降状態がゆらがない状態で売りチャンスを見逃さない戦術ですから、日足では、25日線が下降していること、週足では、26週線が下降していることが基本となります。25日線と26週線がいまだ、上昇か平らな場合には、使えない戦法であると、言葉を換えていってよいでしょう。

●図表8-5　空売りのポイント

商船三井（9104）日足

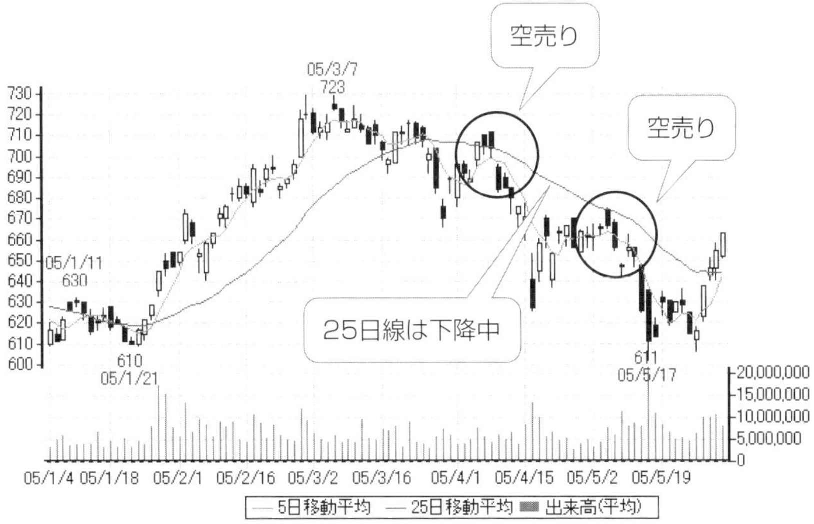

「戻したら叩く」「戻したら叩く」
「25日線（26週線）が下降中であることを確認せよ」

ここがポイント

空売りポイントとしては、グランビルの法則の売り 2 と売り 3 が最もやりやすい。25日線（26週線）が下げていることが前提である。

技32 極端を見つけたら素早く対処する

伸びきった大陽線や出来高はとりあえず売り

短期売買で値ざやをとろうとする投資家がいます。堅実な株式投資よりもむしろ、波乱で収益を上げようとする人たちです。株売買はその人の性格が現れてしまい、投資スタイルができあがります。

波乱で稼ぎたい人が注目するのは、極端を見つけて対処するという戦術です。大きく株価が動き出したり、上げ下げが激しかったり、大変な出来高が生じたりした場合にチャンスが生まれます。こうした波乱を好む人は、デイトレーダーに多く見られ、リスクが高いことを承知で向かっていきます。

極端な状況には、次のようなケースとその対処が考えられます。

①　伸びきった大ローソク足と出来高

株価の波動でいえば、一段上げ、二段上げ、そして仕上げの三段上げになると、市場から大相場を狙ってたくさんの投資家が参加して、異常な株価の値上がりや出来高増になり、相場が終わるケースが多い。したがってしっかりしたシナリオが見えるまで、とりあえず持ち株を処分しておくのが望ましい。

②　大きな窓（空、ギャップ）が生じた

すでに窓の技で説明したように（技12参照）、窓は投資家の意欲が結集して、トレンドをつくったり、トレンドを確定的なものにする。窓に歯向かうのはリスクが高く勧められない。窓埋めを狙うのは値幅取りとしては小さいし、むしろ窓埋めを終えて、再びトレンドに乗るときをタイミングにとるほうが勧められる。

③　大きな陰線が連続して出現

三羽ガラスどころか、４本ぐらい大きな陰線が立つ場合がしばしばある。こんなとき、恐くなって損切りをする人がいる一方で、値頃感で買って、リバウンドを狙う人がいる。しかしこの買いはとてつもなく難しく、こういう買いを日ごろからやる人は、投資成績はよくないはずだ。もしどうしても買い向かいたいのであれば、せめて、安値圏に入ったことを認識してから、目先でも底打ちした形となるようなローソク足の組み合わせが出現するまで待つべきだろう。

●図表8-6　極端な状況

①伸びきった
大ローソク足と出来高

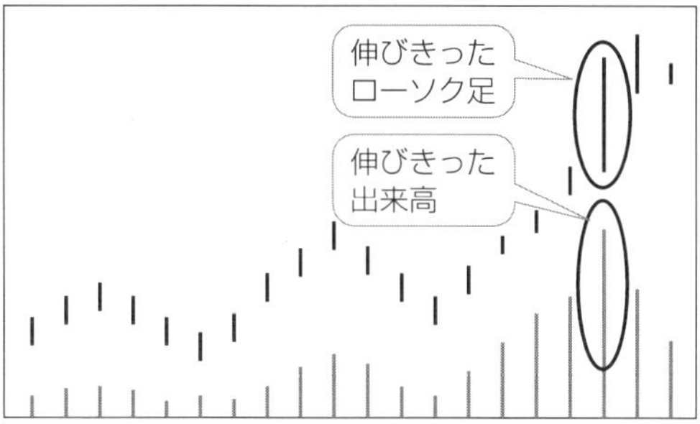

②大きなギャップ
（窓）が生じた

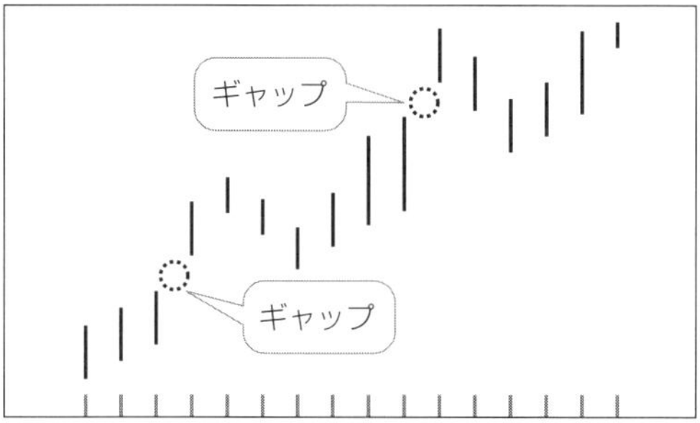

③大きな陰線が
連続して出現

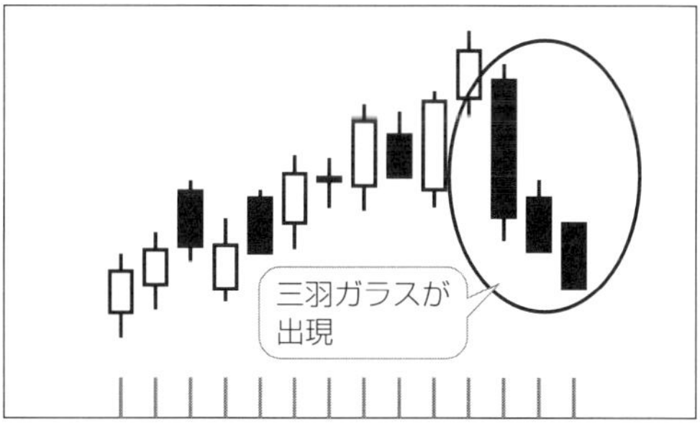

ここがポイント

株価の極端な動きは起こり得る。極端に驚かず、とれる対処をあらかじめ具体的に考えておくことが必要だ。

COLUMN

考えられないことを考える法

私たちは、将来の計画を立てるとき、将来のある一定の像を頭に描きますし、それが普通のやり方であろうと思います。しかし、ハーマン・カーンという未来学者は、「考えられないことを考える」という、シナリオ・プランニングの原点を主張しました。これは、どういうことかといいますと、従来のプランニングはトレンドを見つけ、それに未来を当てはめることを基本としてきましたが、これだと、どんなに精密に分析をしても、常に過去の投影となってしまいます。

株のチャートもこの意味では同じです。しばしばチャートは未来を予測するといわれますが、これは予測というより、間近の影響なり力がチャートをつくっていくと考えたほうがよさそうで、余韻が次のチャートをつくっていく、と考えるとわかりやすいでしょう。

今、例えば100万株の出来高で、ある日足がつくられても、次の日に出来高がゼロとなることはまずなく、たいていの場合、この100万株がいろいろな影響を与えて、翌日は50万株に減る、あるいは150万株と増えたりするわけです。そういうほとんど十分に説明できないものが、チャートを描かせるわけで、別に未来を予測しているわけではないのです。

カーンのシナリオ・プランニングは、私たちが未来を不確実とみて、かかわる環境が複数あり、複雑であることを認識した上で、予測可能であることと不可能であることを分けて考えるのです。

株にそのことを置き換えますと、予測のためにトレンドやパターンの背景にまで注目して、そのようなトレンドやパターンを形成する要因を突き止めようとするものなのです。当然、因果律的なものを抽出する必要があり、それらが活動する範囲内で、さまざまな条件によってたくさんのシナリオをつくり上げることができます。

こういうふうに未来が予測できないものであると認識しておきますと、ひとつの計画にこだわるような柔軟さを欠いた判断を回避でき、また起こる可能性が高い、異なった未来をも受け入れることができるのです。つまり、予測不可能な未来に対して、自由に活用できる能力を磨け――ということが重要になってくるのです。最悪のシナリオ、最良のシナリオの間にいくつかのシナリオを描けるようになると、株売買にのぞむことが苦痛ではなくなってきます。

第9章

オシレーターの技

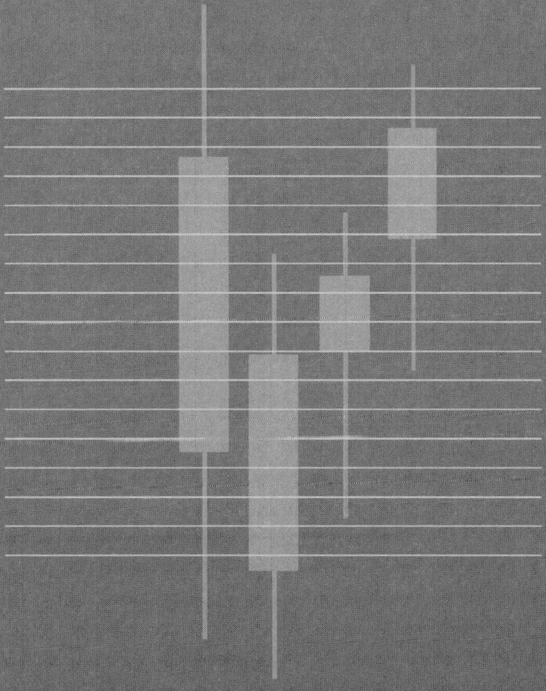

技 33 オシレーターの基本技をマスター

単独利用より複合利用を

●RSIの使い方

オシレーターとは、株価の「上げ過ぎ」(売りゾーン)、「下げ過ぎ」(買いゾーン)を数字で表した指標です。代表的なものに、RSI、ストキャスティクス、サイコロジカル・ラインなどがあります。

まずRSI(相対力指数)は、一定期間の上げ幅(前日比で)の平均値をとって、上げ幅平均と下げ幅平均のトータルで割って計算します。ゼロから100%までの数字で表示され、中間の50%の上下で、上げ過ぎ・下げ過ぎを判断します。20%や30%以下だと「売られ過ぎ」、70%や80%以上だと「買われ過ぎ」と判断されますが、あくまでひとつの目安と考えます。「ひとつの目安」というからには、この指標だけで判断するのは危険だということです。

ネット証券で銘柄のスクリーニングを利用し、RSI20%以下の銘柄を抽出して、追跡調査しますと、20%の数字が出た後も、数日下げ続け、さらに一段安くなる銘柄が見つかりますから、納得できるでしょう(図Ⓐ参照)。

また、RSIの売買シグナルは、実際の株価の動きより先にでることがあり、デイトレで、日足を見て、RSIの数字で買いと判断できても、分足を見るとまだシグナルがでていないということが時々あります。

もうひとつ、RSIを見る上で注意すべきことは、数字が高過ぎたり、安過ぎたりすると、株価が上げているにもかかわらず、RSIのグラフが下げに転じたり、株価が下げているにもかかわらずグラフが上げに転じることもあり、このときはトレンドが転換するシグナルとみなされることがあります。右の図Ⓑを見ると、「だいたい」において、株価の動きとRSIのグラフの上げ下げは一致しているようですので、活用できるオシレーターでしょう。

●図表9-1　RSIの読み方

Ⓐ　リソー教育（4714）日足

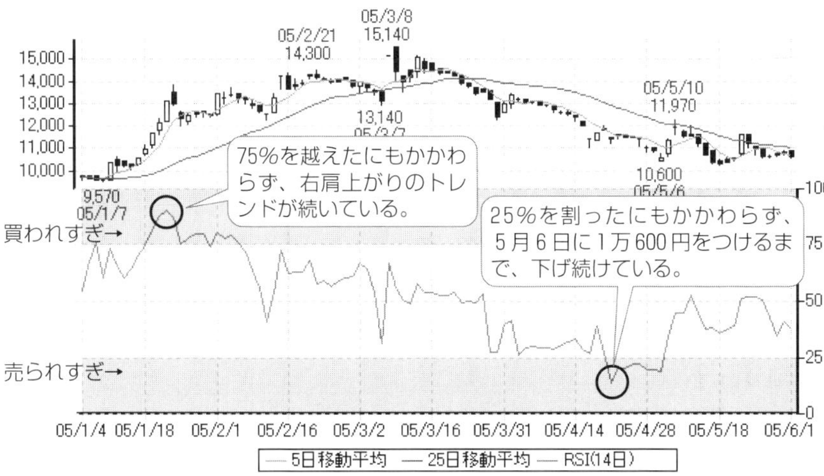

Ⓑ　旭硝子（5201）日足

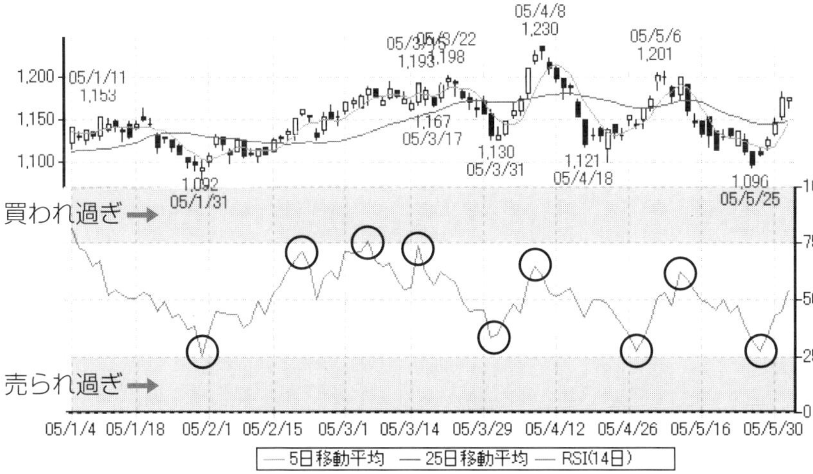

●ストキャスティクスの使い方

ストキャスティクスというオシレーターは、現在の株価の位置が、過去の一定の株価を基準に測定した場合に、高いのか安いのかを示します。RSIなどと同じく、100に近づくと高値圏、0に近づくと安値圏と判断します。初期値は日足で12日か14日が一般的で、下図では14日を使っています。

図には3本ありますが、重要なのが、SlowとFastの線です。買われ過ぎの高値でSlowをFirstの線がDCしたときが売りポイント、売られ過ぎの場合、FirstがSlowの線をGCしたときが買いポイントだといわれます。25日線を挟んで、株価が乱高下するときは、うまい具合に値幅を取れることがわかります。

●図表9-2　ストキャスティクスの読み方

旭硝子（5201）日足

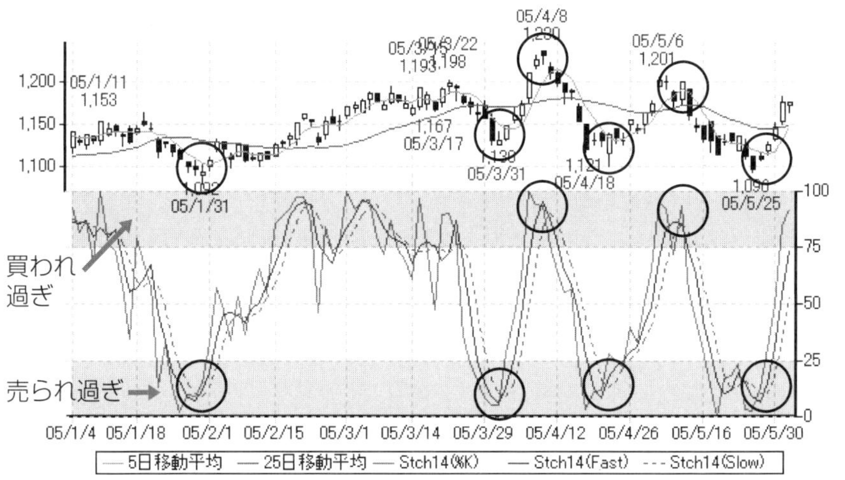

●サイコロジカル・ラインの使い方

この指標は投資家の心理を表したものといえます。上げ続ける株を見ると、そろそろ天井だろう、下げ続ける株はそろそろ反発するだろう、と期待する心理を根拠にしています。

直近のある期間中（日足では12日とすることが多い）に、終値が前日比プラスの日を勝ち数として、マイナスの日を負け数とします。そして期間内の勝ち数を分子に、期間日数を分母にして%表示したものを時系列に並べると、それがサイコロジカル・ラインになります。

一般に買いシグナルは、「サイコロジカル・ラインが25%以下で反転したとき。あるいは、反転後25%以上になったとき」、売りシグナルは、「サイコロジカル・ラインが75%以上で反転したとき。あるいは反転後75%以下になったとき」と覚えておきましょう。

●図表9-3　サイコロジカルの読み方

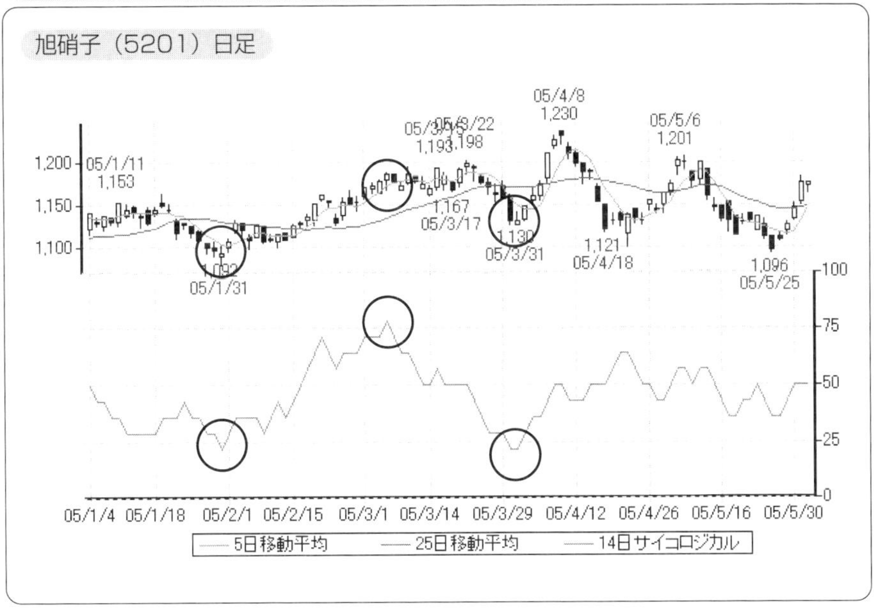

技 34

３つのオシレーターを三位一体で利用する

成功率100%のシグナルなどない

売買ポイントを100%の確率で教えてくれるシグナルはありません。市場をシグナルが支配しているわけではないからです。また、もしそのような百発百中の方法があるならば、それこそすべての人がそれを使い出して、１日にしてその方法自体が、役に立たないものとなってしまいます。

結局、株価チャートの中でシグナルを探す作業は、少しでも確率的に成功率が高いパターンを探すことに他ならず、経験則によってよいであろうと検証された技術だけが採用されて残っていくわけです。

私の研究会のメンバーもしばしば、シグナルとして読むことにしているオシレーター（RSI、ストキャスティクス、サイコロジカル・ラインなど）を総合的に読むということができず、ひとつだけを過信して失敗してしまいます。

人間は、３つも４つものことを同時に考えることは難しいようです。そこで、その３つも４つものことを同時に見て、一目瞭然にして判断する方法が考えられます。松井証券や楽天証券などの株価チャートは、ローソク足や出来高の下に、いくつかのオシレーターのグラフを表示できますから、それを利用して、できるだけたくさんのグラフが同時に売買ポイントであると示唆するポイントをとらえて、売買行動に結びつけたいものです。その際、注意すべき点は３つあるでしょう。

（１） 相場の過熱と冷えを示す値をいくらにするかを経験則で決める。私の場合は、10分足と日足で、RSIとストキャスティクスを過熱で80以上、冷えで20以下、サイコロジカル・ラインでは過熱を75以上、冷えで25以下と厳しく決めている。

（２） 銘柄ごとに過去のオシレーターの値と株価の関係を検証しておく。

（３） あくまで、天井と底での売買になるから、「魔坂《まさか》（予期せぬ下げ）」など異常事態がまれに起きることの認識、自覚が必要である。

●図表9-4　3つのオシレーターを同時に読む

兼松（8020）週足

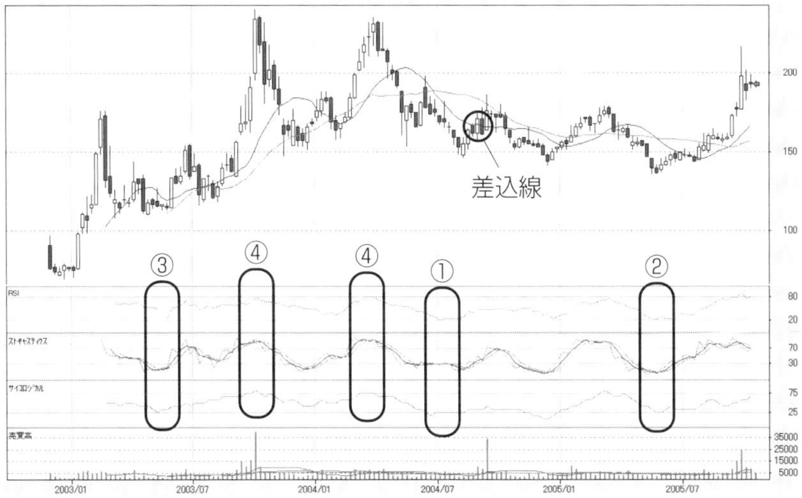

①RSI20%、ストキャスティクス30%、サイコロジカル・ライン25%とほぼ三位一体の条件をクリアしているが、このタイミングでの株価170円で、その後さらに13%ほど下落することになった。26週線が下降に入ったのを見て、差込線出現あたりで買い。ただし、戻しの値幅は小さくて、すぐ売り逃げとなるか。

②05年6月ごろに三位一体の条件が唯一揃っている。①ではストキャスティクスが20%でなかったが、3つの条件が整うと、底拾いの成功率は極めて高いが、いかんせん、この条件に見合うチャンスがまれである。

③ストキャスティクスの動きを見ると、26週線が上昇のとき、20%でうまい具合に押し目を拾う形にできそうだ。

④買われ過ぎの天井を見るに、三位一体の条件は2回ほどあり、いずれも売りとしては成功している。

ここがポイント

3つのオシレーターを並べて、総合的に読むと、売り買いのポイントがかなり正確に把握できる。

技35 一目均衡表の基本の基本

複雑な一目均衡表を使えるようになる

雲のようなもやもやしたものがあって、線がいろいろ引かれ、ローソク足がその間をうろうろしているように見えるチャートがあります。これを一目均衡《いちもくきんこう》表《ひょう》といい、プロや投資のツワモノたちの間で人気のあるテクニカル分析法です。これを完全にマスターするのは至難の業ですが、基本的なことを覚えておきますと、必ず売買ポイントの把握に役に立ちます。

一目均衡表は５本の補助線を使います。基準線、転換線、遅行スパン、先行スパン１、先行スパン２です。「雲」と呼ばれる「先行スパン１」と「先行スパン２」に挟まれた領域は、抵抗帯とみなされます。基準線は株価トレンドを表し、転換線は、基準線との関係から短いトレンドの転換を表します。遅行スパンは、その日の終値を26日遅らせた線です。

こうした補助線の成り立ちや仕組みの詳細ははぶき、私たちは、これらの線がどんな状態、関係になれば、買いか売りになるのか、に興味があります。一目均衡表で買いシグナルの基本の基本は次の４点です。

① 転換線が基準線を抜けて上回る（GC）。
② 基準線が上を向く。
③ 遅行スパンが実線（ローソク足）を下から上に抜く。
④ 株価が雲をつきぬけ、基準線・転換線ともに上を向いて歩み始める。

売りシグナルはその逆になります。転換線も基準線も下降し始めますと、雲に突入して、やがて上部にある雲が抵抗帯となり、なかなか反転させてくれません。株価が抵抗帯の雲より上にあり続ければ、上昇トレンド、逆に株価が抵抗帯の下にあり続ければ、下降トレンドが続くことになります。下降から上昇にトレンド転換をする場合は、なんとしても、株価が雲を抜けねばならないのです。

●図表9-5　一目均衡表

富士通（6702）日足

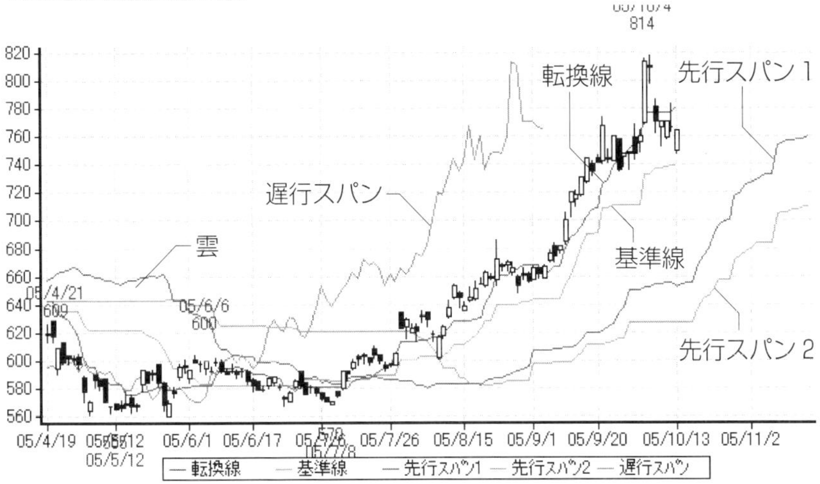

ここがポイント

株価が雲をつき抜け、基準線および転換線がともに、上を向いて上げていくときが買いの最も強い形である。

技 36 一目均衡表の応用ポイント

「雲のねじれ」「雲入る」「雲抜け」が意味するもの

技35で一目均衡表の基本を学びました。さらに応用のできるポイントを指摘しておきましょう。

① 雲のねじれ

下げ続けてきた株価が、「雲のねじれ（先行スパン１と２が交差する点）」の真下に来たときは、短期的には株価が反転して上げ始めることが多い。日経先物のチャートで株チャート研究会の会員が調べた限りではこの確率は高かった。逆に「ねじれ」の上に株価があると、株価が減速することが多い。これをしのぐと、上昇本格化する。「ねじれ」は転換を示唆するわけだ。

② 雲が跳ね返すということ

株価が雲に対してどういう動きをするか、一目均衡表を眺めていると、思わせぶりな動きのように思える。「雲入り手前で雲が株価を跳ね返した」「雲に突入しそのまま力なく雲下に落ちた」「いったんは雲抜けを果たしたが、再度雲入りし、もみあったあげく、雲を抜けることができた」など。たしかに、雲が株価を跳ね返すように見える事例は多い。すんなりと突入して、簡単に雲を抜けた例もある。雲自体はあてにならないのではないか。

③ 雲と移動平均線を同時に見る

右図Ⓑは一目均衡表、図Ⓐは５日線と25日線が描かれたチャートだ。今まで学んだ基本は25日線が上げるときは上昇トレンド、下げると下降トレンドだった。雲に跳ね返されると見えるものは、25日線を基準にすると、要するにいまだ下降トレンドにあるにもかかわらず、上昇を試みて失敗したにすぎない。グランビル法の「売り２」か「売り３」のときに、雲が株価の行く手にたちはだかるのだ。図Bで8月下旬に雲を完全に超えたとき、25日線を見ると、グランビル法の「買い２」に当たる。25日線は上向き始めたから、上昇トレンド入りとなっているにすぎない。このように雲と25日線を同時に見れば、さらに株価と雲の関係や株価の動きを理解できるだろう。

●図表9-6　一目均衡表の応用

Ⓐ　中越パルプ工業（3877）日足

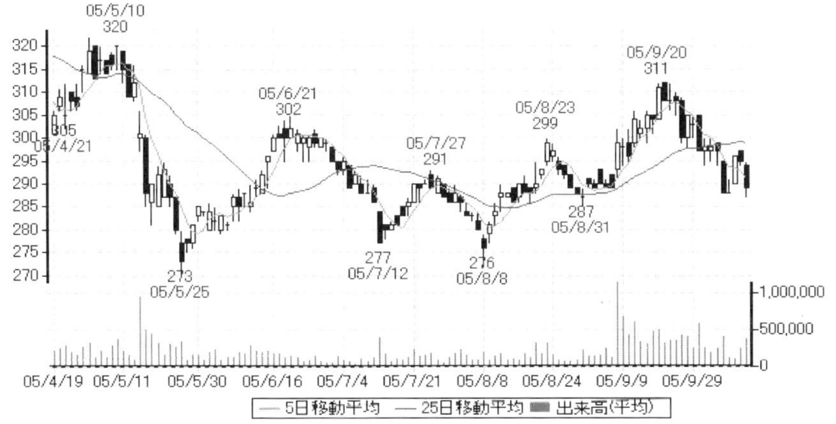

Ⓑ　中越パルプ工業（3877）日足

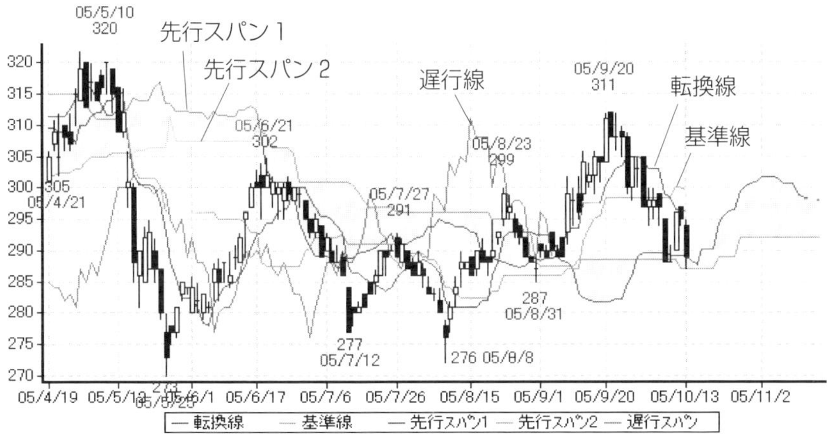

ここがポイント

一目均衡表の雲だけでなく、移動平均線を合わせて読めば、売買のポイントを判断しやすくなる。

練習問題 42

大陽線の後、下ヒゲが長い陽線が2本。ここで買いか、売りか、スルーか？　その理由は？

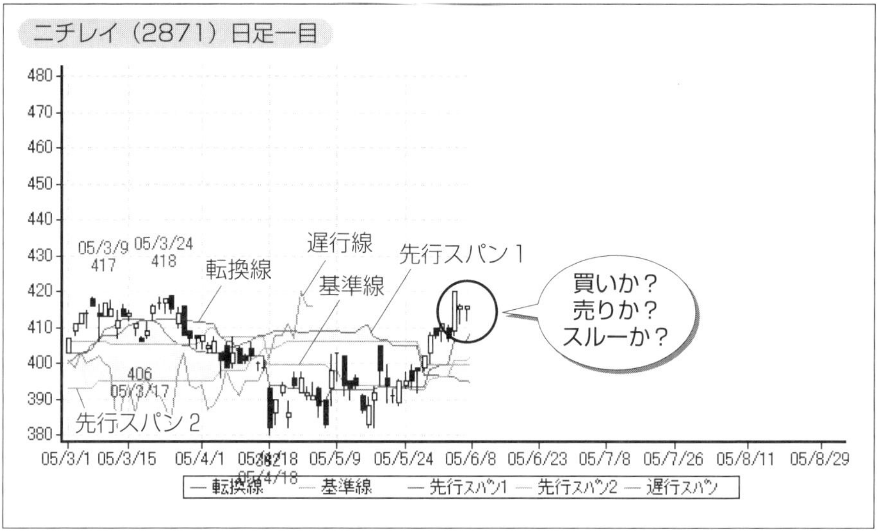

練習問題 43

急落したところで、目前の抵抗帯の雲で跳ね返されるのを期待して、買いたいのですが、どうでしょう？

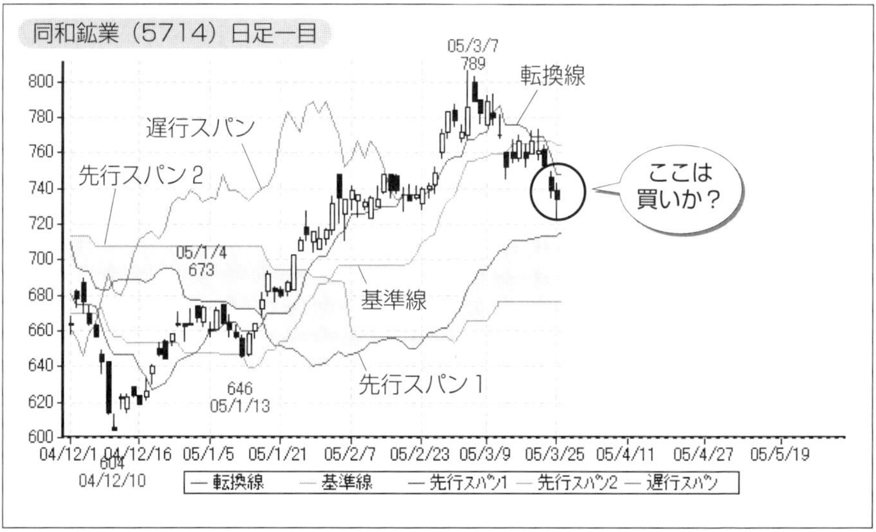

練習問題 44

窓を開けつつも、陽線が出現。ここは、強気で買いでしょうか。あなたの答えは？

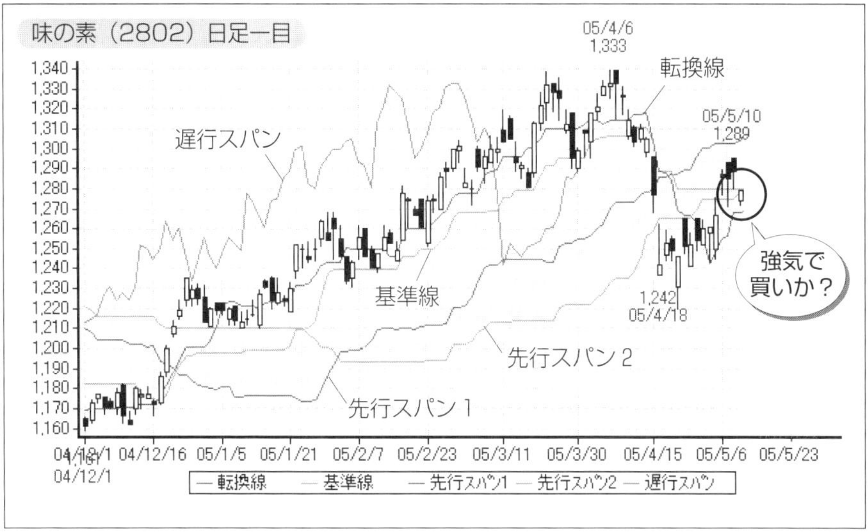

それぞれの
技
⑦

闇顧問氏は、一通りテクニカル分析を学んだが、どうも実践に結びつかないという、たいていのテクニカル派が経験する壁に遭遇。これを脱するには、一芸に秀でること。一均太郎氏のアドバイスは、複雑な分析を覚えるより、単純な「移動平均線」や「ローソク足」判読の方法を覚えるほうが、よほど成果があがるというものだった。これは本書の主張と一致している。パスタ氏、豆狸氏、のりちん氏、ブルーバレン氏、百氏、鋭一氏、アバロン氏、つっぴん氏は、忙しい仕事の合間に、メッセージを残す。彼らの投資姿勢は、実生活と株とのバランスの大切さを教える。サラリーマンが株を扱う場合は、本業に影響を与えないようにすべき。別の意味で、病気がちなジュピター氏の環境や姿勢は、健康が株投資にも影響を与えることを教える。

マナティ氏。「揺れない心」もテーマに、投資姿勢の確立を目標。押し目買いを知らずに、上がる株に追随して急落ごとに撃沈といった失敗を踏み越え、ようやく「揺れない心」をもつようになった。アサワダ氏も同じ。予測の甘さ、感情に左右される自分を克服することを技習得であると理解。スペース上ここに紹介できない会員が、独自の株観をもって投資にのぞんでいる。結果がともなえば、戦術はいろいろあってよいし、その姿勢が正解だと思う。

解答 42

買いが正解。理由は①基準線を転換線がGCした、②実線（ローソク足）が雲を抜けている、③遅行スパンが実線とGC、④基準線と転換線がともに上昇し出した、という4条件がそろったから。

解答 43

売りが正解。遅行スパンが実線とDC、基準線が転換線とDC、基準線、転換線ともに下を向いています。いったん下降トレンドに入ると、雲などたやすく株価は破って下落していきます。

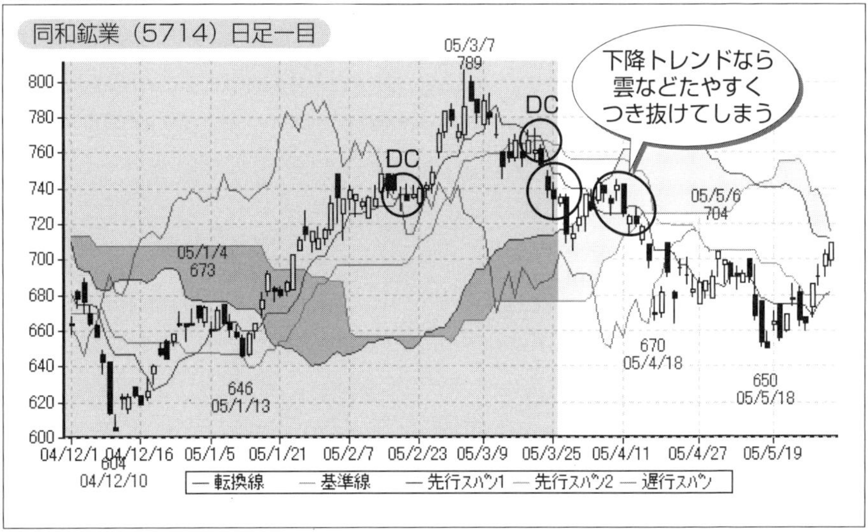

解答 44

株価は崩落しています。売りが正解です。遅行スパンが実線に接触して、下落しています。また基準線は下降しています。

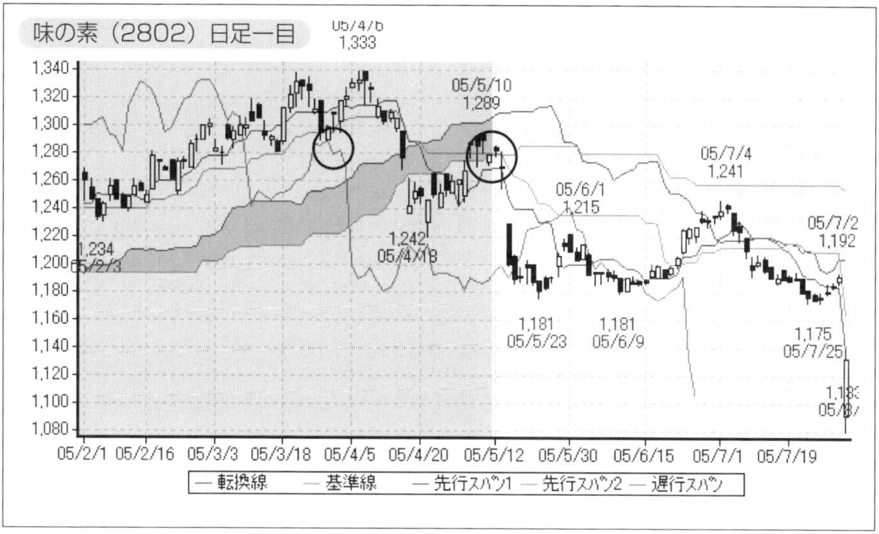

まとめ

一目均衡表の買いの読み方は、技35で説明しましたように、4点の基本がありました。①基準線を転換線がGCする、②基準線が上を向く、③遅行スパンが株価を抜く、④株価が雲をつき抜け、基準線・転換線が上を向く、でした。これを使って実際にチャートを読めば、たいていのトレンドの方向がわかり、また売り買いのポイントを把握できます。

さらに、実践での判断を的確にするためには、一目均衡表と移動平均線を表すチャートを比較して見てください。

技 37 デイトレでストキャスティクスを使う

ちょっと先を読むために

デイトレーディングは、分足チャートを読んで、わずかの値ざやを稼ぐ取引ですから、買いの場合は、少しでも安く、売りの場合には少しでも高くエントリーしたいものです。ここではストキャスティクスを利用する、買いポイント把握の術をひとつ紹介しましょう。

まず、ストキャスティクスとは何かを復習しておきますと、このオシレーターは、現在の株価の位置が、過去の一定の株価を基準に測定した場合に、高いのか安いのかを示します。一般に%Kと%Dがあり、%Dは変動の大きい%Kのだましを修正する目的で用います。RSIなどと同じく、100に近づくと高値圏、0に近づくと安値圏と判断します。右の2図は、%Kは60分、%Dは15分に設定してあります。

右の図Ⓐを見ますと、株価が上げるにつれておよそストキャスティクスのグラフも上げ、株価が下げるにつれてグラフも下げます。「およそ」というからにはそうでない場合もあって、例えば上げが続く場合、株価がちょっと足踏みをすると、次第にストキャスティクスのグラフが下がってきます。

また図Ⓐの例のように、高い位置から下げ始めると、安値圏に入るまで、ストキャスティクスは下げ止まってくれないという結果になる場合が多いようです。この点について、買いのポイントを狙っている人は、覚えておくほうがよいでしょう。例えば、ストキャスティクス60%ぐらいのときに買おうとする場合、今までのストキャスティクスの形のクセを見て、たいてい、さらに下げたところまで落ちて、それから値を上げ始めるのならば、もう少し先まで、買うのを待つという手があります。

右下の図Ⓑを見ると、初めの押し目では、買いをしばらく待つことで、ストキャスティクスの値の戻りにうまくのることができています。デイトレでは、トレンド把握の移動平均線（ここでは1時間線）が要注意です。ストキャスティクスを使った買いは、あくまで上昇トレンドでの押し目買いが有効です。

●図表9-7 ストキャスティクスの利用法

Ⓐ ソフトバンク（9984）5分足

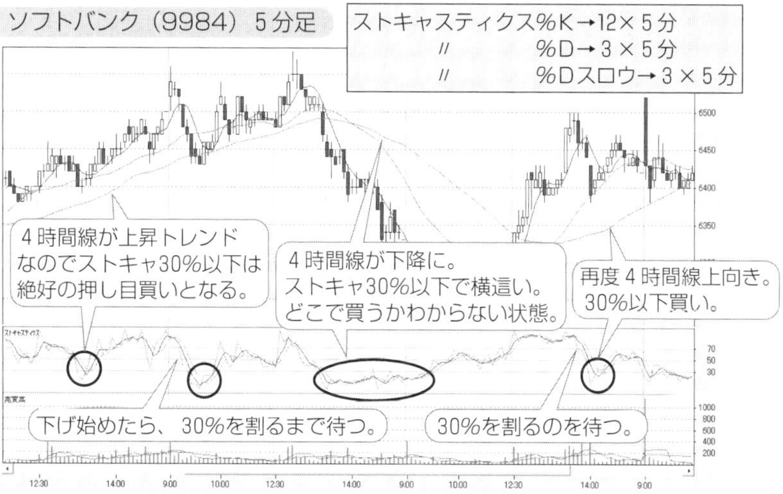

Ⓑ 伊藤忠商事（8001）5分足

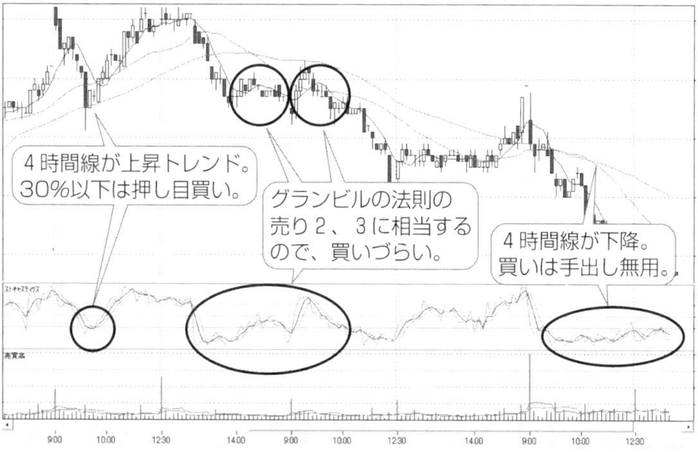

ここがポイント

デイトレでは、ストキャスティクスのグラフの微妙な変化や勢いを把握せよ。ただしトレンドを確認することを忘れないようにしたい。

技 38 MACDは3回交差した後に買え

デイトレでMACDを利用する戦法

MACD（マックディーと読む）というオシレーターは「Moving Average Convergence/Divergence Trading Method」の略で、「移動平均・収束・拡散手法」と邦訳できます。

２本の移動平均線（MACDとその単純移動平均化したシグナルの２本線）を使い相場の周期とタイミングをとらえるすぐれた指標です。

MACDの傾きからトレンドの方向性を判断するというやり方が使われます。MACDがシグナルをゴールデン・クロスしたときが、買いポイントであるといわれますが、デイトレードでは、5分足の下降トレンドでMACDとシグナルの交差が、ときどき見事に裏切ってくれます。

５分足が、５日間表示される場合、MACDも５日間をしっかり見たいものです。下降トレンドができているときでも、大きく沈んだ後、株価が戻すときには、MACDとシグナルはゴールデン・クロスをします。

ところが、この交差のポイントで買ったにもかかわらず、さらに株価が下落するという事態が起きます。少し戻しそうに見えても、なお売り圧力が強く、また下降を始め、ふたたび、MACDがシグナルと交差を示すことがあるのです。そして、やっかいなことに、このポイントで買ってしまうと、ふたたび痛い目に遭ってしまうことが起きるのです。

私の経験から、買いポイントについては、次のようにいえます。

① （他のシグナルを参照しつつ）下降トレンドで、３度MACDの交差を見て、買いに出る。すると、買いトレンドへの転換と一致することが多い。

② MACDが深く落ち、盛り返してシグナルと交差するとき、差し込み方の角度が鋭いほうが、リバウンド力が強い。

③ ２度GCが失敗し、その後GCすれば、買いトレンドに乗れることが多い。

買いあせることなく、出来高やローソク足などを見て総合的にオシレーターを読むことがここでも必要になってきます。

●図表9-8　MACDを使った買いポイントの見つけ方

ソフトフロント（2321）5分足

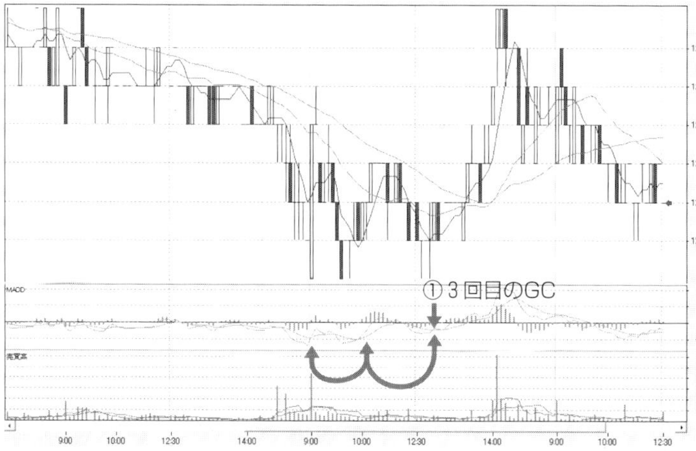

ドワンゴ（3715）5分足

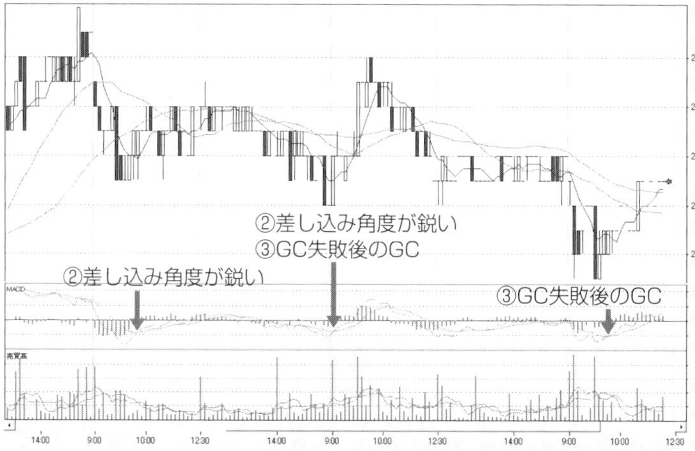

ここがポイント

下降トレンドでMACDがシグナルにゴールデン・クロスしたときが、買いシグナルだが、3回目の交差まで待つのが確実だ。

COLUMN

直感を養う法

「覚自証（かくじしょう）」という言葉があります。心理学者、黒田亮（1890〜1947年）がつくったようで、禅の「悟り」、剣の「極意」、芸術の到達点の「境地」という意味。俗にいう「勘」に似ています。しかし、普段私たちが「勘が冴える」とか「勘が鋭い」という勘とはやや異なり、さまざまな経験や修業、努力、技術の習得の過程を経て、手に入れる「境地」「状態」そして「技術」のことです。こういう境地にも濃淡があり、また種類もありますが、あえて株売買に結びつけて考えますと、剣の極意や禅の悟りといった、高尚な境地にまで到達できなくても、ある状態まで達すると、例えば自動車の運転がうまくできるようになる状態に似ているといえましょう。

自動車の運転がうまくできるレベルというのは、運転免許を取る前に、練習でやっている自分と、何年も運転をしている自分とを比較すれば、納得していただけるでしょう。運転初心者のときには、あらゆることに注意を払わねばならなかったのに、ベテランとなると体の力を抜き、ハンドルやクラッチ操作を、自分の体と一体になった感覚でやれるわけです。そして、フロントガラスに向く視線は、初心者のときとは違って、あるべき位置に、自然にあるわけで、そうであるからこそ、突発的なことにも対処できるわけです。

直感と判断力は「習慣化された分析にすぎない」といいます。私たちが判断するときは、認知システムの中で、基準をもって判断するわけで、その過程を分析することは可能であっても、実際には、細かくそれをやらないで、一気に結論にもっていけるのです。その能力は、多くの経験をつんで、また正しいやり方を会得することで、判断の時間の短縮（これがさらに短くなると直感）になり、判断が的確になるのです。

私たちはしばしば間違いますが、間違ったとしても、株でいいますと、買いどころを間違ってとらえたとしても、「ここからは、危ない！」と直感的にすばやく損切りができるのです。直感をたいていの人はうまく説明できないのですが、直感が結果にいたるプロセスでありながら、その中間のプロセスを理論的、論理的に説明しにくいゆえに、実に神秘的に感じ、あまりに勘が鋭い人には驚いてしまうのです。直感や勘は「訓練、経験によって磨くことができる」と認識していただきたいものです。

第10章 リスク回避の技

技 39 技と認めて マイナス感情を克服する

自分をコントロールするのも技のうち

株価チャートをきちんと分析できて、それでよいかというと、違います。おそらく最も厄介なことは、投資家の心の問題です。時間をかけてテクニカル分析をした後でさえ、投資家は、突然気持ちが変わったといって、冷静な分析で得た判断を簡単に覆す行動をとることが珍しくありません。

こうした感情は別に投資家に固有のものではなく、私たちの普通の生活でも生じますが、投資活動の場合、売買回数の多さから、かなり頻度が高く、またお金にかかわることなので実際には切実な問題として「感情」の克服が必要になってくるのです。

買っても売っても、投資家の心理には、葛藤が生じます。思惑はずれの保有株を損切りするか、そのままガマンするのか、二者択一ではあるものの、感情は刻々と変化していきます。通常の生活では、人々はおもに「喜怒哀楽」という4種類の感情を抱きます。これを投資に当てはめますと、次のようになります。

喜　株価が暴騰したり、儲けたりしたときの感情
怒　保有株が理由もなく下げたり、その銘柄の会社が倒産したときの感情
哀　いくら投資売買を学んでもうまくできない自分への憐憫
楽　日々の売買がうまくいって楽しくて仕方ない感情

さらにこうした感情のほか、ネガティブなものをあげますと、怯え、恐れ、不快、傲慢、敗北感、苦悩、動揺、強欲、挫折感、なげやり、苛立ち、焦燥、嫌悪などがあるでしょう。株式投資にかかわっている限り、こうした感情とは無縁ではありません。しかし、このような感情は明らかにマイナス要因ですから、できるだけ排除するか、コントロールしなければなりません（ただ、感情のすべてが悪いとは限りません。プラスの効果をもつものとしては、快、楽、勝利感、勇気、沈静、我慢などです。これらは大事にしたい感情です）。

こうした心の問題を解決する際に最も大事なことは、感情をコントロールすること自体を「技」とみなして、克服する必要があるということです。で、どんな技を使うか。

① 金銭のやりとりと考えるから、感情が増幅するのであり、できるだけ、「ゲーム感覚」で日々売買するように心がける。最近の若い人の中に驚くほどのよい成績を残す人が現れているのは、そのひとつの証と思われる。

② 資金に余裕あるもので、日々の株価の値上がりに、資産がどれだけ目減りしたとか、増えたといった感情の浮沈を生じない程度の投資にする。間違っても、借金したり、信用で満額建てる（信用取引の枠をすべて使う）ような無謀なことをするべきではない。

③ 常に売買のリズムを測りながら、投資する。感情を含め、今自分がどういう状態にいるかは、例えば、売買でどんな勝率であるかを確認できるようにすることもひとつの方法である。

視覚的に一目瞭然にわかりやすくするためには、売買成功は○、失敗は●というマークをつければよい。もし●●●●●○●●●○●●●●●○●という状態ならば不調であることは明らかだし、○○○○●○○○○●○○○という成績なら安定していることがわかるわけである。

ここがポイント

感情をコントロールできるのも、技のひとつであり、マスターできるものである。

技 40 リスクを回避するための5つの知恵

リスクを減らしてこそ儲けにつながる

知恵1　原則01のように準備期間を設ける

いきなり始めてはいけません。わかば期間をもち、少なくとも模擬試験、机上の練習をすませてから、取引を始めるべきです。

知恵2　仕事の途中で、取引はしない

株式取引は魅力です。ついつい仕事中も隠れてやってしまいます。しかしそれは会社の規則違反になるのが普通ですし、仕事に集中できませんし、その環境では株に負けてしまいます。日足、週足を読んで、「一喜一憂」ではなく、中期展望でゆったりとやるとよいでしょう。

知恵3　PCやアカウントのリスク減らし

時々不調を起こす、トラブルを生じさせる、といったネット証券は、たとえ手数料が安くても避けましょう。掲示板を見ると、だいたいその証券会社の評判がわかります。すべての情報が正確ではないとしても、参考にはなります。不安定な証券会社のアカウントをもたないことは、トラブルによる実際の損を避けられるだけでなく、売買中の精神的な安心を買うこともできます。PCは、投資家の武器ですから、メモリー増強、2台のPCを備えている人も珍しくありません。

知恵4　身近な人に教えておく

配偶者や父母にどこの証券会社と取引しているかを話しておき、万一の場合に備えて、PCを使って口座にアクセスできるようになっておいてもらいましょう。あるいはアクセスの方法をメモして渡しておきましょう。信用取引の場合は、突発的なことが起きたとき、口座内がそのままだと、どんどん損が膨らむこともあり得るからです。

知恵5　株をやっていることを他人に話さない

株がうまくいっているときは、つい人に自慢話をしてしまいがちです。相手がたとえ同調してくれても、本心はわかりません。負けて株の話をしなくなったら、噂を立てられたりしますし、株に熱心だとわかると、仕事中にもしているのでは、と上司から疑われたり、あまりよいことがありません。さらに人に話すとその言葉に自分の投資行動が拘束されてしまう場合もあります。孤独を感じるのなら、インターネットの掲示板や株クラブに書き込みをして研鑽するとよいでしょう。

ここがポイント

回避すべきリスクは、売買以外にも５つあることを認識する。

技 41 信用取引でリスクを避けよ

「つなぎ売り」を賢く使う

私は初級者に信用取引（委託保証金を入れて現物取引でなく株を借貸して売買する）を勧めるのには消極的です。信用取引は利点と同時にさまざまなリスクがあるからです。最大のリスクは、資金の２、３倍の取引ができること（レバレッジ取引）で、損失もまた２、３倍になることです。青天井的な株価上昇に巻き込まれ、損失が膨らみ、大変な損をかぶってしまう危険性が、空売りにはあるからです。

しかし、一方で利点もあり、「つなぎ売り」といって、買った銘柄が下がった場合に、つなぎで「空売り」をかけて、当分上がろうが下がろうがほとんど損失が増えない状態で、次の行動をとるまで、猶予期間をもてるやり方を行えることです。前著『株で毎日を優雅に暮らす法』で、初級者には現物買いだけを勧めましたが、ネット証券では比較的信用取引の口座を開きやすくなっています。大きな保証金を要求する店頭での申し込みと異なり30万円という少額からできるようになってきており、使い方さえ間違わなければ、有力な戦術に取り入れることが可能になってきています。

信用取引でのリスク回避は、「つなぎ売り」を使うことです。右図にそのやり方のポイントを説明しておきましょう。初級の間は、空売り単独で使うのは、よほどトレンドが下方に向かっている確信がない限り、やめたほうがよいと思います。初級者は経験不足なため、急変したときの状況判断などにうまく対応できませんし、信用取組（信用取引の「買い残」と「売り残」の状態）の読み方や逆日《ぎゃくひ》歩《ぶ》（株不足で発生する品貸料）の理解をした上での作戦にうといですから、勧められないわけです。

あとひとつ、重要なことは、買いは現物買いにすべきです。信用取引を使って現物の２倍も買う人がいますが、利息を払ってまで買うのはバカげています。極端な場合、会社が倒産すれば、信用で買った株数を失います。現物なら投資した額を失えばよいだけです。

●図表10-1　つなぎ売りの基本の基本

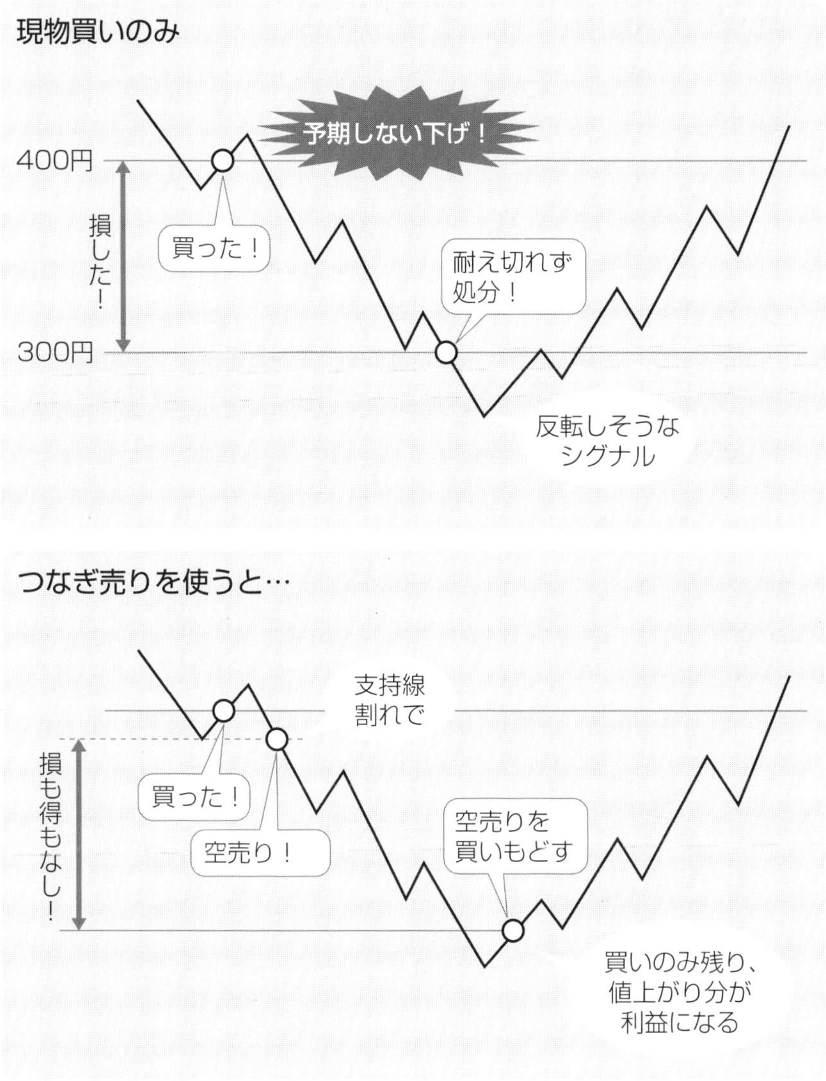

ここがポイント

信用の空売りは、ヘッジとして使い、買いは現物買いに徹する。

練習問題 45

チャートを使った売買姿勢として、適切と思われるものに○を、不適切と思われるものに×をつけてください。

① 自信がある判断のときは、信用で満額建ててもよい。
② 自信のある株であっても、借金をして買うのはいけない。
③ 手がける銘柄は多いほどリスクを分散できる。
④ 売買回数を増やすほどよい。
⑤ 業種のリーディング株だけを狙うようにすべき。
⑥ 変動の波に乗れたら、強気にいく。
⑦ 感情をコントロールできない人は、「ゲーム感覚」でのぞむのも手である。
⑧ 調子のよいとき、悪いときを自覚し、できるだけ良いリズムのときに売買をする。

練習問題 46

株売買にリスクはつきもの。次に述べるリスクに関する投資姿勢のうち、適切なものに○、適切でないものに×をつけてください。

① この本を読んだら、すぐ売買を始めたい。そして月20%ぐらいは儲けたい。
② 株で儲けたら、友人に話して驚かしてやりたい。
③ パソコンのメモリーも増強したし、売買のときにパソコンの動きを重くするものを取り払った。
④ ネット取引をしていることは、家族の誰も知らない。
⑤ 場中ずっとコンピュータの画面をにらみっぱなしだ。
⑥ 仕事中には、取引はしない。昼休みには、仕事に影響のない範囲で行なう。
⑦ ヘッジのために信用取引を利用している。
⑧ 株の掲示板に少なくとも1日5時間は入り浸っている。楽しくてしようがない。

練習問題 47

上昇トレンドにうまく乗り、株価は上がってきました。チャートを見て、どの辺りで「つなぎ売り」をするのが適当であるか、指摘してください。

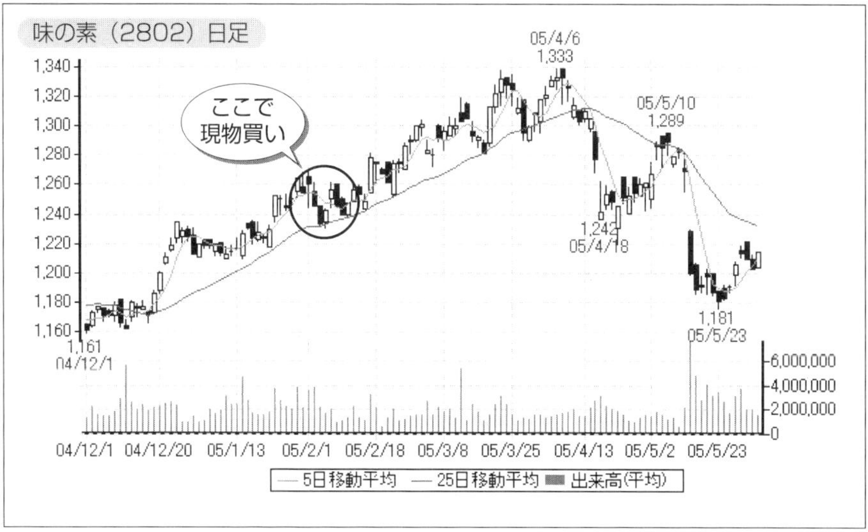

それぞれの
技
⑧

会をすでに卒業した旧メンバーで、若手筆頭はこれむね氏。学生時代から株で大きく資産を増やし、学生長者のさきがけといえるかもしれない。一目均衡表を独学して、極めて成功率の高いチャンスのみ参加して、値はばをかすめる手法をとった。ガジャ氏は、飲食店経営のかたわら、投資活動。やはり一目均衡表などのテクニカル分析派。彼の一目の手法は１分足でさぐる探査型で、兼業であるからには、よほどの気力や体力がないとできない。スティーブヤング氏は、経営コンサルタント業を営むゆえに、ファンダメンタルズ分析中心に、テクニカルを加味。説得力のある書き込みで、会をひっぱった。「賢い株投資」のモデルのような人物で、株を「花」として楽しみ、「だんご」も取るというスタンスである。最後に、よた氏であるが、彼は売買回数、投資額、書き込みの多さ、いずれをとっても、研究会の中では群を抜いていた。

私が会員とのコミュニケーションを通してここでいえることは、株投資には、投資家の性格や考え方や生活が色濃く反映されているので、さまざまな形で相互に学ぶ機会をもつことは意義があるということである。会員の健闘を祈ります。

解答 45

①×。信用で満額建てるのはダメ。信用で買いもやらないほうがよい。
②○。株に絶対はない。余裕資金で行なうこと。
③×。自分が扱える銘柄数にしておくこと。リスク分散のポートフォリオは別のテーマだ。
④×。売買回数が増えると、リスクも増える。より早く負けたければ、回数を増やせ。
⑤×。出遅れ株狙いができることもチャート派には必須である。
⑥○。波に乗らないと大きく勝てない。勝てるときにはできるだけ大きく取る。
⑦○。「ゲーム感覚」をお金の含みで倫理性欠如と見る向きもあるが、不要だろう。感情をどうコントロールできるかの解決策としては合理性がある。
⑧○。技39で述べた「勝敗マーク」をつけることも一案である。

解答 46

①×。わかば期間をある程度設定してから、実践にのぞむべきだ。
②×。あなたが儲けようが、損をしようが、あなたほど人はあなたには関心がない。
③○。ネット取引ならコンピュータの環境をよくするのは当たり前。
④×。あなたに万一のことがあると、口座内では、株は主人の居ない状態で動く。
⑤×。眼精疲労は、売買判断にも悪影響を与えるので、根をつめないことが大事。
⑥○。職務規定違反のおそれがあるので、注意したい。
⑦○。株に慣れてきたら、信用取引をヘッジに使えるように。
⑧×。情報収集以外に、掲示板に「淫」すると、生活に影響がでる。時間もほどほどに。

解答 47

下値支持線突破のポイントⒶで、「つなぎ売り」。実際には、ここで現物を処分してもよいでしょう。つないだら、リバウンドのⒷの位置ではずす。25日線と接触したⒸで、現物売り。Ⓓで再度現物買い。

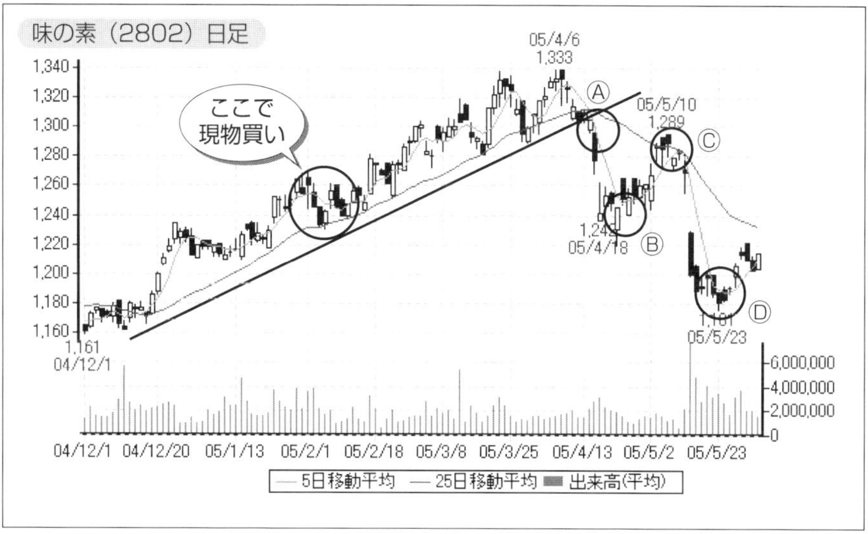

まとめ

「つなぎ売り」をした後、つなぎをはずすときが、難しいものです。原則は、あくまで、買いポイントで買い戻す、売りポイントでつなぎ売りをかけるということです。解答47では、下値支持線を割ったポイントは、つなぎ売りとしては、やさしいポイントでしょう。ポイントⒷからリバウンドした後、再び売りポイントⒸに至りますが、これはいうまでもなく、グランビルの法則の「売り２」のポイントと一致します。

下落途中、２度も空を開けていますが、この空の出現やローソク足の組み合わせや出来高は次の動きを読むために総合的に判断しなければならない材料です。あくまで判断は総合的なものであるという認識がここでも必要になってきます。

技 42 自動売買による「逆指値」を使え

損切りに威力を発揮する

証券会社によっては、自動売買で「逆《ぎゃく》指《さし》値《ね》」の機能を注文の際に利用できるところがあり、非常に便利です。「逆指値注文」は、株価が指定した価格以上になれば「買い」、指定した価格以下になったら「売り」という注文のことです。抵抗線、支持線の上下で、有効に使える機能です。

この「逆指値」を「損切り」（ロス・カット）に利用すると、なかなか「損切り」ができない人にとって、株を買ったときや空売りした直後の頭の冷静な間に、いくらいくらになれば反対売買するように設定できて便利です。いくつか注意があります。

① 損切りはできるだけ、成り行きにしたほうがよい。ただし、出来高が少ない銘柄の場合は、成り行きで大きな売りをいきなり入れると、ひどく値を崩してしまうから、注意すべきである。

② 自動売買では「損切り」だけの注文を出す必要はない。「損切り」と同時に「通常の注文」ができる「逆指値付き通常注文」を出すことになる。例えば450円で買った株なら「470円まで上昇してきたら、売る指定をし利益を確保し、430円まで下がったら、430円をつけたら成り行きで売るという指定をして、損切りをする」ということが可能になるのだ。

③ 株価が予想通り上がった場合、当然、売りポイントが異なってくるので、すでに注文を出した「逆指値付き通常注文」を変更して、売り値を上げ、損切りポイントを上げて再注文を出すのがよい。

④ 注文を出せば、後は、仕事をしていても安心してオートマチックな売買にゆだねられる。

●図表10-2　逆指値付き通常注文

ここがポイント

「逆指値付き通常注文」を使うと、機械的に損切りができて、弱い感情を押さえ込める。

技 43 チャート派が直面する敵に勝つ

チャート派が陥りやすいワナとは？

株価チャートをもっと読み込みたいときに、邪魔をする敵があります。これをどんなふうに克服すればよいのでしょうか。

① アンカリング

アンカとは、船の錨《いかり》のことです。海上で停留するときは、船から錨を降ろします。すると、船が一定の範囲でしか動けなくなります。これをチャートの判断にたとえると、ある判断がある時点で下されたら、次の判断をするときには前回の判断に影響を受けるということです。

アンカリングという手法は通常は非常に有効です。株式売買は、例えばRSIのレシオを見て、仮に20だとしますと、「売られ過ぎ」という判断を下します。そこから18とか22とかの場合に調整されても、なおアンカリングでは「売られ過ぎ」なわけです。

ところが、しばしば「魔《ま》坂《さか》（予期せぬ下げ）」と呼ばれる状況が生じます。RSIが20なのに、さらに3日も4日も売り込まれ下げが続き、場合によっては、アンカリングの範囲で売られ過ぎであった価格よりもさらに30～40%も下げてしまい大きな損をかぶります。まず「魔坂」という通常では判断できない事態も起こりうるという認識をもつだけで、リスクへの準備ができるでしょう。

② 単調さ

株式売買を継続してやっていくと、とりわけ、デイトレーダーは成功すればするほど、その「単調さ」に耐えられなくなります。機械的なことを繰り返すだけだからです。人間は新しいことをしたがり、興味を別のところに向けたり、慢心したりします。気が緩んだり、銅臭（お金の匂い）の強さに負けたりして、次第に人生の中で、ほころびをつくっていきます。そのほころびは、自分の心にとどまらず、家族や他の人々との関係にも傷をつくることがあります。

チャートの読み方に関しては、できるだけ、検証しながら、自分なりの読み方を深めていくのが正道であるにもかかわらず、慢心して、ちょっとした思いつきが成功しただけで、それを黄金律であると思い込み、使いすぎて、致命的な傷を負うということもありえますので、注意したいものです。単調の中にリスクが含まれていることを忘れたくないものです。

③　判断のバイアス

株価チャートの基本的な読み方を覚えると、人はさまざまなチャートと出合っていきます。実践で勝ちのキッカケとなったチャートは、強烈に投資家の記憶に残ります。また別の勝ちを招いたチャートも強烈な記憶となります。負けも同様に記憶となり、それらが脳裏に積もります。私たちが覚えたチャートのパターンが、ある実践で応用できない場合、「とまどい」が心に生じます。あるチャートの判断のバイアスが次のチャートを見るときにかかったとき、どのようにしてそのバイアスを取り除けばよいのか、これが問題になります。

まず、自分がしたがってきたルール・法則・原則を盲信しないで、別のルールなどがあるのでは、と懐疑的になっておきます。誤りが出てくることもしばしばあることを想定しておき、気持ちの準備をするのです。

第二に、正解だろうが、不正解だろうが、あるパターンで判断するのは仕方ないことであるという認識をもつことです。バイアスのかかった判断をしたという自覚がないときは、肯定する要素だけでなく、否定する要素も求めるようにする。こうすることで、自分の判断が間違っているとわかったとき、正しい判断に軌道修正できるでしょう。

第三に、もともとのバイアスの処理ではなく、判断が間違った後でも、トレーダーが陥りやすい「後知恵バイアス」を除くことに努めることが大切です。チャートの上に何か起きたとき、「ああ、そんなの予想していたよ」ということを戒めるべきです。判断が正しいことを証明するものばかりに注目がいき、読み方が間違っていたと思いたくない心理が働いているということです。

第四に、自信過剰をなくすこと。バイアスをつくるのも、たぶんに人間の心理が影響します。つくるだけでなく、それに固執する場合もあるので、できるだけ、過剰に自信をもたず、自分の読みに相応の自信をもつだけにとどめるのがよいでしょう。

以上、腑に落ちるものがあれば、ひとつでも実行してみてください。

ここがポイント

「アンカリング」「単調さ」「判断のバイアス」がチャート派の隠れた「敵」である。

◉注文を入れる時のチェック・リスト

□ ファンダメンタルズはだいじょうぶか

□ 日経225、日経先物などで状況を確認したか

□ 売り・買いの明確なシグナルは出ているか

□ 投入資金に無理はないか

□ 損切りラインの設定はしてあるか

□ 銘柄名、枚数、価格など注文欄の入力に間違いはないか

確認したら……クリック！

第11章

卒業テスト

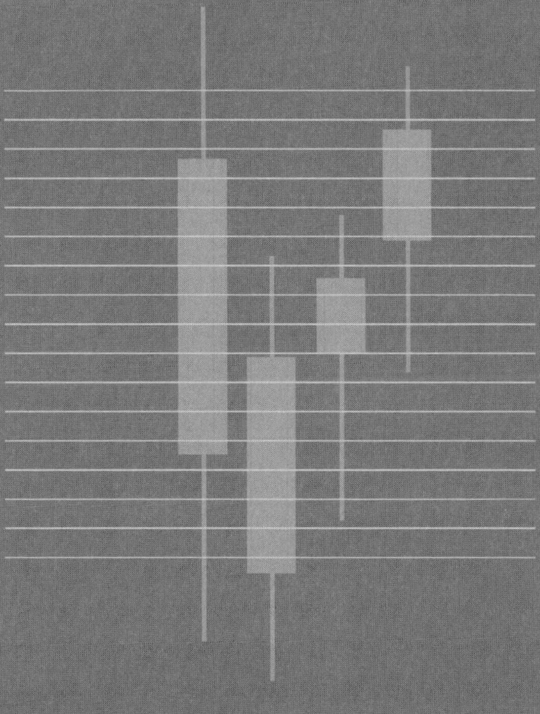

卒業テスト1

Ⓐから Ⓔまで、小さな円で丸く囲ったところは、買いか売りのポイントになっています。それぞれ、その理由を挙げてみてください（例えば、赤三兵である、とか）。

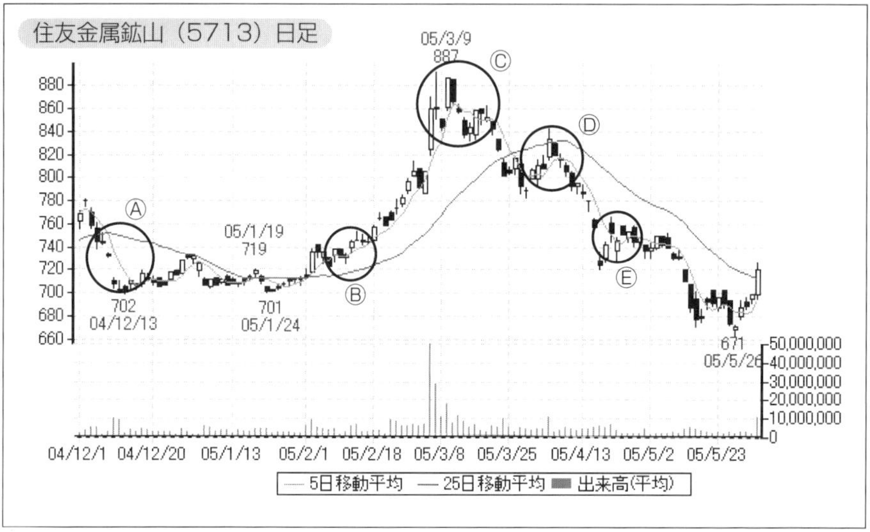

卒業テスト2

技15の図を参照して、下のチャートに、上放れパターンと下放れパターンのラインを引いてみましょう。

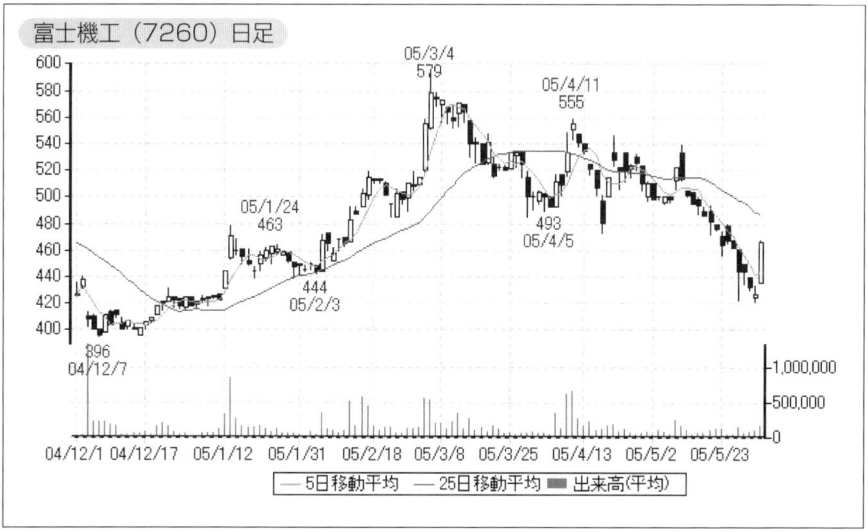

卒業テスト3

1から6の小円が描かれていますが、そこが売り買いのポイントです。いずれも、上値抵抗線や下値支持線を突破されたポイントなので、その抵抗線か支持線を引いてみてください。

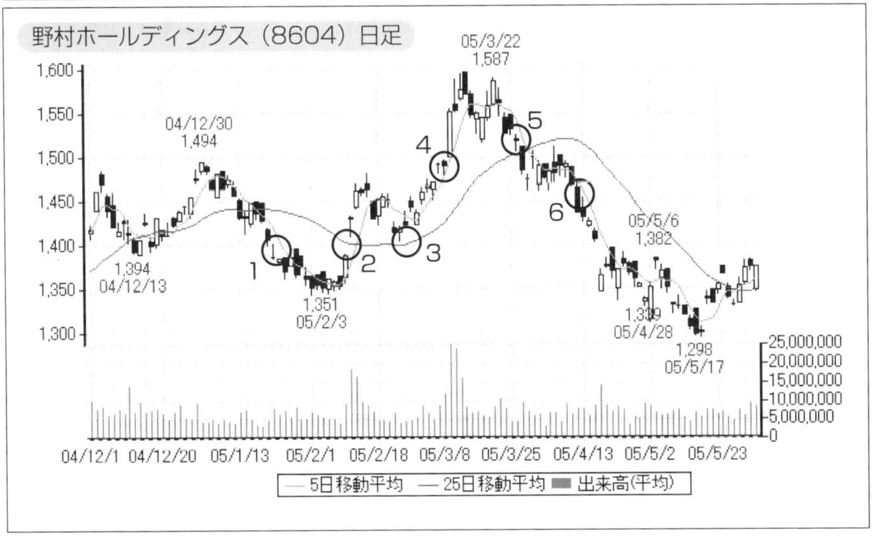

卒業テスト4

下のチャートでは、何カ所か5日線と25日線がクロスしていますが、強いGC・DCか、弱いGC・DCかを教えてください。

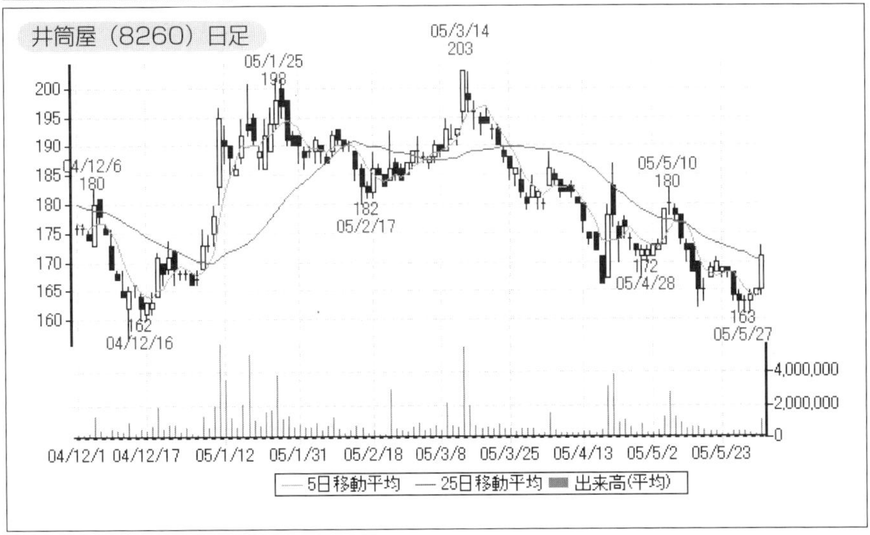

卒業テスト5

ストキャスティクスを見ながら買いどころを探しています。グラフがやや下げ気味ですが、翌日買うという選択はどうでしょうか。少しでも安く買いたいのですが。

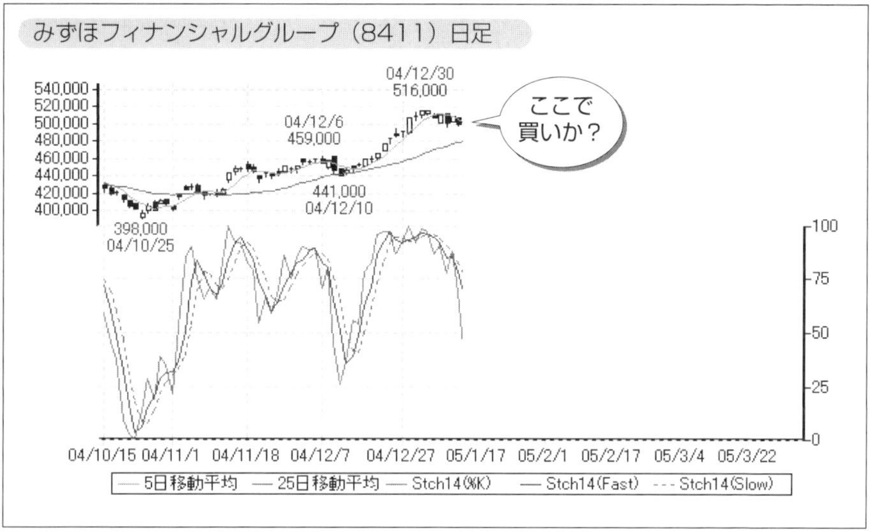

卒業テスト6

窓を開けて陽線が立ちました。ここは買い、売り、スルーのどれでしょうか。

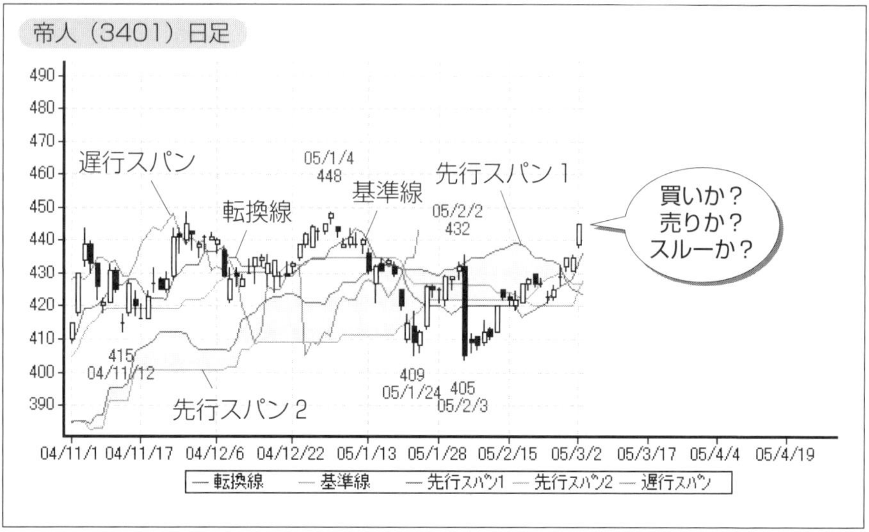

解答 1

Ⓐは「落ちて落ちて寄付き買い」のケース（技12を参照）。Ⓑは追撃買いのパターンで、「三ツ星」（技07を参照）。Ⓒは大陽線の後の上長ヒゲの本体薄い陰線（技06参照）、その翌日に窓を開けて陰線。長い陽線とそのはらみ陰線（原則06参照）。いずれも高値圏に出れば、売りを示唆する。Ⓓは戻り高値だが、陽線に陰線のはらみ足で、失速（原則06参照）。グランビルの法則で「売り２」のポイントでもある。Ⓔは急落後の踊り場を形成し、次第に煮詰まり、再び下落を開始する。

解答 2

わかりやすいものとして７カ所書けますが、他にも書くことは可能です（例えば、２月３日の444円を上放れのポイントとみなす、など）。

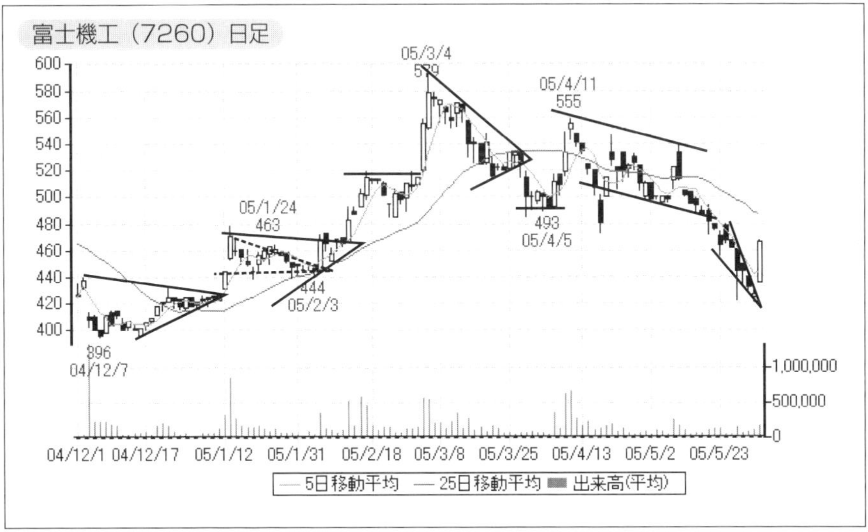

解答 3

図の通りですが、円３では、25日線も抵抗線の役目を果たしています。

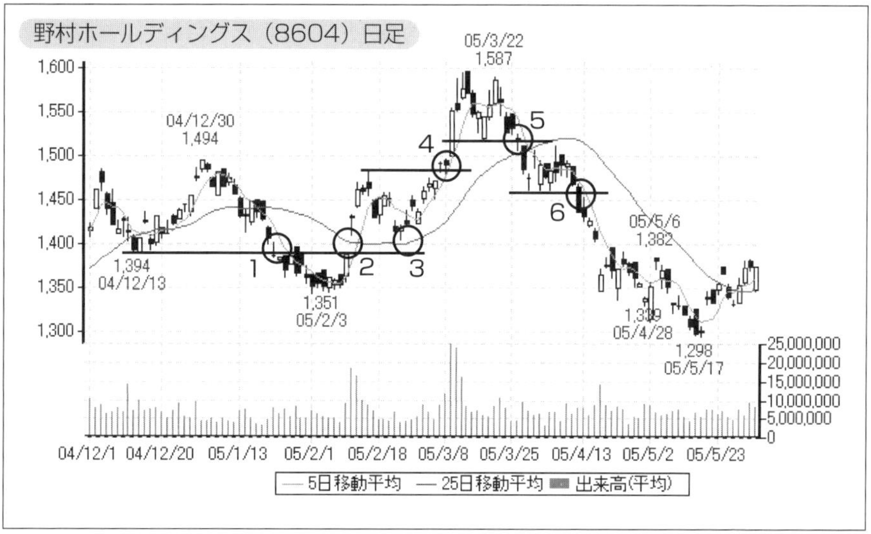

解答 4

クロスの強弱は下図の通り（技18参照）。強弱の読みどころは、株価がクロスの上にあるか下にあるか、クロスの角度が大きいか小さいか、です。

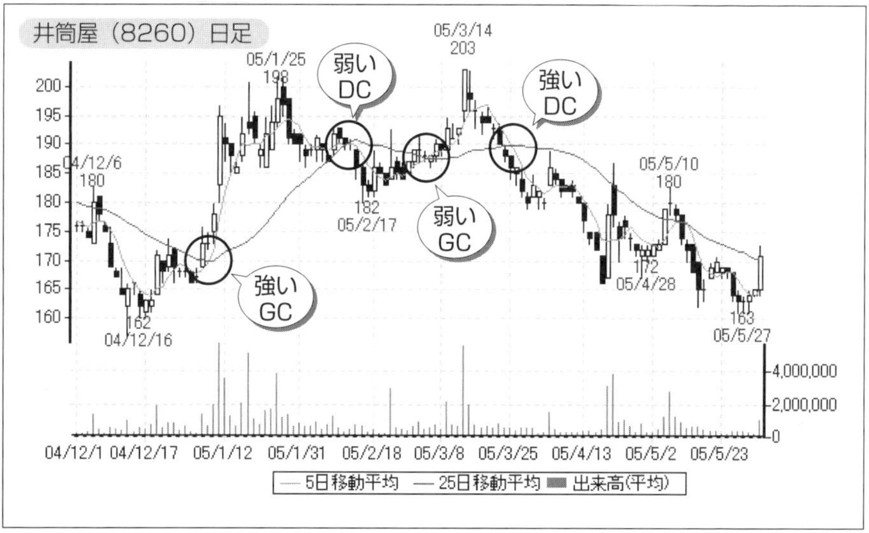

解答 5

少し待ちたいものです。60%ぐらいに下がっていますから、ストキャスティクスの習性的動きから25%ぐらいまで下げるでしょう。波動が下げ気味の点も考慮すれば、実際には 2 万円ほど安く買えました。

みずほフィナンシャルグループ（8411）日足

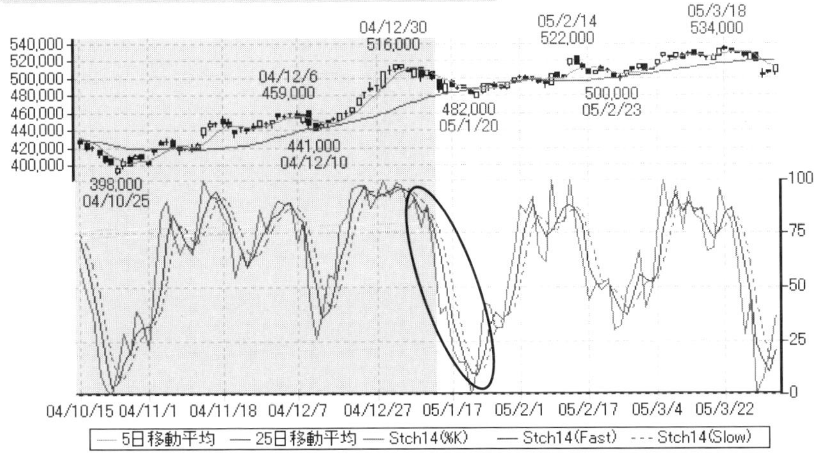

解答 6

買いが正解でしょう。技35の条件をすべてクリアしています。つまり、基準線、転換線ともに上向き。基準線を転換線がGC。遅行スパンが実線をGC、および雲抜けそして、株価が雲抜けしています。

帝人（3401）日足

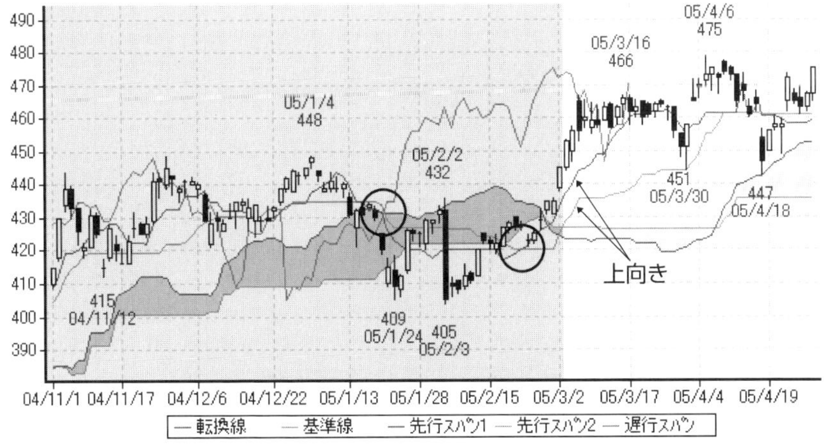

著者紹介

アットホームで実践的な株チャート研究会「積乱雲」を主宰．幾多の黒帯投資家を輩出．英国立大学院元研究員（PhD）．著書に「優雅本」と呼ばれベストセラーとなった『株で毎日を優雅に暮らす法』（中経出版）がある．

株価チャート練習帳

2006年 2 月 9 日　第 1 刷発行
2006年 5 月26日　第 8 刷発行

著　者　秋津《あきつ》　学《まなぶ》
発行者　高橋　宏

発行所　〒103-8345
東京都中央区日本橋本石町1-2-1　東洋経済新報社
電話　東洋経済コールセンター03(5605)7021　振替00130-5-6518

印刷・製本　東洋経済印刷

Printed in Japan　ISBN 4-492-73207-1　http://www.toyokeizai.co.jp/